MORE PRACTICAL SPANISH GRAMMAR

Dr. Marcial Prado
California State University, Fullerton

A Wiley Press Book
John Wiley & Sons, Inc.
New York · Chichester · Brisbane · Toronto · Singapore

Library of Congress Cataloging in Publication Data

Prado, Marcial, 1933–
   More practical Spanish grammar.

   (Wiley self-teaching guide)
   Includes index.
   1. Spanish language—Grammar—1950–   —Programmed instruction.
2. Spanish language—Text-books for foreign speakers—English.
I. Title.
PC4112.5.P69   1984   468.2'421'077   83–6846
ISBN 0–471–89893–7

Printed in the United States of America

84 85 10 9 8 7 6 5 4

Índice

Preface

More Practical Spanish Grammar: A Self-Teaching Guide reinforces the basic structures and vocabulary found in *Practical Spanish Grammar* or any other introductory course, and uses them as a foundation for entirely new language work. This programmed text-workbook is designed for use as a self-teaching guide and allows you to progress at your own pace as you practice, master and test yourself on the points covered in each lesson. *More Practical Spanish Grammar* may also be used in an intermediate college course.

When learning a language, you have to memorize new words. To help you in this, a variety of exercises (sentence completions, dialog fill-ins, matching, etc.) reinforce your memorization while at the same time expanding your vocabulary.

This book uses a practical linguistic approach to grammatical structures. Concise and clear explanations are followed by completion exercises for testing and reinforcing comprehension—a unique feature not found in any other Spanish textbook. Challenging and practical activities complete the grammar sections.

Each of the 26 lessons contains these features:

■ A vocabulary list of approximately 35 useful words and expressions used in the lesson. The vocabulary is followed by three or four exercises aimed at practicing and reinforcing these words.

■ A grammar explanation accompanied by a question-answer activity and various completion exercises.

■ *¡ATENCIÓN!*: a short section focusing on problematic words and/or structures. This is also followed by an exercise.

■ A grammar review and an examination every six or seven lessons.

Answers to all the exercises and examinations are provided for self-correction and evaluation in a key at the back of the book. Unlike *Practical Spanish Grammar* and other texts used in a second-year Spanish course, *More Practical Spanish Grammar* is written entirely in Spanish. This total immersion in the language provides a challenge for the learner and has been found to be the most effective means of learning a foreign language. You may find this difficult at first, but as you proceed through the book and notice your knowledge of Spanish increasing quickly, you will see the advantages of this method over others.

Some Helpful Pointers for Using This Book

The programmed format of *More Practical Spanish Grammar* affords both a challenge and a means of self-evaluation. The following tips will help you make the best use of this text:

1. Do the exercises one at a time, and check your answers right away. This immediate feedback is an important factor in your learning process and a feature of this approach to language learning.

2. Master all the material before you proceed. If you miss more than two or three answers in an exercise, go back and review the vocabulary or grammar explanation.

3. Review the previous material before taking the exam. About one-third of this test is on vocabulary and the other two-thirds on grammar. Your goal should be to score at least 80 percent on these tests.

To the Instructor

More Practical Spanish Grammar can be used in any intermediate college course or in a third- or fourth-year high school class. This programmed text can be used effectively in different ways:

1. As a textbook to be used concurrently with a reading or composition text. With this text-workbook, you will be able to spend more time on conversation or writing—the objectives of most intermediate classes—without having to spend too much time explaining grammar in class. An occasional check on how the students are working in their grammar books and the exams should be enough.

2. As a supplementary workbook for a course where the emphasis is on conversation, reading or composition. The grammar sections with their accompanying exercises should be helpful to students who need more practice.

Acknowledgments

I wish to thank Professor Arturo Jasso who used the set of manuscript in his classes. I am thankful to Doctor Kline and to my wife Rita for their suggestions. I also want to express my appreciation to Judy Wilson and Maria Colligan of John Wiley & Sons, Inc. for their support.

M. Prado

Lección 1

UN POCO DE TODO
(A Little of Everything)

el agua mineral (f)	mineral water	**el macho**	male (animal)
el águila (f)	eagle	**el mes**	month
el, la azúcar	sugar	**necesitar**	to need
el filete, el bistec	steak	**pagar**	to pay
caluroso	hot	**pedir**	to ask, request
la camarera, la mesera	waitress	**peligroso**	dangerous
el camarero, el mesero	waiter	**el plato**	dish
la cerveza	beer	**el postre**	dessert
la crema	cream	**de postre**	for dessert
la cuenta	bill	**el pupitre**	desk
la ensalada	salad	**la red**	net
estar a dieta	to be on a diet	**solamente**	only
el flan	custard	**trabajar**	to work
el helado	ice cream	**traer**	to bring
la hembra	female	**el traje**	suit
la leche	milk	**recordar (ue)**	to remember
leer	to read	**varón**	male (human)

PRACTIQUE EL VOCABULARIO   *(Respuestas, página 86)*

A.   Seleccione la palabra correcta y <u>subráyela</u> (underline it).

1. José toma el café con crema y (agua mineral, helado, azúcar, cerveza).

2. ¡Camarero! Deseo un plato de (crema, cerveza, leche, ensalada).

3. María solamente va a comer (postre, cuenta, azúcar, agua mineral).

4. El helado y el (bistec, flan, agua mineral, traje) tienen muchas calorías.

5. Después de comer pagamos (la cuenta, la cerveza, la leche, el varón).

6. La camarera (paga, trabaja, recuerda, trae) el menú a la gente.

7. En el menú hay (azúcar, bistec, helado, leche) por 8 dólares.

8. Estoy a dieta; solamente quiero café sin (helado, cuenta, flan, azúcar).

9. Voy a (pedir, trabajar, recordar, leer) un filete y una ensalada.

10. (La leche, La cerveza, La cuenta, El águila) es blanca.

11. Tenemos que (pagar, recordar, leer, necesitar) el menú antes de pedir la comida.

12. El símbolo de Estados Unidos es (el postre, el varón, el águila, el filete).

B.   Relacione las dos columnas.

1. _____ cuenta	A.	de tomate
2. _____ flan	B.	bistec, bisté
3. _____ ensalada	C.	lista de platos y precios
4. _____ filete	D.	tiene alcohol y calorías
5. _____ azúcar	E.	producto líquido de la leche
6. _____ crema	F.	trabaja en un restaurante
7. _____ cerveza	G.	El helado es una clase de. . . .
8. _____ postre	H.	Tomo el café con crema y. . . .
9. _____ camarero	I.	Yo voy a pagar la . . . hoy.
10. _____ menú	J.	postre favorito de los hispanos

C.   Conteste verdadero o falso: (V/F).

1. _____ Si usted está a dieta necesita comer muchos postres.

2. _____ La mesera y el mesero trabajan en los restaurantes.

3. _____ Es bueno para los niños tomar leche.

4. _____ Los restaurantes tienen muchos pupitres para comer.

5. _____ Usted tiene que pagar más por un flan que por un filete.

6. _____ En Estados Unidos los menores de edad no pueden tomar cerveza en público.

7. _____ Un macho es un animal; en cambio un varón es una persona.

8. _____ Una hembra puede ser un animal o una persona.

9. _____ Me gusta más ir a la *playa* (beach) los días calurosos.

10. _____ El flan es una ensalada favorita de los países hispanos.

11. _____ Para jugar tenis necesitamos una raqueta, una pelota y una red.

12. _____ El mes de febrero siempre tiene veintinueve días.

D. Complete el siguiente *relato* (story) con una palabra del vocabulario.

José y Margarita son amigos y van a comer a un restaurante. Se sientan a una mesa y viene la camarera con el (1) _____. Después de leer el menú, Margarita (2) _____ un filete y una ensalada, y José también quiere un (3) _____ con papas fritas, pero sin ensalada. De tomar piden dos (4) _____ (beers) porque es un día caluroso. Después de unos minutos la camarera (5) _____ la comida a los dos amigos con las cervezas. Margarita no pide (6) _____ porque está a dieta, pero José quiere (7) _____ (ice cream) de postre. José paga la (8) _____ a la camarera y le da dos dólares de *propina* (tip) porque la comida estuvo deliciosa.

GRAMÁTICA.   EL GÉNERO Y LOS ARTÍCULOS

I.   Género   En español los nombres son de género *masculino* o *femenino*.

A.   Los nombres que se refieren a *personas* y *animales* son masculinos si se refieren a un *varón* o *macho* (male). Son femeninos si se refieren a *hembras* (females). Aquí el género distingue significados.

Ejemplos: *una* niña/*un* niño, *un* policía (a policeman)/*una* policía, *un* turista/*una* turista (a tourist man/woman)

B.   Los nombres de cosas son neutros en inglés (it): en español son masculinos o femeninos. En este caso el género no significa nada.

Ejemplos: *un* libro, *una* casa, *un* postre, *una* cuenta

¿Es posible saber el género de un nombre de cosas? —Sí, por las *últimas letras* de la palabra:

1. Los nombres de cosas que terminan en las letras *L-O-N-E-R-S* son masculinos con pocas excepciones. Necesitan el artículo *un*.

   Ej.: **un** libro   **un** azúcar   **un** postre   **un** color
   Ej.: **un** árbol   **un** flan   **un** lunes   **un** filete

2. Los nombres de cosas que terminan en *D-IÓN-Z-A* son femeninos con pocas excepciones. Necesitan el artículo *una*.

   Ej.: **una** cerveza   **una** lección   **una** vez (time)
   Ej.: **una** pared (wall)   **una** luz (light)   **una** ensalada

C. Excepciones importantes a las dos reglas anteriores:

> 1. Son masculinos muchos nombres terminados en -ma: **un** tema, **un** problema, **un** drama, **un** programa, pero **una** crema, **una** llama (flame), **una** cama.
> 2. Son masculinos **un** día, **un** mapa, **un** lápiz, **un** avión (plane).
> 3. Son femeninos el 10% de los nombres terminados en -*e*:
>   **una** tarde   **una** leche   **una** hache (letter "h")
>   **una** noche   **una** suerte   **una** muerte (death)
>   **una** gente   **una** clase   **una** mente (mind)
> 4. Son femeninos **una** mano (hand), **una** crisis, **una** tesis (thesis).

II. Artículo Indefinido   En inglés existen dos artículos indefinidos: "a" y "an". En español *un* es masculino y *una*, femenino.

A. Se usa *un* con nombres de varón y macho, no importa la última letra de la palabra. También se usa *un* con nombres de cosas que terminan en *L-O-N-E-R-S*.

   Ej.: *un* papa (a pope), *un* papel, *un* helado

B. Se usa *una* con nombres de hembras, no importa la última letra de la palabra. También se usa *una* con nombres de cosas que terminan en *D-IÓN-Z-A*.

   Ej.: *una* mujer, *una* policía (a policewoman), *una* ciudad (city)

III. Artículo Definido   En inglés sólo hay un artículo definido: "the". En español hay cuatro: *el/la*, *los/las* (masculino/femenino, singular/plural).

Usamos el artículo definido *el* con nombres masculinos, y el artículo *la* con nombres femeninos: *el* flan, *la* crema, *el* filete, *la* cerveza.

IV. Excepciones

> Si un nombre femenino empieza con el sonido [a] y el *acento fonético* (phonetic stress) está en la [a] se usa el artículo *el* y no *la*, y se usa *un* y no *una*. Corresponde a las letras *a-* y *ha-* (recuerde que la *h* no se pronuncia en español).
>
> Ej.: **un** agua   **un** hada (fairy)
>   **un** alma (soul)   **el** ama (lady)
>   **un** águila   **el** hambre (hunger)
>
>   Pero: **la** americana   **la** almohada (pillow)
>   **la** alfalfa   **la** alegría (happiness)
>
> Con las letras del alfabeto decimos **la** a, **la** hache.

V. Contracciones   Solamente tenemos dos contracciones en español.

A. Preposición *a + el = al.*
    Ej.: **al** patio, pero **a la** casa

   Preposición *de + el = del.*
    Ej.: **del** patio, pero **de la** casa

B. No tenemos contracción con el pronombre *él* ("he"), solamente con el artículo *el* ("the").
    Ej.: *la casa* **de** *Juan = la casa* **de** *él*

C. Cuando hablamos español hacemos muchas contracciones de sonidos, pero escribimos palabras separadas.
    Ej.: *La alfalfa está aquí* es [lalfálfaestákí]. Vemos que cuando una *a* sigue a otra *a*, se pronuncia una sola.

PRACTIQUE SU GRAMÁTICA   *(Respuestas, página 86)*

1. Los dos artículos *indefinidos* en español son _____ y _____

   _____ .

2. Los dos artículos *definidos masculinos* son _____ y _____ .
   Los dos artículos *definidos femeninos* son _____ y _____ .

3. En inglés hay tres géneros: masculino ("he/him"), femenino ("she/her") y neutro ("it"). En español todos los nombres tienen uno de dos géneros:

   _____ o _____ . No tenemos nombres neutros en español.

4. Todos los nombres que se refieren a *varones* (human males) o *machos* (animal males) son _____ . Todos los nombres de

   hembras (females) son _____ .

5. Hay más de 1,000 nombres como *turista, policía, médico* que pueden referirse a hombres y mujeres. La única manera de saber si hablamos de un hombre o de una mujer es el artículo definido _____

    o _____ .

6. Los artículos masculinos *un* y *el* se usan delante de los nombres de cosas que terminan en las letras _____ . Ej.: _____
mes (month)

7. Los artículos femeninos *una* y *la* se usan delante de los nombres de cosas que terminan en las letras _____ . Ej.: _____
red (net)

8. Si usted aplica estas *reglas* (rules) a las palabras nuevas, o palabras que Ud. sabe pero no recuerda el género, usted tiene el 97% de probabilidad de estar correcto. Por ejemplo, *caracol* (snail) es _____ , y *hoz* (sickle) es

_____ .

9. El 3% de excepciones a las reglas anteriores tiene palabras de todos los días, como *la mano, el día, la tarde, la noche.* El grupo más importante son nombres que terminan en *-ma* que son del género _____ .

10. Las dos únicas contracciones del español son _____ y _____ .

11. En español no decimos *la* agua sino *el* agua porque *agua* empieza con el sonido _____ . ¿Cómo decimos, *la hada* o *el hada*? _____ .

12. ¿Cómo decimos, *la americana* o *el americana*? _____ .
Es así porque la primera *a* no tiene _____ .

13. No decimos *la casa* **de el** *camarero* sino *la casa* _____ *camarero.*
Pero *la casa del camarero* es *la casa* _____ . (of him)

14. ¿Cuál es correcto, **del** *agua* o **de la** *agua*? _____ .

EJERCICIOS
(Respuestas, página 86)

A. Complete con artículos indefinidos (*un/una*).

1. Quiero tomar _____ cerveza.

2. De postre voy a comer _____ flan.

3. Agosto es _____ mes muy caluroso.

4. Necesito comprar _____ traje.

5. Este mes tengo _____ cuenta grande de gasolina.

6. Paco es _____ *alma de Dios* (good and simple man).

7. Pasamos por _____ crisis política.

8. Tengo _____ lápiz en _____ mano.

9. María es _____ policía de mucho valor.

10. Voy a comer _____ filete y _____ ensalada.

B. Complete con artículos definidos o contracciones (*el/la, los las, al/del*).

1. No tengo nada en _____ manos.

2. Mi pluma está en _____ pupitre.

3. La comida _____ restaurante mexicano es muy buena.

4. _____ postre tiene muchas calorías.

5. _____ águila es el símbolo de Estados Unidos.

6. La puerta _____ garaje está abierta.

7. _____ gente de Canadá habla inglés y francés.

8. El revólver es _____ arma que usó el criminal.

9. En español nunca pronunciamos _____ *hache* (the "h").

10. Me gusta hablar _____ tema social de Estados Unidos.

11. Vamos _____ corral del rancho a ver los animales.

12. Antes de comer leemos _____ menú.

13. No quiero cerveza; _____ leche es mejor para mí.

C. La lista de palabras que sigue está compuesta de términos regionales y palabras raras que no se usan a menudo. Algunas son de origen extranjero. Usted no necesita saber el significado para saber el género según las reglas de la lección que acaba de estudiar. Escriba el artículo *el* o *la* delante del nombre.

1. _____ sángüiche	8. _____ jacal	15. _____ solidez
2. _____ overol	9. _____ jornal	16. _____ maizal
3. _____ idiotez	10. _____ julepe	17. _____ juventud
4. _____ metate	11. _____ libación	18. _____ nenúfar
5. _____ incunable	12. _____ limpiapiés	19. _____ obús
6. _____ iniquidad	13. _____ lote	20. _____ nulidad
7. _____ irrisión	14. _____ llavín	21. _____ tentempié

¡ATENCIÓN!   *Más nombres terminados en* **-ma**.
Los nombres que terminan en -*ma* son masculinos si son de origen griego, pero no los demás. Estudie la lista que sigue:

el tema (theme)	**el lema** (motto)	**la crema** (cream)
el drama (drama)	**el problema** (problem)	**la cama** (bed)
el programa (program)	**el morfema** (morpheme)	**las almas** (souls)
el dilema (dilemma)	**el fonema** (phoneme)	**la broma** (joke)
el poema (poem)	**el síntoma** (symptom)	**las asmas** (asthma)
el panorama (panorama)	**el reuma** (arthritis)	**la llama** (flame)

D. Complete las oraciones con una de las palabras de la lista anterior.

1. ¿Cual es _____ del candidato a la presidencia? (motto)

2. Shakespeare escribió varios _____ importantes.

3. Me gusta dormir en _____ más que en el sofá.

4. Rubén Darío escribió muchos _____ modernistas.

5. El doctor tiene que saber _____ de la enfermedad.

6. ¿Toma usted el café con mucha _____?
   (cream)

7. La *t* es _____ en inglés y en español, pero no
   se pronuncia igual.

8. Desde la montaña se puede ver _____ muy
   lindo.

9. ¿Quién va a resolver _____ de la inflación?

10. Si pones la mano en _____ te vas a *quemar*
    (burn).

11. ¿Cuál es _____ musical de la película?

12. Los cristianos creen que _____ no mueren
    con los cuerpos.

13. _____ es un tipo de "artritis."

14. Algunos hospitales tienen _____ de rehabi-
    litación.

15. Me gustan _____ cuando son cómicas.

16. En gramática estudiamos _____ del plural.

17. Cuando usted tiene que decidir entre dos cosas, tiene _____

    _____.

18. José no puede *respirar* (breathe) bien; tiene mucha _____

    _____.

Lección 2

LA CENA (Supper)

barato	cheap	**el huevo**	egg
beber	to drink	**el jamón**	ham
cambiar	to change	**la langosta**	lobster
caro	expensive	**la lechuga**	(head of) lettuce
la cena	supper	**el mar**	sea
cenar	to have supper	**a mediodía**	at noon
el cerdo, el puerco	pig, pork	**a medianoche**	at midnight
cortar	to cut, trim, mow	**oscuro**	dark, obscure
los cubiertos	silverware	**el país**	country, nation
la cuchara	spoon	**el porcentaje**	percentage
el cuchillo	knife	**el por ciento**	percent
el empleado-a	employee (m/f)	**restar**	to subtract
en punto	on the dot, sharp	**la sopa**	soup
frito	fried	**sumar**	to add
la fruta	fruit	**el tenedor**	fork
el hecho	fact	**último**	last

PRACTIQUE EL VOCABULARIO   *(Respuestas, página 87)*

A. Relacione las dos columnas.

1. _____	La cuchara, el cuchillo y el tenedor son los. . . .	A. caro
2. _____	La camarera es una . . . del restaurante.	B. en punto
3. _____	México es un . . . que está al sur de Estados Unidos.	C. lechuga
4. _____	Para comer la sopa usamos la. . . .	D. el por ciento
5. _____	Para comer huevos y jamón usamos. . . .	E. cubiertos
6. _____	La langosta es un producto del. . . .	F. cortar
7. _____	La banana y el mango son dos . . . tropicales.	G. empleada
8. _____	La *r* es la . . . letra de la palabra *mar*.	H. tenedor
9. _____	Un Cadillac es más . . . que un Toyota.	I. cerdo, puerco
10. _____	Para . . . el cerdo usamos un cuchillo.	J. cuchara
11. _____	Necesito llegar a la universidad a las dos. . . .	K. país
12. _____	Lo contrario de *mediodía* es. . . .	L. mar
13. _____	Para *hallar* (find out) . . . usamos una calculadora.	M. frutas
14. _____	El jamón es un producto del. . . .	N. último -a
15. _____	Comemos ensalada de tomate y. . . .	O. medianoche

B. Conteste verdadero o falso: (V/F).

1. _____ Para comer la sopa usamos el cuchillo y el tenedor.

2. _____ El cerdo y el puerco son dos animales muy diferentes.

3. _____ Canadá es un país que está al norte de Estados Unidos.

4. _____ Los hispanos no son muy puntuales; siempre llegan a la hora en punto.

5. _____ Sumar y restar son dos operaciones básicas de matemáticas.

6. _____ La langosta y el filete son dos productos del mar.

7. _____ Un Honda es más caro que un Mercedes Benz.

8. _____ La langosta es más barata que la ensalada.

9. _____ Muchos americanos comen huevos con jamón.

10. _____ El último mes del año no es enero sino diciembre.

11. _____ Los camareros ponen los cubiertos en las mesas del restaurante.

12. _____ La lechuga y el tomate son dos frutas tropicales.

C. **Repase el género de los nombres. Recuerde que los nombres que terminan en L-O-N-E-R-S son masculinos, y los que terminan en D-IÓN-Z-A son femeninos. Recuerde también que la mayoría de los que terminan en -ma son masculinos. Escriba *el* o *la* delante de los nombres siguientes.**

1. _____ mar   5. _____ leche   9. _____ cena   13. _____ mes

2. _____ jamón   6. _____ porcentaje 10. _____ azúcar   14. _____ tema

3. _____ país   7. _____ red   11. _____ postre   15. _____ cama

4. _____ llama   8. _____ tenedor   12. _____ mediodía 16. _____ tomate

D. **Complete el siguiente relato con una palabra o expresión del vocabulario de esta lección.**   *(Respuestas, página 87)*

Mi madre siempre prepara la cena. Mi hermana pone la mesa en orden: (1) _____ (the dishes) y los tres cubiertos: (2) _____ _____ (the spoon), (3) _____ (the fork) y (4) _____ (the knife). Siempre cenamos a las 8 (5) _____. Como es costumbre en los (6) _____ (countries) hispanos, mi padre se sirve primero, y como yo soy el más pequeño tengo que servirme (7) _____ _____. A mi madre le gusta hablar de los precios de la comida en el mercado; según ella los precios son cada día más (8) _____ _____. En cambio mi padre habla de negocios, del (9) _____ _____ (percentage) tan alto de los intereses y de la inflación. El postre ordinario es (10) _____ (fruit) porque según mi madre tiene muchas vitaminas y pocas calorías.

GRAMÁTICA.   LA HORA Y LOS NÚMEROS

I.   La Hora
   A.   Para las horas exactas:

	Es la una.	*(It's one o'clock)*
¿Qué hora es?	**Son** las doce.	*(It's 12 o'clock)*
	Son las seis.	*(It's 6 o'clock)*

   B.   Para los minutos: Usamos *y [+]* y *menos [–]*.

	Es la una **y** diez.	(It's 1:10)
	Son las doce **y** cuarto.	(It's 12:15)
y [+]	Son las doce **y** quince.	(It's 12:15)
	Son las seis **y** media.	(It's 6:30)
	Son las seis **y** treinta.	(It's 6:30)
	Son las 7 **menos** diez.	(It's 10 to seven)
	Son las 7 **menos** cuarto.	(It's a quarter
menos [–]		to seven)
	Son las 7 **menos** quince.	(It's 15 to seven)
	Son las 7 **menos** viente.	(It's 20 to seven)

   C.   *De la mañana / De la tarde / De la noche:*
      a.   *De la mañana* = A.M. (de medianoche a mediodía) (midnight to noon)
      b.   *De la tarde* = P.M. (de mediodía a las 6, 7, 8, 9, P.M.)
      c.   *De la noche* = P.M. (De las 6, 7, 8, 9 P.M. a la medianoche)
   D.   Observe los siguientes *hechos* (facts) en A, B, C de arriba:
      1.   Decimos **es la** *una* pero **son las** *dos* porque *una hora* es singular, pero 2, 3, 4, etc., son plural. En inglés siempre es "It's".
      2.   En algunos países para preguntar la hora dicen *¿Qué horas son*? Pero en la mayoría del mundo español decimos *¿Qué hora es*?
      3.   Para traducir "P.M." usamos dos expresiones: *de la tarde, de la noche*. Decimos *de la noche* cuando es *oscuro* (dark) y *de la tarde* cuando todavía hay luz del día. Cambia con las estaciones del año y con los países.
      4.   Para traducir "sharp" usamos *en punto.*
         Ej.:   Son las 3 *en punto.*
   E.   Para traducir la preposición "at" usamos la preposición *a* con el artículo definido *la* o *las.*
         Ej.:   Trabajo *a la* una.

   Para decir "at midnight" decimos *a medianoche* o *a la medianoche.*

II. Los Números
(Para una lista completa vea el Apéndice, página *357.*)

A. Entre los números 10 y 20 escribimos (y pronunciamos) una sola palabra.
   Ej.: *quince* (15), *dieciséis* (¡con acento!), *dieciocho, dieci-nueve*

B. Entre 21 y 29 escribimos los números con una sola palabra.
   Ej.: *veintiuno, veintidós* (¡con acento!), *veintitrés, vein-tiséis*

C. *Treinta y uno* = 31: Después de 30 usamos tres palabras, hasta *cien* (100).

D. *Ciento* (100) solamente se usa para números por arriba de *cien* (100), por ejemplo *ciento seis* (106). Observe que no usamos *y* en *ciento seis.* Para traducir "one hundred per cent" usamos *cien por cien* y también *ciento por ciento* y *cien por ciento* según los dialectos.

E. *Doscientos* (200) y *quinientos* (500) : Escribimos una sola pala-bra y cambiamos de género con el nombre.
   Ej.: *doscientos* huevos/*doscientas* langostas, *quinientos* dólares/*quinientas* pesetas

F. *Mil, dos mil* (1000, 2000): *mil* no cambia, pero usamos *miles de* para indicar una cantidad grande indefinida.
   Ej.: Tiene *miles de* empleados. (he has thousands of em-ployees)

G. *Un millón de, dos millones de,* siempre necesitan *de* si decimos la clase de nombre. Observe que *millón* cambia a *millones* en plural y necesita *de* también.
   Ej.: dos *millones de* cucharas

H. *Un billón de* necesita *de* como *millón,* y el plural es *billones.* Este número no es la misma cantidad en Estados Unidos y en el mundo español (y Europa): "one billion" es 1,000,000,000, pero *un billón* son 12 ceros: 1.000.000.000.000.

PRACTIQUE SU GRAMÁTICA   *(Respuestas, página 87)*

1. En español sólo usamos A.M. y P.M. en un escrito formal, pero no en una conversación. En el habla coloquial la forma A.M. tiene una sola traducción es español: _____.

2. La expresión P.M. tiene dos traducciones: _____ y
_____.

3. Usamos *son* para las 12 horas del día excepto para *la una* cuando usamos _____ porque *una* es singular (del verbo *ser*).

4. Para decir la hora, el número 15 tiene dos traducciones: *quince* y _____ _____.

5. Para decir la hora, el número 30 tiene dos traducciones: *treinta* y _____ _____.

6. ¿Cómo se traduce la palabra "sharp" al hablar de la hora? _____ _____.

7. Para decir los minutos entre las 12 y las 6 usamos en español la conjunción _____. Para los minutos entre las 6 y las 12 podemos *sumar* (add) como en inglés, por ejemplo, *Son las 2 y 40* (2:40), pero generalmente *restamos* (we subtract): *Son las 3* _____ *veinte* (it's 20 to three).

8. Los chicanos, puertorriqueños y cubanos de Estados Unidos dicen *Es un cuarto para las tres* (it's a quarter to three) por influencia del inglés, y la expresión es aceptable entre ellos. Pero en el resto del mundo español decimos *son las tres* _____ (2:45).

9. Usamos dos palabras para el número 100 en español: _____ y _____.

10. Con números por arriba de 100, como en 106, usamos _____ _____, pero no traducimos la palabra _____ del inglés en "one hundred and six".

11. ¿Cuántas palabras usamos para escribir 17? _____. ¿Para el número 45? _____.

12. ¿Está bien escrito el número 23 así: *veintitrés*? _____. ¿Y el número 26 así: *veintiseis*? _____. ¿Qué necesita? _____.

13. No decimos en español **quinientos** *cucharas* sino _____ *cucharas*, porque *cucharas* es un nombre de género _____ _____.

14. ¿Qué palabra no traducimos en "one thousand"? _____. ¿Cómo se dice en español el número 2.000? _____. (Recuerde que *mil* no cambia en esta caso.)

15. Para decir "two million dollars" no decimos "dos millón dólares": necesita-
    mos el plural de _____, y la preposición _____. Ahora
    tenemos la expresión correcta: *dos* _____ _____
    dólares.

16. No traducimos "one" de "one hundred, one thousand", pero sí de "one
    million": ¿Cómo decimos "one million knives"? _____

    _____.

17. "One billion" necesita 9 ceros en inglés. *Un billón* necesita _____ ceros en
    español. Esto quiere decir que para traducir "two billion dollars" decimos
    dos mil millones _____ *dólares*. (Recuerde que *millón* y *billón* necesitan *de*.)

EJERCICIOS   *(Respuestas, página 87)*

A.   Traduzca del inglés al español.

1. It is 3:10 P.M. _____

2. It is 2:15 A.M. _____

3. It is 1:30 P.M. _____

4. It is 10:45 A.M. _____

5. It is 10:50 P.M. _____

6. It is twenty to six. _____

B.   Complete las expresiones siguientes.

1. ¿Cómo se dice en español "I work at 3 o'clock"? *Trabajo* _____

   _____.

2. ¿Cómo se dice "at midnight"? _____

3. ¿Cómo se dice "at one sharp"? _____

4. Escriba el número 16 en español. _____

5. Escriba el número 32 en español. _____

6. Escriba el número 110 en español. _____

7. Hay dos maneras de decir en español "one hundred percent":

   a. _____

   b. _____

8. ¿Cómo se escribe "two hundred spoons" en español? _____

_____

9. ¿Cómo se escribe "two hundred forks" en español? _____

_____

10. 500 no se lee *cincocientos* sino _____

11. ¿Cómo se traduce la expresión "at noon"? _____

12. ¿Cómo se escribe "2,000,000 dollars"? _____

_____

C. Complete el siguiente *horario* (schedule) de su propia vida. Es un día ordinario en su vida. Puede escribir con números y después con letras:

1. Hora de levantarme: _____

2. Hora del *desayuno (breakfast):* _____

3. Hora del baño (bath): _____

4. Hora de salida para el trabajo: _____

5. Hora de tomar café: _____

6. Hora del almuerzo (lunch): _____

7. Hora de salida para la casa: _____

8. Hora de llegada a casa: _____

9. Hora de cenar: _____

10. Hora de leer o ver televisión: _____

11. ¿Estudia usted? ¿A qué hora? _____

12. Si usted estudia, ¿*desde* qué hora *hasta* qué hora? _____

13. Hora de acostarme (go to bed): _____

¡ATENCIÓN!   *Observaciones sobre los números*

1. En algunos países escriben de 16 a 29 con tres palabras en vez de una: *dieciséis/diez y seis, veintidós/veinte y dos.*
2. ¿Se ha fijado usted que *por ciento* son dos palabras, y "percent" es una sola? Pero *porcentaje* es una sola palabra.
3. ¿Se ha fijado usted que *doscientos* es una sola palabra, pero "two hundred" son dos palabras?
4. Unos países usan *setecientos* y *novecientos;* otros países usan *sietecientos* y *nuevecientos.* Los dos son correctos.
5. En Estados Unidos se usa el punto para separar los decimales, por ejemplo, $2.50. En cambio se usa la coma para separar los miles y millones: "two thousand = 2,000". En el mundo hispano es todo lo contrario:
    a. La *coma* es para decimales: $2,25 es *dos pesos y 25 centavos.*
    b. El *punto* indica miles y millones: 2.000 es *dos mil.*
    Sin embargo, México ha adoptado el sistema norteamericano.
6. *Una* es el femenino de *un* y se usa también en los números compuestos: *31 chicas* se lee *treinta y **una** chicas.*

D.   Practique sus números.

1. *Dieciocho* también se escribe _____.

2. *Veintiséis* también se escribe _____.

3. *Setecientos* también se escribe _____.

4. *Novecientos* también se escribe _____.

5. Si usted piensa en inglés escribe *porciento,* pero no es correcto. Debe escribirse _____.

6. Si usted compra un sángüiche en México por *seis pesos y medio,* el empleado escribe la cuenta así: _____.

7. Si usted compra un sángüiche en Colombia por *seis pesos y medio,* el empleado no lo escribe como el de México, sino _____.

8. ¿Cómo escriben los hispanos el número *cinco mil*? _____

_____.

9. ¿Cómo escriben los hispanos el número *un millón*? _____

_____.

10. ¿Cómo escriben los hispanos el número *un billón?* _____

    _____.

11. *Dos cientos* no está bien escrito. Debe ser _____.

12. No decimos *ochenta y un muchachas* sino _____

    _____.

13. No decimos en español *un mil* sino _____.

14. ¿Cómo se traduce "thousands of employees"? _____

    _____.

15. ¿Cómo se traduce "hundreds of employees"? _____

    _____.

Lección 3

EL DESAYUNO (Breakfast)

aceptar	to accept	el pan, un pan	bread, a loaf
el arroz	rice	la papa (América)	potato
el brazo	arm	la patata (España)	potato
correr	to run	la pimienta	pepper
la costumbre	custom, habit	el pollo	chicken
el crédito	credit	preparar	to prepare, cook
dar	to give	la raíz	root, stem
desayunar	to have breakfast	rojo	red
el desayuno	breakfast	rosado	rosé, pink
el énfasis	emphasis	la sal	salt
el esquema	scheme, diagram	la servilleta	napkin
limpio	clean	servir (i)	to serve
el litro	liter (2.2 pints)	la tarjeta	card
la mantequilla	butter	la taza	cup
la margarina	margarine	tinto	red (wine)
el mensaje	message	el vaso	(drinking) glass
la minuta	menu (España)	el vino	wine

PRACTIQUE EL VOCABULARIO   (Respuestas, página 88)

A.   Complete las oraciones con una palabra del vocabulario.

1. Un _____ de vino es más de dos pintas.

2. Hay vino blanco, tinto y _____.

3. En Estados Unidos se usan muchas _____ de crédito.

4. Me gusta desayunar con _____ y mantequilla o margarina.

5. Bebemos la cerveza y el vino en un _____.

6. Tomamos el café en una _____.

7. Los restaurantes siempre tienen sal y _____ en la mesa.

8. Las patatas se llaman _____ en América Latina.

9. En América se dice *menú;* en España se dice _____.

10. La mantequilla es más cara que la _____.

11. El arroz con _____ es un plato popular en Hispanoamérica.

12. El vino *rojo* también se llama _____.

13. Una planta tiene _____ en el *suelo* (soil).

14. La última comida es la cena; la primera es el _____ _____.

15. Los camareros antiguos usan una servilleta en el _____.

16. Si usted repite mucho una acción, se convierte en una _____ _____.

17. Muchos restaurantes _____ tarjetas de crédito.

18. Estados Unidos usa galones, cuartos y pintas; España usa el _____ _____.

B.   Conteste verdadero o falso: (V/F).

1. _____ En Estados Unidos es muy popular el pollo para el desayuno.

2. _____ La margarina es más cara que la mantequilla.

3. _____ Los hispanos, en general, comen mucho arroz.

4. _____ Los muchachos americanos comen muchas papas fritas.

5. _____ Si Ud. tiene 14 años puede beber vino en un restaurante de Estados Unidos.

6. _____ Un litro es más grande que una pinta.

7. _____ Usamos la servilleta para limpiarnos la boca y los labios.

8. _____ El arroz con pollo es un plato original de Estados Unidos.

9. _____ El desayuno es la última comida del día.

10. _____ Un desayuno típico de Estados Unidos es huevos fritos con jamón.

11. _____ La papa se llama *patata* en España.

12. _____ Las rosas no solamente son rosadas; pueden tener muchos colores.

C. Complete el relato siguiente con una palabra del vocabulario de esta lección.

Los domingos mi madre prepara un desayuno típicamente americano. Mi hermana pone la mesa: los platos, los cubiertos y las (1) _____

_____. También pone las (2) _____ para el café. Mi madre nos sirve (3) _____ fritos con jamón, (4) _____ fritas, pan con (5) _____

_____ o margarina, y mermelada. Mi hermana toma leche sola porque no le gusta el café. Algunos domingos bebemos *champán* (champagne) en un (6) _____. A mí me gustan los huevos fritos con bastante sal y (7) _____. Mi madre quiere que dejemos los platos (8) _____ (clean) porque dice que la comida no es barata. Después de desayunar mi padre y yo vemos el fútbol o el béisbol en la televisión, pero algunos días también lavamos los (9) _____ (dishes).

GRAMÁTICA. EL PRESENTE DE INDICATIVO

I.   Verbos Regulares

    A.   Hay tres clases de verbos en español, terminando en -*AR*, -*ER*, -*IR* en el infinitivo.

        Ej.:   *habl*-**ar**, *com*-**er**, *viv*-**ir**. Cada una de estas tres clases tiene modelos diferentes en los diferentes *tiempos* (tenses).

B.   Observe y aprenda estos esquemas:

SUJETO	habl ar	com er	viv ir
yo	habl o	com o	viv o
nosotros	habl amos	com emos	viv imos
tú	habl as	com es	viv es
él, ella, usted	habl a	com e	viv e
ellos, ellas ustedes	habl an	com en	viv en

C.   Observe estos hechos en el esquema de arriba:

Dividimos todas las formas verbales en dos partes:
1. *Raíz* (root) (**habl, com, viv**): Estas raíces llevan el mensaje o significado del diccionario: "talk", "eat", "live".
2. *Tiempo*-persona: Las *terminaciones* (endings) que se añaden a la raíz del verbo indica el tiempo (Presente, Pasado, Futuro, etc.) y la persona (yo, tú, etc.). Es muy importante saber reconocer y usar correctamente estas terminanciones.
    Ej.:   *o* = Presente de Indicativo - yo
           amos/emos, imos = Presente de Indicativo- nosotros

II.   <u>Usos del Presente de Indicativo:</u>
Son tres los usos básicos:

A.   Una acción en progreso en el momento de hablar: Juan *come* el pollo en este momento (John *is eating* the chicken right now). Observe que en inglés es necesario usar la forma progresiva ("is eating").

B.   Una acción futura: Mañana *comemos* en el restaurante (we *will eat*/we *are eating* in a restaurant tomorrow). Observe que en inglés se usa el auxiliar del futuro "will" o la forma progresiva "are eating".

C.   Una *costumbre* (habit): José *bebe* mucho vino (Joe *drinks* a lot of wine). Este uso es paralelo en inglés y en español.

III.   <u>Algunos Verbos Irregulares:</u> *ser, ir, estar, dar*

A.   Decimos que un verbo es irregular si cambia su raíz en los diferentes tiempos o personas.

B.   Observe y aprenda estos esquemas:

SUJETO	s er	ir	est ar	d ar
yo	soy	v oy	est oy	d oy
nosotros	s omos	v amos	est amos	d amos
tú	er es	v as	est as	d as
él, ella, usted	es	v a	est á	d a
ellos, ellas, ustedes	s on	v an	est án	d an

C.   Observe estos hechos en el esquema anterior:
1. Todas las primeras personas del singular son irregulares porque tienen el morfema *oy* en vez de *o*.
2. *Ser* es muy irregular porque tiene tres *raíces* (roots) diferentes: *s*, *er* y *es*. Las tres raíces significan lo mismo: "to be".
3. El verbo *ir* (to go) es el único verbo español que no usa la raíz en el infinitivo. En el Presente de Indicativo tiene la raíz *v*.
4. Observe las formas de *estar* (to be) con acento: *estás, está, están*. En todas las palabras con *énfasis fonético* (phonetic stress) en la última sílaba, se escribe el acento si terminan en *vocal* (vowel), *n* o *s*.

> Ej.:   está, menú, café, están, jamón, estás, menús, cafés

NOTAS:

1. En los esquemas de los verbos en este libro no ponemos el sujeto *vosotros* porque no se usa en Hispanoamérica. *Vosotros* es el plural de pronombre familiar *tú* en España. Las formas verbales son únicas para este pronombre:
   Vosotros *habláis/coméis/vivís/sois/estáis/dais*.

2. Tampoco usamos en este libro el pronombre *vos* que se usa en Argentina y algunos otros países en lugar del familiar *tú*. Las formas verbales también son únicas:
   Vos *hablás/comés/vivís/sos* (ser)/*pagás*.

3. Los pronombres sujetos no son necesarios en español, y solamente los usamos para dar énfasis al sujeto:
   Hablamos español significa "we speak Spanish".
   Nosotros hablamos español significa "WE speak Spanish".

4. En algunos casos es necesario poner los sujetos *él, ella, usted* porque los tres tienen la misma forma, pero solamente si el contexto no está claro.
   Ej.:   José y Juanita son amigos. *Ella* es americana y *él*, mexicano.

5. *Usted* y *ustedes* se usan un poco más que los otros pronombres porque indican cortesía o respeto. Recuerde que se escriben también *Ud.* y *Uds.* o *Vd.* y *Vds.* del español antiguo *vuestra merced* (your grace).

PRACTIQUE SU GRAMÁTICA   *(Respuestas, página 88)*

1. Para distinguir las tres clases de verbos usamos las terminaciones del infinitivo: estas terminaciones son _____, _____ y _____ _____.

2. La parte del verbo que lleva el mensaje o significado del diccionario se llama la _____. Otros libros la llaman *radical* o *base*.

3. La raíz de *hablar* es _____; la raíz de *comer* es _____; y la raíz de *beber* es _____.

4. La letra o morfema o de *hablo*, *como* y *vivo* tiene dos significados: (1) Presente de Indicativo, y (2) _____.

5. Todos los verbos, en todos los tiempos, tienen el morfema -*mos*; el significado de esta terminación es _____.

6. La *n* de *hablan* tiene varios significados de sujeto: _____ _____.

7. Si un verbo es _____ no cambia nunca su raíz.

8. Si un verbo cambia su raíz en los diferentes tiempos o personas, decimos que ese verbo es _____.

9. La terminación *s* de *bebes* tiene el mismo significado para todos los verbos: _____.

10. Los verbos *dar, ser, estar, ir* no tienen el morfema *o* para el sujeto *yo*, sino que tienen el morfema _____. No son verbos regulares sino _____ _____.

11. El verbo *ir* no usa la raíz en el infinitivo, pero en el Presente de Indicativo tiene el morfema _____ de raíz.

12. El verbo *estar* tiene acento escrito en tres formas: _____, _____ _____ y _____.

13. La palabra *menú* necesita el acento porque termina en _____ con énfasis fonético lo mismo que *está, café, José*, etc.

14. *Jamón* necesita el acento escrito porque termina en *n* y el énfasis fonético está en la última _____, lo mismo que *están, lección*, etc.

15. ¿Ha observado usted que las palabras *morfema, esquema* terminan en *a*,
    pero son del género _____ porque son de origen griego?

16. Usted sabe que en español se omiten generalmente los sujetos *yo, tú,* etc.
    Una razón está en que la terminación verbal repite el _____
    _____ del sujeto.

17. Observe usted que *van, vas, va* terminan en *vocal, n o s,* pero no escribimos el
    acento. La razón está en que sólo tienen *una* sílaba. ¿Necesitan acento *flan* y
    pan? _____.

18. En España el plural de *tú* es _____; en cam-
    bio en Hispanoamérica el plural de *tú* es _____.
    Esto quiere decir que en Hispanoamérica no hay diferencia de formalidad
    en plural.

19. ¿Cuál es el plural de *tú comes* en España? _____
    _____.

20. ¿Cuál es el plural de *tú comes* en Hispanoamérica? _____
    _____.

21. En Argentina no se usa el pronombre *tú;* en su lugar es el pronombre
    _____.

22. No es lo mismo *corres mucho* que *tú corres mucho;* esta segunda forma
    indica _____ en el sujeto.

23. ¿Cómo se traduce al inglés *Ellos estudian mucho*? _____
    _____.

24. La palabra *usted* se puede escribir de dos maneras: _____
    _____, y la palabra *ustedes* también se puede escribir _____
    _____.

25. *Usted* es la forma moderna de _____
    que leemos en nuestros clásicos como *Don Quijote de la Mancha.*

26. *Usted habla muy bien* indica más _____ que *Habla
    muy bien.*

27. *Usted,* _____ y _____ tienen las mismas formas ver-
    bales, por eso es necesario decirlos cuando hay posibilidad de confusión.

EJERCICIOS

(Respuestas, página 89)

A. Complete con las formas correctas del Presente de Indicativo.

1. Sólo quiero un café porque _____ a dieta. (estar)

2. José no _____ vino ni cerveza. (beber)

3. ¿Por qué tú _____ el tenedor para la sopa? (usar)

4. Nosotros _____ un filete y una ensalada. (pedir)

5. Ellos _____ servilletas y platos. (necesitar)

6. Los camareros de este restaurante _____ muy amables. (ser)

7. Yo siempre _____ el café con azúcar pero sin crema. (tomar)

8. Ustedes _____ a comer arroz con pollo. (ir)

9. ¡Camarero! Mi amiga _____ un vaso de vino blanco. (desear)

10. María no _____ helado porque tiene muchas calorías. (comer)

11. Los verbos regulares no _____ nunca la raíz. (cambiar)

12. ¿De dónde _____ tú, de Canadá o de Francia? (ser)

13. Yo siempre _____ 5 kilómetros por la mañana. (correr)

14. Carlos y yo _____ buenos postres. (preparar)

15. Ella _____ el bistec con el cuchillo. (cortar)

16. Mi amigo siempre _____ la cuenta del restaurante. (pagar)

17. ¿Por qué el camarero no nos _____ el menú? (dar)

18. En este restaurante (ellos) no _____ tarjetas de crédito. (aceptar)

19. Yo solamente _____ huevos con jamón los domingos. (desayunar)

20. El plato más caro _____ la langosta. (ser)

21. Nosotros siempre _____ a las 8 y media. (cenar)

22. El vino _____ frío porque _____
    en el refrigerador. (estar)

23. Los españoles _____ mucho pan. (comer)

24. La señorita _____ un filete con papas fritas. (desear)

25. Usted y yo _____ a pedir un litro de vino. (ir)

B. **Escriba los sujetos correspondientes a las siguientes formas del verbo.**

1. escribes _____   7. son _____

2. pagamos _____   8. estoy _____

3. está _____   9. da _____

4. eres _____   10. cenan _____

5. desean _____   11. cortas _____

6. corro _____   12. desayuna _____

C. **Para tener la *raíz* de un verbo, solamente tiene que separar las terminaciones *-AR, -ER, -IR*. No importa si usted sabe el significado del verbo o no. Esta raíz es importante porque tiene el significado del verbo sin relación con la persona o el tiempo. Escriba la raíz de los siguientes verbos:**

1. correr _____   6. satisfacer _____ (satisfy)

2. estudiar _____   7. copiar _____ (copy)

3. desear _____   8. criar _____ (breed)

4. ver _____   9. crear _____ (create)

5. leer _____   10. ir _____ (go)

¡ATENCIÓN!   *Oraciones interrogativas*

En español las oraciones interrogativas se forman de varias maneras:
  1. Cuando pedimos confirmación, se pone el verbo al principio de la pregunta; si incluimos el sujeto (nombre o pronombre) el verbo precede al sujeto: pero no es obligatorio. ¿**Son Uds.** *de Colombia*?/ ¿**Habla María** *francés*? = ¿María habla francés?
  2. Otra forma de hacer una preguntar es *añadir* (add) a la oración afirmativa expresiones como ¿*verdad*?, ¿*no es verdad*?, ¿*no es cier-*

---

to?: Uds. son de Colombia, ¿**verdad**? (you're from Colombia, right?) *María habla francés,* ¿**no es cierto**? (Mary speaks French, isn't that right?)

3. Cuando queremos saber alguna información usamos las palabras interrogativas. Observe y aprenda las palabras interrogativas en español:

¿**Cuándo**? (when)	¿**Quién, quiénes**? (who/whom)
¿**Dónde**? (where)	¿**De quién**? (whose)
¿**Cuánto -a**? (how much)	¿**Por qué**? (why)
¿**Cuántos -as**? (how many)	¿**Para qué** (what for)
¿**Adónde**? (to where)	¿**Qué**? (what)
¿**Cómo**? (how)	¿**Cuál, cuáles**? (which)

a. *Adónde* también se escribe con dos palabras separadas: ¿*A dónde*?

b. No confunda *por qué* (why) con *porque* (because).

c. Recuerde que se escriben dos signos de interrogación en una pregunta en español: ¿*Dónde vives*?/¿*Quién habla español*?

d. Observe también que el acento se escribe en las palabras interrogativas no sólo en las preguntas directas sino también en las indirectas.

> Ej.: ¿*Cómo* está su familia?/Deseo saber *cómo* está su familia.

D.   Complete las oraciones con la traducción de la palabra en paréntesis. Añada los signos de interrogación donde sean necesarios. ¡Cuidado con los acentos!

1. Elena está a dieta, _____ _____? (right?)

2. _____ camareros trabajan en este restaurante? (how many)

3. _____ crema usas tú en el café? (how much)

4. _____ estudia Pepe? (where)

5. El policía pregunta _____ vive el niño *perdido* (lost). (where)

6. _____ se dice "napkin" en español? (how)

7. _____ van ellos a Bogotá? (when)

8. _____ es el autor de *Don Quijote de la Mancha*?
   (who)

9. Isabel va a decir _____ es el mejor plato que sirve este restaurante. (which)

10. _____ clase de vino desean tomar? (what)

11. ¿De _____ son Uds., de Barcelona o de Madrid?
    (where)

12. Los verbos regulares no cambian la raíz, _____ (isn't
    that right?)

13. _____ es el carro verde? (whose)

14. _____ compras mantequilla *en vez de* (instead of)
    margarina? (why)

15. _____ van los trabajadores cuando salen de la ofici-
    na? (to where)

Lección 4

EN UN RESTAURANTE
(At a Restaurant)

el aceite	oil	**el hablante**	speaker (person)
la aceituna	olive	**la hamburguesa**	hamburger
a la plancha	on the grill	**llorar**	to cry, weep
almorzar (ue)	to eat lunch	**el marisco**	seafood
el almuerzo	lunch	**moverse (ue)**	to move
el ajo	garlic	**la oliva**	olive
al ajillo	with garlic sauce	**el olivo**	olive tree
añadir	to add	**el oyente**	listener
el caldo	broth	**prever**	to foresee
el camarón	shrimp	**proveer**	to provide
(América)			
la carne	meat	**el punto de vista**	point of view
la cebolla	onion	**la res**	head of cattle, beef
la cocina	kitchen	**saber**	to know, know how
cocinar	to cook	**salir**	to leave, go away
equivaler	to be equal to	**sobresalir**	to stand out, excel
la especia	spice	**la vaca**	cow, beef
la gamba (España)	shrimp	**valer**	to be worth

PRACTIQUE EL VOCABULARIO   *(Respuestas, página 89)*

A. Relacione las dos columnas.

1. _____ aceite	A.	sopa líquida, consomé
2. _____ camarones	B.	La langosta y el camarón son. . . .
3. _____ almuerzo	C.	. . . . hace llorar cuando se corta.
4. _____ carne	D.	ver antes de tiempo, de antemano
5. _____ cebolla	E.	. . . de oliva
6. _____ caldo	F.	. . . de vaca, de puerco, de pollo, de res, etc.
7. _____ mariscos	G.	. . . se llaman *gambas* en España.
8. _____ ajo	H.	La comida de mediodía se llama. . . .
9. _____ cocinar	I.	como la sal, la pimienta, el ajo, la cebolla, etc.
10. _____ prever	J.	comida muy americana con carne de vaca
11. _____ especia	K.	Los italianos comen pan con. . . .
12. _____ hamburguesa	L.	preparar la comida
13. _____ olivo	M.	El dólar . . . a 150 pesos mexicanos.
14. _____ equivaler	N.	El producto del . . . es la aceituna.

B. Repase el género. Sin mirar el vocabulario anterior, escriba *el* or *la* delante de los nombres siguientes.

1. _____ pan	10. _____ res
2. _____ arroz	11. _____ vista
3. _____ esquema	12. _____ consomé
4. _____ sal	13. _____ carne
5. _____ raíz	14. _____ leche
6. _____ énfasis	15. _____ mensaje
7. _____ aceite	16. _____ hablante
8. _____ camarón	17. _____ oliva
9. _____ hamburguesa	18. _____ oyente

C. Escriba verdadero o falso: (V/F).

1. _____ La langosta y la res son mariscos muy caros.

2. _____ Si usted tiene 7 pies de *altura* (height) sobresale entre otras personas.

3. _____ España e Italia usan mucho el aceite de oliva para cocinar.

4. _____ Los americanos usan más cebolla y ajo para cocinar que los italianos.

5. _____ En Estados Unidos se comen muchas hamburguesas para almorzar.

6. _____ Un buen padre provee la comida para su familia.

7. _____ El filete y las gambas son especias muy importantes.

8. _____ Una sopa que tiene muchos vegetales es un caldo.

9. _____ En España e Italia se preparan varios platos al ajillo.

10. _____ La aceituna es un producto de la res.

D. Complete con una palabra del vocabulario.

1. Un litro _____ a 2,2 pintas.

2. Cuando usted corta mucha cebolla le hace _____.

3. La langosta y el camarón son dos _____ muy caros.

4. ¿Sabe usted _____ hamburguesas?

5. El autobús _____ a las dos en punto para Nueva York.

6. Antes de dar una fiesta, es bueno _____ el número de invitados.

7. Cenamos por la tarde y _____ a mediodía.

8. El _____ es un producto importante de Italia y de España.

9. Los ranchos de Texas tienen muchas _____.

10. Generalmente las hamburguesas se cocinan _____

_____.

11. En España se usa mucho la cebolla y el _____ para cocinar.

12. Un plato típico de España son _____ a la plancha.

13. Los árboles de mi casa son muy altos; _____ por arriba de la casa.

14. Me gusta más la _____ de vaca que la de cerdo.

15. Las personas no hablan solas; un hablante siempre tiene un _____

_____.

GRAMÁTICA.   VERBOS IRREGULARES EN PRESENTE DE INDICATIVO

I.   Observe y aprenda los esquemas de *tener, poner, venir y salir:*

SUJETO	ten er	pon er	ven ir	sal ir
yo	teng o	pong o	veng o	salg o
nosotros	ten emos	pon emos	ven imos	sal imos
tú	tien es	pon es	vien es	sal es
él, ella, Ud.	tien e	pon e	vien e	sal e
ellos, ellas, Uds.	tien en	pon en	vien en	sal en

A.   Observe estos hechos en los esquemas de arriba:
1. Todos estos verbos *añaden* (add) una *g* en la raíz con el sujeto *yo.*
2. *Tener* tiene tres raíces: *teng, ten, tien.* Las tres significan lo mismo "have". *Venir* también tiene tres raíces en el Presente: *veng, ven, vien*—"come".
3. Los morfemas que indican tiempo-persona son regulares, como en *comer, vivir:* son o, emos/imos, es, e, en.

B.   Los usos de *venir* no son exactamente los mismos de "to come" en inglés. Observe estos ejemplos:
-José, ¿a qué hora *vienes* a mi casa? (at what time are you coming to my house?)
-*Voy* a las ocho en punto. (I am coming at 8:00 sharp)

En español *venir* es moverse en la dirección del *hablante* (speaker) y desde el punto de vista del hablante.
Ej.:   Tú *vienes* a mi casa. (you're *coming* to . . .)

Lo contrario de *venir* es *ir:* en cualquier otra dirección, por ejemplo, del hablante al *oyente* (listener).

> Ej.: *Voy* a tu casa mañana. (I'm *coming* or I'm *going* to your house tomorrow)

II. Observe y aprenda los esquemas de *hacer, decir, saber, ver, valer* (to be worth):

SUJETO	hac er	dec ir	sab er	v er	val er
yo	hag o	dig o	sé	ve o	valg o
nosotros	hac emos	dec imos	sab emos	v emos	val emos
tú	hac es	dic es	sab es	v es	val es
él, ella, Ud.	hac e	dic e	sab e	v e	val e
ellos, ellas, Uds.	hac en	dic en	sab en	v en	val en

1. *Hacer* solamente es irregular en el Presente de Indicativo porque cambia *c* en *g* en la primera persona.
2. *Decir* tiene tres raíces: *dig, dec, dic*—"say", "tell".
3. *Saber* es muy irregular para el sujeto *yo: sé* (¡con acento!).
4. *Ver* sólo es irregular en *veo* que tiene la raíz *ve* en vez de *v*. *Prever* (foresee) es un compuesto *de ver: preveo, prevés, prevé, prevén*. Necesitan el acento porque terminan en *vocal, n, s,* como *está, están, estás*. El verbo *proveer* (provide) no es un compuesto de *ver;* es regular: *proveo, provees, proveemos,* etc.
5. *Valer* y *equivaler* (to be equal to) tienen una *g* como *vengo, tengo, salgo*.

III. Verbos Compuestos

Muchos de los verbos en los esquemas anteriores tienen formas derivadas o compuestas. Son irregulares con los mismos cambios de las formas simples. Muchos de estos verbos tienen una forma paralela en inglés:

1. *tener*		2. *venir*
abstener (abstain)	**mantener** (maintain)	**convenir** (to agree, be convenient)
contener (contain)		
detener (detain)	**obtener** (obtain)	**intervenir** (intervene)
entretener (entertain)	**retener** (retain)	**prevenir** (prevent)
	sostener (sustain)	**provenir** (originate)

3. *poner*	4. *hacer*	6. *salir*
componer (compose)	deshacer	sobresalir
descomponer	(undo, melt)	(stand out,
(break)	rehacer (redo)	excel)
disponer (dispose)	satisfacer (satisfy)	**7. *valer***
exponer (expose)	**5. *decir***	equivaler
imponer (impose)	bendecir (bless)	(be equal to)
oponer (oppose)	contradecir	**8. *ver***
proponer (propose)	(contradict)	prever
suponer (suppose)	maldecir (curse)	(to foresee)

PRACTIQUE SU GRAMÁTICA   *(Respuestas, página 90)*

1. *Tengo, salgo, pongo, valgo* son irregulares porque añaden _____ a la raíz.

2. *Vienes* es irregular porque cambia la raíz del infinitivo *ven* a _____
   _____.

3. *Tener* tiene tres raíces en el Presente de Indicativo: _____, _____
   _____ y _____.

4. Las formas *hacemos, decimos,* ¿son regulares o irregulares? _____
   _____.

5. Del verbo *saber* no decimos *yo sabo* sino *yo* _____.

6. *Hag* es la raíz irregular del verbo _____, y *dig* es la
   raíz irregular del verbo _____.

7. El verbo *ver* tiene dos raíces en el Presente de Indicativo: _____ y
   _____.

8. El verbo *prever* es un compuesto de *ver*. ¿Cómo se traduce la forma "they
   foresee"? _____. Necesita acento escrito porque termina en _____. (Observe que el *énfasis fonético* (stress) está en la última sílaba.)

9. Del verbo *salir* tenemos el compuesto *sobresalir*. Para traducir "I excel"
   escribimos en español _____.

10. *Satisfacer* (satisfy) es un compuesto de *hacer* (observe que la *h* cambia en *f*).
    ¿Cómo traduce usted "I satisfy . . ."? _____.

11. Si *maldecir* es un compuesto de *decir,* ¿cómo se traduce "I curse"? _____

    _____. ¿Cómo se traduce "they curse"? _____

    _____.

12. El verbo *proveer* es regular como *leer, creer,* con una *e* en la raíz y otra *e* en la

    terminación. ¿Cómo se dice "we provide"? _____.

13. "To come" del inglés tiene dos traducciones en español: _____ y

    _____. Cuando una persona *va* de un lugar *hacia* (toward) el

    hablante desde el punto de vista del hablante, se usa _____.

14. De *tener* tenemos *obtener* (obtain). ¿Cómo se traduce la forma "I obtain"?

    _____.

    ¿"They obtain"? _____.

15. De *poner* tenemos *componer* (compose, fix) y *oponer* (oppose). ¿Cómo se dice

    "they are fixing"? _____. ¿"I oppose"? _____

    _____.

16. El compuesto más frecuente de *poner* es *suponer* (suppose). ¿Cómo traduce

    usted "I suppose *so*"? _____ *que sí.*

17. De *venir* tenemos *prevenir* (prevent) y *convenir* (agree). ¿Cómo se traduce

    "he prevents"? _____ ¿"We agree"? _____

    _____.

EJERCICIOS   *(Respuestas, página 90)*

A. Complete con las Formas del Presente de Indicativo.

1. Mi hijo _____ dos *idiomas* (languages), pero yo sólo

   _____ uno. (know)

2. Mi esposa _____ aceite a la ensalada de lechuga.
   (put)

3. Yo _____ que los camarones son buenos aquí. (suppose)

4. Usted siempre _____ un caldo estupendo. (make)

5. Los militares de Rusia _____ en Afganistán.
   (intervene)

6. Los políticos _____ una guerra civil. (foresee)

7. El agua contaminanda _____ bacterias malas. (contain)

8. Mi casa es alta y _____ en todo el barrio. (stand out)

9. Carmina, ¿cuándo _____ a almorzar a mi casa? (come: informal)

10. Carmina contesta: _____ el sábado próximo. (come)

11. Desde mi casa yo _____ las montañas con *nieve* (snow). (see)

12. Los policías _____ a los criminales. (detain)

13. Un buen padre _____ a toda su familia. (sustain)

14. Con el calor, la nieve de la montaña se _____. (melt)

15. Los mariscos _____ mucho estos días. (be worth)

16. El camarón de América _____ a la gamba de España. (be equal to)

17. Cuando tengo mala *suerte* (luck) _____ mi suerte. (curse)

18. La palabra *hacer* _____ del latín *facere*. (originate)

19. Tú siempre _____ a tus amigos. (entertain)

20. Usted _____ buenas hamburguesas con cebolla y tomate. (make)

21. Cuando la composición está mal, yo la _____. (do it again)

22. ¡Yo me _____ con dos millones de dólares! (satisfy)

23. Un camarero nunca _____ a los *clientes* (customers). (contradict)

24. Los niños _____ mucha salsa de tomate en las papas fritas. (put)

25. Yo _____ de mi casa a las 7 y media. (leave)

B. **Los verbos compuestos son bastante comunes en español. Para practicar su vocabulario y su gramática complete las oraciones siguientes con uno de los verbos de la lista:**

ver	proveer	bendecir	contradecir
prever	sobresalir	maldecir	equivaler

1. Los padres _____ la comida y las cosas de la casa.

2. El dólar americano _____ a 150 pesetas de España.

3. El Papa _____ a los visitantes con su mano derecha.

4. Tú nunca estás de acuerdo; siempre _____ a los demás.

5. Yo siempre _____ los exámenes, y estudio para tener buena nota.

6. Mi tía no _____ bien con el ojo derecho, pero yo sí _____ bien.

7. La *torre* (tower) de la iglesia _____ por arriba de las casas.

8. Cuando no gano la lotería, _____ la suerte.

C. **Complete las oraciones con uno de los verbos siguientes:**

deshacer	satisfacer	prevenir	intervenir
rehacer	provenir	convenir	

1. La nieve de la montaña se _____ con el calor.

2. Si tengo mucha hambre _____ mi apetito con un helado.

3. Si mi composición tiene muchos errores, yo la _____.

4. La vaca y el caballo no _____ de América sino de Europa.

5. El gobierno dictatorial _____ en los negocios privados.

6. Este banco te _____ porque está cerca de tu casa.

7. El doctor _____ la enfermedad con las *vacunas* (vaccines).

D. Complete las oraciones con uno de los verbos de la lista siguiente:

contener	retener	obtener	entretener
mantener	sostener	detener	

1. Carlos _____ la idea de que Texas es más grande que California.

2. California _____ las *carreteras* (roads) en buenas condiciones.

3. Si yo _____ una A en esta clase, voy a estar contento.

4. Si el criminal se escapa, la policía lo _____ .

5. Mis padres _____ a sus amigos con una fiesta.

6. Este vaso no _____ vino sino cerveza.

7. Yo _____ el libro hasta terminar de leerlo.

E. Complete las oraciones con uno de los verbos siguientes:

componer	disponer	exponer	suponer
descomponer	imponer	oponer	proponer

1. ¿Quién te _____ el automóvil cuando se descompone?

2. Yo me _____ que Vd. tiene problemas con los verbos irregulares.

3. Los congresistas _____ *leyes* (laws) nuevas.

4. El profesor _____ sus ideas a la clase.

5. Muchas personas se _____ a las armas nucleares.

6. Para estudiar un verbo (nosotros) lo _____ en sus partes.

7. México y Venezuela _____ de mucho petróleo.

8. El dictador _____ muchos *impuestos* (taxes) a los ciudadanos.

¡ATENCIÓN!   *Nota sobre el género*

Por muchos años los hombres tuvieron profesiones que las mujeres nunca tenían. Hoy día la mujer está en casi todos los trabajos igual que el hombre. Por esta razón se está cambiando el vocabulario relativo a esas profesiones, pero no todos los países hispanos aceptan los cambios y no podemos dar reglas absolutas.

el presidente/la presidenta	el estudiante/la estudiante
el médico/la médico	el jefe/la jefa
el abogado/la abogada	el hablante/la hablante
(lawyer)	el taxista/la taxista
el dentista/la dentista	el alcalde/la alcaldesa
el diputado/la diputada	(mayor)
el cliente/la clienta	el decano/la decana (dean)
el juez/la juez (judge)	el policía/la policía

Lección 5

VEGETALES Y FRUTAS
(Vegetables and Fruits)

agrio	sour	**la lata**	can
el ají, el chile	pepper	**dar la lata**	to bother, pester
amarillo	yellow	**la legumbre**	vegetable
el ciprés	cypress	**el limón**	lemon
el colibrí	hummingbird	**la limonada**	lemonade
la cucharada	spoonful	**la manzana**	apple
la cucharadita	teaspoon	**merendar (ie)**	to eat a snack
el champú	shampoo	**ir de merienda**	to go on a picnic
el dios	god	**morado**	purple
dulce	sweet	**la naranja**	orange
enlatar	to can	**el pavo, el guajo-**	turkey
		lote (Méx.)	
freír (i)	to fry	**la pera**	pear
el frijol	bean	**el plátano,**	banana
		la banana	
la fresa	strawberry	**el tocadiscos**	record player
fresco	fresh; cool	**verde**	green
jamás	never	**merienda**	afternoon snack
el jugo	juice	**la verdura**	vegetable, greens

PRACTIQUE EL VOCABULARIO   *(Respuestas, página 90)*

A.   Seleccione la palabra correcta y subráyela.

1. Por la mañana tomo jugo de (frijoles, naranja, leche, plátano).

2. Una comida pequeña por la tarde es la (lata, pera, merienda, cucharada).

3. Me gusta comer verduras (frescas, dulces, verdes, agrias).

4. En la Florida y California hay muchas (manzanas, latas, naranjas, peras).

5. ¡Camarero! quiero un sángüiche de (frijoles, fresas, chile, pavo).

6. (La cucharada, La merienda, El jugo, La pera) es una clase de fruta.

7. Marta le pone (una cucharadita, un frijol, una verdura, una pera) de azúcar al café.

8. El mango y (el plátano, la pera, la fresa, el frijol) son frutas tropicales.

9. La frutas se conservan en (legumbre, lata, agrio, limonada).

10. En México se comen muchos (-as) (legumbres, jugos, frijoles, colibrís).

B.   Relacione las dos columnas.

1. _____ naranja   A. verduras

2. _____ pavo   B. de naranja, de tomate, de pera, etc.

3. _____ lata   C. comida pequeña por la tarde

4. _____ jugo   D. tiene vitamina C como el limón

5. _____ manzana   E. cocinar con aceite

6. _____ legumbres   F. se come en la fiesta de Acción de Gracias

7. _____ merienda   G. recipiente de metal

8. _____ freír   H. fruta roja, amarilla o verde

9. _____ tocadiscos   I. se usa para tocar música

C.   Complete con una palabra del vocabulario.

1. El limón es una fruta que tiene sabor _____.

2. Todas las mañanas bebo un vaso de _____ de naranja.

3. La lechuga no es roja sino _____ o blanca.

4. Los romanos y los griegos tenían muchos _____. (gods)

5. La violeta es una flor de color _____.

6. Yo sólo le pongo una _____ de azúcar a mi café.

7. El _____ es un árbol siempre verde, y es alto también.

8. Para lavarnos la cabeza usamos _____.

9. No me gustan los vegetales de _____; me gustan más los frescos.

10. En México se llama *chile;* en cambio en Cuba se llama _____.

11. Necesitamos un _____ para la fiesta para poner música moderna.

12. El bebé siempre está llorando; nos _____ toda la noche.

13. Mi madre sabe _____ muy bien los huevos y las papas.

14. En México se llama *guajolote;* en otras partes se llama _____.

15. ¿Cuál es la otra palabra para verdura o vegetal? _____.

D.   Conteste verdadero o falso: (V/F).

1. _____ La fresa es una fruta dulce de color amarillo.

2. _____ Cuando usted va de merienda va a comer a un restaurante.

3. _____ Jesús es el dios de todos los cristianos.

4. _____ Las legumbres enlatadas están siempre muy frescas.

5. _____ El pavo tiene carne blanca y carne oscura.

6. _____ El colibrí es un pájaro de color morado.

7. _____ Las peras son de color verde o amarillo.

8. _____ Si Vd. está a dieta no puede comer muchas cosas dulces.

9. _____ Una cucharada es más pequeña que una cucharadita.

10. _____ Los plátanos maduros son de color amarillo.

11. _____ El ají, la lechuga y el limón son tres clases de legumbres.

12. _____ La naranja, la fresa y el limón son tres clases de frutas.

GRAMÁTICA.   FORMACIÓN DEL PLURAL Y NEGACIONES

I.   Plural de Nombres y Adjetivos

    A.   *Plural* quiere decir dos o más cosas, personas o animales. *Singular* es una sola cosa, animal o persona.

    B.   Los *nombres* y *adjetivos* tienen forma singular y forma plural. Las reglas de formación del plural son las mismas para nombres y adjetivos.

       1. Si la palabra termina en vocal, se añade *-s*: *pavos, buenos*.

       2. Si la palabra termina en consonante, se añade *-es*: *frijoles, flanes*.

       3. Si la palabra termina en *z*, se añade *-es*, pero antes cambiamos la *z* en *c* porque nunca escribimos *z* delante de *e, i*: *feliz* → *felices, vez* → *veces*

       4. El plural de *francés* es *franceses*, pero el plural de *lunes* es *lunes*. ¿Por qué?—Porque *francés* termina en *s precedida* (preceded) de vocal con acento fonético. *Lunes* termina en *s* pero el acento fonético no está en esa sílaba. Más ejemplos:

          mes → mes*es*   crisis → crisis
          ciprés → cipres*es*   martes → martes
          compás → compas*es* análisis → análisis
          dios → dios*es* (god)   tocadiscos → tocadiscos

       5. Las palabras que terminan en *í, ú* con acento fonético tienen el plural con *s* o con *es: rubí* → *rubís* → *rubíes*. La tendencia moderna es la *s* solamente, pero algunos dialectos usan más *es*. Más ejemplos:

          hindú → hindús → hindú*es*
          ají → ajís → ají*es*
          colibrí → colibrís → colibrí*es*

       6. Los nombres de personas no tienen plural si son nombres propios. Por ejemplo si hablamos de la familia Prado, decimos *los Prado* (the Prados).

II.   Negaciones

    A.   Las palabras negativas son de cuatro clases: Adverbios: *no, ni, nunca*
                                     Pronombres: *nada, nadie, ninguno*
                                     Adjetivos: *ninguno*
                                     Conjunciones: *ni*

B.   Aprenda las palabras contrarias:

siempre/nunca	**alguno/ninguno**	**y, o/ni**
siempre/jamás	**algo/nada**	**con/sin**
también/tampoco	**alguien/nadie**	**sí/no**

C.   Aprenda estas reglas sobre las palabras negativas:

1. *No* siempre va delante del verbo, incluyendo *ser, estar* y *haber.*
   > Ej.: Juan estudia./Juan *no* estudia.
   >
   > Juan es médico./Juan *no es* médico. (John is not a doctor)
   >
   > Juan ha estudiado./Juan *no ha* estudiado. (John has not studied).

2. Cualquier palabra negativa puede ir delante del verbo:
   > Ej.: Juan *nunca* estudia.
   >
   > Juan *tampoco* estudia.
   >
   > Aquí *nadie* estudia.

3. *Ni* es la negación de las conjunciones *o, y.* Para usar *ni* necesitamos dos negaciones de la misma clase: dos nombres, dos adjetivos, dos verbos, etc.
   > Ej.: Juan y José estudian./*Ni* Juan *ni* José estudian.

4. *Jamás* y *nunca* traducen "never", "ever". *Jamás* es más enfático que *nunca.* Las dos negaciones se pueden usar juntas en este orden: *nunca jamás* delante o detrá del verbo.
   > Ej.: Juan *nunca jamás* estudia./Juan *no* estudia *nunca jamás.*

5. En español es frecuente la doble negativa, y en este caso es más enfático que una sola palabra negativa. Observe que una palabra negativa siempre está delante del verbo, la otra detrás. En algunos casos usamos tres negativas.
   > Ej.: Juan *no* estudia *nada.*/Juan *nada* estudia.
   >
   > Juan *no* estudia *tampoco.*/Juan *tampoco* estudia.
   >
   > Aquí *no* estudia *nadie.*/Aquí *nadie* estudia.
   >
   > Juan *no* estudia *nunca.*/Juan *nunca* estudia.
   >
   > Juan *no* estudia *nada nunca.*/Juan *nunca* estudia *nada.*

6. *Nadie/alguien* se usan solamente para personas: "nobody"/ "somebody".
   Nada/algo se usan para cosas solamente: "nothing"/"something".

> *Ninguno/alguno* se usan para todos los nombres: personas, animales y cosas.
> Ej.: ¿Vino *alguna* carta para mí?— *No* vino *ninguna*.
>
> Observe la forma de *ninguno/alguno* cuando se usan de adjetivo delante de nombre masculino:
> *algún* hombre/*ningún* libro

PRACTIQUE SU GRAMÁTICA   *(Respuestas, página 91)*

1. Las reglas del plural de los nombres son las mismas para los _____ _____.

2. Cuando un nombre termina en vocal se forma el plural con _____.

3. Cuando un adjetivo o nombre termina en consonante se forma el plural con _____.

4. Si un nombre o adjetivo termina en *z*, se cambia la *z* en _____ y después se añade la sílaba _____. Ejemplo: *feliz* → _____.

5. El plural de *lunes* no es *lúneses* sino _____, pero el plural de *mes* no es *mes* sino _____. La razón está en que la *e* de *mes* tiene énfasis o acento fonético. ¿Dónde está el acento fonético de *lunes*? _____.

6. *Dios* (god) tiene el acento fonético en la *o*. ¿Cómo dice Ud. "gods"? _____.

7. Una palabra como *rubí* (con acento en la *í*) tiene dos plurales aceptables según los diferentes dialectos: _____ y _____.

8. *Maravedí* es una *moneda* (coin) española de los años de las colonias americanas. En nuestros clásicos encontramos dos plurales: _____, _____.

9. El plural de *automóvil* no es *automóvils* sino _____.

10. ¿Cómo traduce usted la expresión plural del inglés "the Garcías"? _____.

11. Lo contrario de *alguna vez* y *siempre* es doble: _____ y _____

_____.

12. ¿Cuál es más enfática, *nunca* o *jamás?* _____. ¿En qué orden se

usan las dos juntas? _____.

13. Lo contrario de *también* es _____, y lo contrario de

algo es _____, y lo contrario de *y* es _____

_____.

14. Cuando decimos *nadie,* queremos decir que *no* hay *ninguna* _____.

Cuando decimos *nada,* queremos decir que *no* hay *ninguna* _____.

15. ¿Cuál es lo contrario de la expresión *con el libro?* _____.

16. ¿Cómo cambia a forma negativa la oración *Ella es rubia y alta? Ella*

_____. (En este caso usted puede

usar dos formas negativas: *no . . . ni* y *ni . . . ni.*)

17. ¿Es correcto o incorrecto usar doble negativa en español? _____.

18. Las negaciones *no, nunca, ni,* etc. ¿van delante o detrás de los verbos *ser,*

estar y *haber?* _____. ¿Cómo se traduce "There

isn't . . ."? _____.

19. ¿Cuál es más enfático, *Él nunca va* o *Él no va nunca?* _____

_____.

20. ¿Cuál es más enfático, *Él nunca va* o *Él nunca jamás va?* _____

_____.

21. ¿Cómo traduce usted "anything" en la oración "He didn't say anything"?

_____.

22. *Yo no digo algo* es incorrecto. Debe ser *Yo no* _____

_____.

23. ¿Cómo se traduce "anybody" en "He didn't see anybody"? _____

_____.

24. La palabra *sángüich* está tomada del inglés, y tiene diferentes versiones

según los países. ¿Cuál es el plural de *sángüich?* _____

_____.

EJERCICIOS

(Respuestas, página 91)

A. Escriba el plural de estas expresiones.

1. el lápiz rojo _____

2. Feliz Navidad _____

3. el reloj inglés _____

4. la pared azul _____

5. el jueves próximo _____

6. el ají verde _____

B.　Complete las oraciones siguientes.

1. Lo contrario de *nadie* es _____.

2. Lo contrario de *tampoco* es _____.

3. El plural de *compás* (compass) es _____.

4. El plural de *abrelatas* (can opener) es _____.

5. En inglés el plural de "corral" es "corrals", pero en español el plural de *corral* es _____.

6. La negación de *leche y jugo* es _____.

7. El plural de palabras como *hindú* es doble: _____.

8. ¿Cómo se traduce "I see nothing"? _____.

9. *No veo a alguien* es incorrecto. Debe ser _____.

10. ¿Cuál es más enfático, (1) *Jamás como pavo* o (2) *Nunca como pavo*? _____.

11. ¿Cual es lo contrario de *con frijoles*? _____.

12. ¿Cuál es más enfático, (1) *Tú nunca hablas* o (2) *Tú no hablas nunca*? _____.

13. Lo contrario de *No* es *Sí*, pero en español *Sí* no se usa solamente para contestar a una pregunta, sino también para *reforzar* (reinforce) una afirmación. ¿Cómo traduce usted *sí* en *José* **sí** *toma leche*? _____.

C. Escriba la forma singular de las siguientes expresiones.

1. los bambúes japoneses _____

2. las paredes azules _____

3. los otros lápices amarillos _____

4. los limones agrios _____

5. los tocadiscos modernos _____

6. dos panes franceses _____

7. las Navidades felices _____

8. los lunes próximos _____

9. dos cipreses verdes _____

10. dos rubís muy caros _____

11. los champús americanos _____

12. dos relojes ingleses _____

¡ATENCIÓN! *Formas especiales del plural*

1. Cuando hablamos de *Estados Unidos* lo podemos considerar como un sólo país. En este caso es singular y no lleva artículo.

   Ej.: Estados Unidos *es* un país grande.

   Podemos considerar a Estados Unidos como una suma de 50 estados; en este caso es plural y lleva el artículo *los.*

   Ej.: Los Estados Unidos *son* un país grande.

2. Algunos nombres que se componen de varias partes se usaban antes en plural solamente. Ahora se usan más en singular que en plural: **tijeras / tijera** (scissors), **alicates / alicate** (pliers), **pantalones / pantalón** (trousers), **calzones / calzón** (shorts), **calzoncillos / calzoncillo** (undershorts), **enaguas / enagua** (slip).

3. Algunos nombres cambian un poco de significado del singular al plural. Estudie la lista que sigue:

   pan (bread) /   **celo** (zeal) /
      panes (loaves)   **celos** (jealousy)

   polvo (dust) /   **aire** (air) /
      polvos (powder)   **aires** (airs)

   amor (love) /   **agua** (water) /
      amores (affairs)   **aguas** (stream)

> **vidrio** (glass) /   **corte** (court) /
>   **vidrios** (windowpane)   **Cortes** (Parliament)
>
> 4. Algunos nombres compuestos tienen una forma especial para el plural:
>
>   **cualquiera/cualesquiera** (anyone)
>   **coche-cama / coches-camas** (sleeping car)
>   **coche-comedor / coches-comedores** (dining car)
>   **coche-correo / coches-correo** (mail car)

D. Complete las oraciones siguientes.

1. ¿Necesita *Estados Unidos* el artículo *los* siempre? _____. Cuando se usa sin artículo no se considera plural sino _____. Cuando tiene el artículo *los* se considera _____.

2. Cuando decimos *Necesito* **las tijeras** puede ser confuso porque puede ser *un par* de tijeras, o varios *pares*. Por eso el español moderno usa más _____ _____ para indicar *un solo par*.

3. El plural de *cualquiera* es _____, y el plural de *coche-cama* es _____.

4. *Pan* significa "bread"; en cambio *panes* significa _____.

5. *Amor* significa "love"; en cambio *amores* significa _____.

6. *Polvo* significa "dust"; en cambio *polvos* significa _____.

7. No es lo mismo *tener celo* que *tener celos;* este último se traduce por "to be _____".

8. Cuando decimos *el agua del río* es posible que esa agua se mueva o no; pero si decimos *las aguas del río* esas aguas sí se _____ _____.

9. ¿Cómo se traduce *los vidrios de la ventana?* _____ _____.

Lección 6

LA PAELLA

la almeja	clam	**huevos duros**	hard-boiled eggs
anaranjado	orange color	**huevos pasados por agua**	soft-boiled eggs
el apio	celery	**huevos revueltos**	scrambled eggs
asar	to roast	**la oveja**	sheep
bien cocinado	well-done (meat)	**la paella**	seafood dish
poco cocinado	rare (meat)	**la pata**	paw, foot, leg (animal)
blando	soft	**meter la pata**	to put one's foot in it
el cangrejo	crab	**estirar la pata**	to kick the bucket
la col	cabbage	**el pepino**	cucumber
la coliflor	cauliflower	**el pescado**	fish
el cordero	lamb	**la pierna**	leg (of a person)
el champiñón, la seta	mushroom	**pierna de cordero**	leg of lamb
la chuleta	chop, steak	**el pimiento**	(bell) pepper
duro	hard, tough	**el queso**	cheese
el frijol verde	green bean	**tierno**	tender, soft
la habichuela	bean	**el vinagre**	vinegar
hervir (ie, i)	to boil	**la zanahoria**	carrot

PRACTIQUE EL VOCABULARIO

(Respuestas, página 91)

A. Relacione las dos columnas.

1.	_____ Un plato hispano con muchos mariscos y arroz	A.	champiñones
2.	_____ No me gusta la carne dura sino. . . .	B.	pierna
3.	_____ Vegetal de color anaranjado	C.	mete la pata
4.	_____ Vegetales de color verde	D.	paella
5.	_____ Los frijoles verdes también se llaman. . . .	E.	oveja
6.	_____ En España se llaman *setas,* en Hispanoamérica, ...	F.	blanda
7.	_____ Dos clases de mariscos	G.	chuleta
8.	_____ El cordero tiene cuatro patas, pero cocinamos una . . . de cordero	H.	zanahoria
9.	_____ El hijo de la . . . es el cordero.	I.	habichuelas
10.	_____ Generalmente decimos *filete* de vaca y . . . de puerco.	J.	apio, pepino
11.	_____ Un producto derivado del vino	K.	vinagre
12.	_____ Cuando Ud. comete un error,. . . .	L.	almeja, cangrejo

B. Repase el género. Escriba *el* o *la* delante de los nombres siguientes.

1. _____ frijol		9. _____ filete
2. _____ col		10. _____ ají
3. _____ coliflor		11. _____ merienda
4. _____ vinagre		12. _____ chile
5. _____ almeja		13. _____ champiñón
6. _____ champú		14. _____ legumbre
7. _____ dios		15. _____ ciprés
8. _____ limón		16. _____ tocadiscos

C. Complete con una palabra del vocabulario.

1. Me gustan las chuletas de cordero tiernas y bien _____ _____.

2. El _____ es un producto derivado de la leche.

3. Voy a comer una ensalada de lechuga y tomate con aceite y _____ _____.

4. Una manera idiomática de decir *morir* es _____ _____.

5. La *pimienta* es negra; en cambio el _____ es verde o rojo.

6. Los huevos *hervidos* también se llaman *huevos* _____ _____.

7. No decimos en español *huevos blandos* sino _____.

8. La almeja y el _____ son dos mariscos.

9. No cocinamos una *pata de cordero* sino una _____ _____.

10. Cuando Vd. comete un error decimos que _____ _____.

D. ¿Quiere preparar una paella? Aquí tiene una *receta* (recipe) muy simple.

1. *Dore* (brown) un _____ (chicken), cortado en pedazos, con aceite de oliva.

2. Dore también una libra de _____ (pork), cortado en pedazos, en el mismo aceite de oliva.

3. *Hierva* (boil) unas 6 u 8 _____ (clams) y *guarde* (save) el agua para el arroz.

4. Hierva también unas patas de _____ (crab) y guarde el agua.

5. Hierva una libra de langosta y/o _____ (shrimp) y guarde el agua.

6. Dore una cebolla, un _____ (bell pepper) y un ajo en el mismo aceite del pollo.

7. *Añada* (add) una _____ (can) de salsa de tomate, o tomates naturales.

8. Añada una libra de _____ (green beans) naturales o de lata.

9. Puede añadir otras _____ (vegetables) como *guisantes* (peas).

10. Añada 6 _____ (cups) del líquido de hervir los mariscos o agua.

11. Ponga a _____ (boil) ese líquido con el pollo, el puerco y los camarones.

12. Cuando el líquido está hirviendo añada 3 tazas de _____ (rice). (Siempre debe poner doble cantidad de agua que de arroz.)

13. *Baje* (lower) el fuego a "low" después de mezclar bien el arroz con todo, y

    ponga por arriba las _____ (claws) de cangrejo y las almejas. *Tápelo* (cover) bien.

14. En 40 minutos tiene Ud. una paella para 8 o 10 personas según el apetito.

    Puede servirla con vino _____ (rosé) o blanco según el gusto. (sal, pimienta, orégano, aceitunas, a gusto del consumidor)

GRAMÁTICA.   VERBOS CON CAMBIOS EN LA RAÍZ EN EL PRESENTE DE INDICATIVO

A.   Observe y aprenda los esquemas de *pensar* (think), *volver* (return), *pedir* (ask for), *jugar* (to play, pero no "music"; "play music" es *tocar* "to touch"):

SUJETO	pens ar	volv er	ped ir	jug ar
yo	**piens** o	**vuelv** o	**pid** o	**jueg** o
nosotros	pens amos	volv emos	ped imos	jug amos
tú	**piens** as	**vuelv** es	**pid** es	**jueg** as
él, ella, Ud.	**piens** a	**vuelv** e	**pid** e	**jueg** a
ellos, ellas, Uds.	**piens** an	**vuelv** en	**pid** en	**jueg** an

1. La raíz de *pensar* es *pens,* pero cambia a *piens* en todas las personas excepto en *pensamos* que es regular.
2. El cambio de *pens* a *piens* se llama *diptongación* de *e* en *ie*. Esta diptongación sólo ocurre cuando la *e* tiene acento fonético. En *pensamos* el acento está en *a*.

3. *Volver* tiene la raíz *volv* que cambia a *vuelv* en todas las personas excepto en *volvemos*. Aquí la *o* se diptonga en *ue* cuando la *o* tiene acento fonético.

4. *Jugar* diptonga la *u* en *ue* cuando tiene acento fonético, pero no en *jugamos*.

5. El fenómeno de la diptongación de [e] en [ie] y de [o] en [ue] ocurre en español también con nombres y adjetivos.

> Ej.: s*ie*te → s*e*tenta → s*e*tecientos, n*ue*vo → n*o*vedad (novelty) → ren*o*var → ren*ue*vo (I renew)

6. *Pedir* tiene la raíz *ped* que cambia a *pid*, es decir, cambia *e* en *i* cuando la *e* tiene acento fonético. Por esta razón *pedimos* es regular.

B. No todos los verbos que tienen *e* en la raíz, la diptongan en *ie*, o la *o* en *ue*. Por esta razón los diccionarios de español para hablantes de inglés indican esta diptongación en paréntesis detrás del verbo.

> Ej.: *pensar* (ie) "to think". Los mismo ocurre con la *e* en *i*, por ejemplo, *pedir* (i) "to ask for".

Aquí tiene una lista parcial de los verbos más comunes con estos cambios:

---

1. Diptongación de [e] en [ié]

atender (help, assist)[1]	**empezar** (start)	**presentir** (foresee)
comenzar (start)	**entender** (understand)	**querer** (wish, love)[2]
consentir (consent; spoil)	**extender** (extend)	**referir** (refer, tell)
convertir (convert)	**mentir** (lie)	**sentar** (sit down)
defender (defend)	**nevar** (snow)	**sentir** (feel, be sorry)
despertar (wake up)	**perder** (lose)	**sugerir** (suggest)
divertirse (to enjoy)	**preferir** (prefer)	**tender** (stretch, tend)

---

2. Diptongación de [o] en [ué]

acordar (agree)[3]	**devolver** (give back)	**mostrar** (show)
acordarse (remember)	**doler** (hurt)	**oler** (smell)[4]
cocer (cook, boil)	**dormir** (sleep)	**poder** (can, be able)
contar (count, tell)	**encontrar** (find)	**recordar** (remember)
demostrar (demonstrate)	**envolver** (wrap)	**soler** (used to)
descontar (discount)	**llover** (rain)	**volver** (return)
	morder (bite)	**volar** (fly)
	morir (die)	

3. Cambio de [e] en [í]		
conseguir (get)	**medir** (measure)	**repetir**
despedir (dismiss)[5]	**pedir** (ask for)	(repeat)
despedirse	**perseguir**	**seguir** (follow)
(say goodbye)	(pursue)	**servir** (serve)
freír (fry)	**proseguir** (follow)	**sonreír** (smile)
impedir (prevent)	**reír** (laugh)	**vestir** (dress)

NOTAS:

1. *Atender* no es "to attend" sino "to assist, to pay attention to".

2. *Querer* es "to want" con cosas; acciones.
   Ej.: *Quiero* mi bistec bien cocinado. Con personas es "to love": *Quiero* a mi hija.

3. *Acordar* es "to agree", pero *acordarse* es "to remember". La diferencia es el pronombre reflexivo *se* que vamos a estudiar más tarde.

4. *Oler* (to smell) toma una *h* delante del diptongo *ue*. No escribimos *uelo*, *ueles*, *uele* sino *huelo*, *hueles*, *huele;* pero escribimos *olemos*.

5. *Despedir* es "to dismiss, to fire someone", pero *despedirse* es "to say goodbye". La diferencia es el reflexivo.

PRACTIQUE SU GRAMÁTICA

(Respuestas, página 92)

1. *Comienza* (comenzar) es irregular porque diptonga _____
   _____ en la raíz.

2. *Duermen* (dormir) es irregular porque diptonga _____
   en la raíz. Esto ocurre cuando la *e* y la *o* tienen acento _____
   _____.

3. *Pensamos* no diptonga la *e* porque no tiene _____
   _____.

4. El único verbo que diptonga *u* en *ue* es *jugar*. ¿Cómo se dice "he plays"?
   _____. En español no **jugamos** *la guitarra* sino que
   _____ *la guitarra.*

5. De *vestir* decimos Yo me _____, pero nosotros nos
   _____.

6. No tenemos en español palabras que comienzan con *ue*. Por esta razón no escribimos *uelo* sino _____. ¿Cómo se dice "we smell"? _____.

7. *Sentar* (sit) y *sentir* (feel) sólo se diferencian en la *a* y la *i*, pero recuerde que estas dos vocales indican dos clases de verbos, con dos esquemas diferentes: ¿Cómo se dice "they sit"? _____. ¿"They feel"? _____

8. ¿Cómo se traduce "we feel"? _____ ¿"We sit"? _____ _____

9. *Llover* y *nevar* sólo se usan en la tercera persona del singular, ¿Cómo se traduce "it rains"? _____. ¿"It snows"? _____ _____

10. La cosa blanca que cae cuando nieva se llama *la nieve,* pero no decimos *nievada* (snowfall) sino _____ porque el acento está en la *a*.

11. *Mentir* (to lie) es un verbo; el nombre es *mentira* (lie). No decimos *mientira* sino *mentira* porque la *e* no tiene _____ _____.

12. Del verbo *dormir* tenemos un nombre para "sleeping room". ¿Cuál es correcto, *duermitorio* o *dormitorio*? _____.

13. *Acordarse* quiere decir "to remember", pero *acordar* es "to agree". ¿Cómo se dice en español "we agree"? _____.

14. *Freímos* (we fry) las papas, el pollo, etc. ¿Cómo se dice "I fry"? _____ _____. (Se escribe y se pronuncia como *frío* que significa "cold".)

15. *Divertirse* es "to enjoy, to have fun". ¿Cómo se traduce "I have fun"? *Yo me* _____, pero *nosostros nos* _____ _____.

16. *Servir, servicio, servilleta* (napkin) son todas de la misma familia. ¿Cómo se dice "you serve fish" (familiar form)? _____ _____.

EJERCICIOS

(*Respuestas, página 92*)

A.   Complete con las formas correctas del Presente de Indicativo.

1. Mi madre _____ las chuletas con pimientos. (serve)

2. Creo que Carolina no se _____ bien hoy. (feel)

3. Ellos _____ comer carne de vaca los sábados. (be used to)

4. ¿A qué hora _____ tú mañana? (return)

5. Usted _____ mucho a ajo y cebolla. (smell)

6. En Colorado siempre _____ mucho. (snow)

7. En el desierto Mojave _____ muy poco. (rain)

8. Juan me _____ que coma puerco bien cocinado. (suggest)

9. Cuando voy a Las Vegas siempre _____ unos 50 dólares. (play, gamble)

10. Pepe y Antonia se _____ en las vacaciones. (enjoy)

11. Carlitos _____ mucho a su abuela. (love)

12. Tú y yo no _____ ir a la fiesta. (be able)

13. Cuando yo como queso, siempre me _____ el estómago. (hurt)

14. Yo siempre me _____ en la silla verde. (sit)

15. Vamos al aeropuerto y _____ de nuestro amigo. (say goodbye)

16. Julio toca la guitarra y _____ béisbol. (play)

17. Muchos políticos _____ en la campaña electoral. (lie)

18. Mi esposa _____ las chuletas de puerco. (fry)

19. Mi hijo _____ ocho horas todos los días. (sleep)

20. ¿Por qué usted siempre _____ a los clientes? (smile)

21. La ensalada italiana se _____ con aceite y vinagre. (serve)

22. Carmen _____ muy bien a los clientes del restaurante. (help)

23. En este restaurante siempre _____ filetes tiernos.
    (serve)

24. Joselito _____ el champiñón, pero no lo come. (bite)

25. Tú siempre te _____ temprano y desayunas bien.
    (wake up)

B. La lista de verbos de esta lección es muy importante, y muchos de los verbos son bastante comunes. Para practicarlos complete las oraciones con uno de los verbos siguientes:

conseguir	reír	defender	extender	despertar
perseguir	volar	impedir	envolver	renovar
oler	perder	preferir	convertir	

1. No me gusta el café; _____ tomar té.

2. Mis padres _____ de Nueva York a Miami
   para visitarme.

3. Mi esposa _____ el paquete para mandarlo
   por correo.

4. California se _____ desde Oregon hasta
   México.

5. La policía _____ al criminal por las calles.

6. ¿A qué hora te _____ los sábados?

7. Todo el mundo se _____ cuando tú haces una
   broma.

8. Ellos _____ la casa porque ya está bastante
   vieja.

9. No tengo suerte; siempre _____ en la lotería.

10. Los militares _____ el país en caso de una
    invasión.

11. Las rosas del jardín _____ muy bien.

12. Si tú me ayudas, (yo) _____ resolver este
    problema.

13. La policía _____ que el criminal se escape de
    la prisión.

> ¡ATENCIÓN!   *Algunos verbos problemáticos*
>
> Es muy fácil confundir algunos verbos de esta lección, por eso vamos a repasar y practicar algunos de ellos. Estudie con cuidado el significado antes de llenar los ejercicios que siguen.
>
> 1. *Jugar* es solamente "to play games". *Tocar* es "to play music".
> 2. *Pedir* es "to ask for", y no se traduce "for". *Preguntar* es "to ask."
> 3. *Volver* significa "to return" o "to turn a part of the body".
>   > Ej.: *Vuelvo* a la escuela. (I return to school)
>   > *Vuelvo* la cabeza. (I turn my head)
> 4. *Oler* significa "to smell" y "to sniff out." *No oler bien a uno* es "to look suspicious".
>   > Ej.: Las rosas *huelen* bien. (roses smell nice)
>   > El perro *huele* la carne. (the dog sniffs out the meat)
>   > Eso no *me huele* bien. (that looks suspicious to me)
> 5. *Atender* no es "to attend" sino "to assist, to pay attention". *Asistir* significa "to attend".
>   > Ej.: El médico *atiende* al enfermo (the doctor assists the sick man).
>   > Ella *asiste* a la universidad (she attends the university).
> 6. *Querer* significa "to want something" o "to love a person."
>   > Ej.: Yo *quiero* el filete bien cocinado.
>   > Yo *quiero* mucho a mis hijos.
> 7. *Acordar* significa "to agree": Los dos *acuerdan* de reunirse otra vez. *Acordarse* es "to remember": No *me acuerdo* de tu teléfono.

C.   Complete las oraciones con uno de los verbos anteriores.

1. Los argentinos y brasileños _____ muy bien al *fútbol* (soccer).

2. Voy a _____ al camarero si sirven vino en este restaurante.

3. Carlitos _____ a la escuela primaria desde hace tres años.

4. En McDonald's siempre _____ a papas fritas. (smell)

5. El médico _____ a los enfermos en el hospital.

6. Cuando llamo a mi perro, siempre _____ la cabeza.

7. Mariana sabe _____ la guitarra y el piano.

8. Los abuelos _____ mucho a sus *nietos* (grandchildren).

9. Todos los años mi madre se _____ de mi cumpleaños.

10. Voy a _____ cuánto vale una paella en este restaurante.

11. Ese hombre no me parece bueno; su negocio no me _____

    _____.

12. El director y los empleados _____ en un contrato nuevo.

13. Voy a _____ una cerveza porque *tengo sed* (I'm thirsty).

14. Los perros _____ las *huellas* (traces) de las personas.

15. Los buenos estudiantes _____ a clase todos los días.

Lección 7

BEBIDAS
(Drinks and Refreshments)

el alcohol	alcohol	**el champán**	champagne
el antojito (Méx.)	hors d'oeuvre	**emborracharse**	to get drunk
la bandeja	tray	**la gaseosa**	carbonated water
el bar	bar	**la ginebra**	gin
la bebida	drink	**el whisky**	whiskey, scotch
el bocadillo	snack, sandwich	**el jerez**	sherry
la bodega	wine cellar, winery	**el licor**	liquor
borracho	drunk	**la licorería**	liquor store
el café con leche	hot milk with coffee	**el refresco**	soft drink
		el ron	rum
el cantinero -a	bartender (m/f)	**la sangría**	wine cooler
la carta	letter (mail)	**seco**	dry
el cartero	mailman	**la tapa** (España)	hors d'oeuvre
el coctel	cocktail	**la tónica**	tonic water
el coñac	cognac, brandy	**el vermú**	vermouth
la copa	goblet, drink	**el vodka**	vodka

PRACTIQUE EL VOCABULARIO   *(Respuestas, página 93)*

A. Relacione las dos columnas.

1. _____ El camarero lleva las bebidas en una. . . .   A. cocteles

2. _____ La señora que prepara las bebidas en un bar   B. alcohol
           es la. . . .

3. _____ La . . . es vino con frutas, azúcar, etc.   C. emborracha

4. _____ El vino puede ser dulce, semidulce y. . . .   D. bodega

5. _____ Un vino original de Francia es el. . . .   E. bandeja

6. _____ Un vino original de España es el. . . .   F. tapas

7. _____ El whisky contiene más . . . que el vino o la   G. cantinera
           cerveza.

8. _____ Los . . . no contienen alcohol.   H. champán

9. _____ El ron con Coca-Cola y la ginebra con tónica   I. sangría
           son. . . .

10. _____ Los *antojitos* de México se llaman . . . en   J. refrescos
            España.

11. _____ El lugar donde se hace y se conserva el vino   K. seco
            es la. . . .

12. _____ Si Vd. bebe demasiado licor se. .   L. jerez

B. Conteste verdadero o falso.

1. _____ El vodka es la bebida nacional de la Unión Soviética (Rusia).

2. _____ El ron es una bebida tropical que se prepara con la caña de azúcar.

3. _____ Una tapa es un bocadillo grande.

4. _____ El whisky es una bebida muy dulce.

5. _____ La sangría se prepara con vino, frutas y se sirve bien fría.

6. _____ Muchas personas en Estados Unidos celebran el Año Nuevo con
           coñac.

7. _____ Tomamos el café en una taza, y el champán en una copa.

8. _____ El ron tiene más alcohol que el jerez y el vermú.

9. _____ Es peligroso manejar el carro bajo la influencia del alcohol.

10. _____ El cartero prepara las bebidas en un bar o cantina.

11. _____ El español tomó la palabra coctel del inglés, y el inglés tomó la palabra "sherry" del español.

12. _____ La sangría se prepara con ron, vermú y vino dulce.

C. **Majore su vocabulario. Usted sabe que de *carta* tenemos *cartero*, y de *cantina*, *cantinero*. Escriba la palabra original de los siguientas trabajos.**

1. relojero _____   6. mesero _____

2. panadero _____   7. torero _____

3. lechero _____   8. vaquero _____

4. vinatero _____   9. enfermero _____

5. misionero _____   10. portero _____

D. **Complete con una palabra del vocabulario.**

1. Servimos el vino y el vermú en un vaso o en una _____.

2. La _____ se hace con agua carbónica y azúcar.

3. Una bebida que tiene *mezcla* (mixture) de varias cosas es un _____

   _____.

4. El "martini" se hace con vermú seco y _____.

5. El coñac y el _____ son de Francia originalmente.

6. Una persona que bebe mucho y no se controla es un _____

   _____.

7. Para comprar vino, ron, champán, coñac, etc., vamos a la _____

   _____.

8. Los españoles no toman café solo por la mañana sino _____

   _____.

9. Aquí no se sirven bebidas alcohólicas sino _____.

10. La mesera lleva las bebidas y los antojitos en una _____

    _____.

11. Para merendar comemos uno o dos _____.

12. El jerez y el _____ se toman como aperitivos.

13. Muchos países tropicales hacen _____ de la caña de azúcar.

14. Una bebida típica de México es el *tequila;* una bebida típica de Rusia es el

_____.

GRAMÁTICA. VERBOS IRREGULARES EN EL PRESENTE DE INDICATIVO

A. Observe y aprenda los esquemas de *oír* (to hear), *traer* (to bring), *conocer* (to know), *huir* (to flee):

SUJETO	o ír	tra er	conoc er	hu ir
yo	*oig* o	*traig* o	*conozc* o	*huy* o
nosotros	o ímos	tra emos	conoc emos	hu imos
tú	*oy* es	tra es	conoc es	*huy* es
él, ella, Ud.	*oy* e	tra e	conoc e	*huy* e
ellos, ellas, Uds.	*oy* en	tra en	conoc en	*huy* en

1. *Oír* tiene tres raíces: *oig, oy, o.* La única forma regular es *oímos* (necesita el acento escrito para romper el diptongo *oi* como en *oigo*).
2. *Traer* sólo es irregular en la primera persona del singular: cambia la raíz *tra* en *traig.*
3. *Caer* (fall) es irregular como *traer: caigo, caes, cae,* etc.
4. *Conocer* sólo es irregular en la primera persona: añade el sonido [k] que se escribe *c.* El cambio de la *c* del infinitivo en *z* en *conozco* es regular: es una regla de ortografía.
5. *Huir* es irregular porque añade *y* en todas las formas excepto en *huimos.*

B. Contraste De **saber/ conocer** (to know)

1. *Conocer* es "to know people": **Conozco** *a tu hermana.*
2. *Conocer* es "to know places, cities, countries": **Conozco** *bien a Cuba.* Algunos dialectos usan *a* delante de ciudades y países; otros dialectos no usan *a:* **Conozco** *Cuba.*
3. *Conocer* es "to know a little bit, but not by heart": **Conozco** *esa sinfonía, pero no la* **sé** *de memoria.*

4. *Saber* es "to know facts": *Yo **sé** tu teléfono./Yo **sé** que hoy es lunes.*

5. *Saber* es "to know how": *Yo no **sé** esquiar* (I don't know how to ski). Observe que no se traduce la palabra "how" del inglés.

6. *Saber* es "to know by heart": *Yo **sé** esa sinfonía (de memoria).*

C. La lista de verbos irregulares como *oír, traer, conocer, huir* es considerable, especialmente los verbos terminados en *cer, cir:*

---

1. Verbos en *cer, cir*

aducir (adduce)	**establecer** (establish)	**parecer** (seem)
aparecer (appear)	**introducir** (introduce)	**reproducir** (reproduce)
conducir (drive, conduct)	**nacer** (be born)	**reducir** (reduce)
deducir (deduct)	**obedecer** (obey)	**reconocer** (recognize)
desaparecer (disappear)	**ofrecer** (offer)	**seducir** (seduce)
desconocer (not know)	**producir** (produce)	**traducir** (translate)

---

2. Verbos en *uir*

concluir (conclude)	**destruir** (destroy)	**influir** (influence)
construir (build)	**incluir** (include)	**instruir** (instruct)

NOTAS:

1. Algunos verbos terminados en *cer, cir* son regulares:
   esparcir (scatter): *esparzo, esparces* (La *z* de *esparzo* es ortografía.)
   mecer (rock): *mezo, meces, mece,* etc.
   vencer (defeat): *venzo, vences, vence,* etc.

2. *Cocer* (cook, boil) es irregular en España con diptongación de *o* en *ue: cuezo, cueces, cuece,* pero *cocemos* es regular. En Hispanoamérica *cocer* es regular por influencia de *coser* (to sew) que se pronuncia igual: yo *cozo* (I cook), yo *coso* (I sew).

3. *Caer* tiene dos compuestos: **decaer** (decay, fail) y **recaer** (fall again).

4. *Traer* tiene tres compuestos: **distraer** (distract), **atraer** (attract), y **contraer** (contract).

PRACTIQUE SU GRAMÁTICA   *(Respuestas, página 93)*

1. La raíz de *oír* es *o;* en cambio la raíz de *oigo* es _____. La raíz de
   oyes no es *o* sino _____.

2. Observe que *oímos* tiene acento escrito; sirve para romper el diptongo *oi*
   como en *oigo*. Es la misma razón para escribir el acento en *María, raíz, país.*
   ¿Escribe usted el acento en *dia, mia?* _____.

3. *Conozco* no es irregular por la *z* que tiene el mismo sonido de la *c* de *conocer*
   sino por el sonido nuevo de [k] que se escribe _____.

4. Si de *conocer* decimos *conozco,* de *obedecer* (obey) decimos *yo* _____
   _____.

5. En España decimos *conducir* para "to drive"; en Hispanoamérica se dice
   manejar. ¿Cómo dice un español "I drive"? _____.

6. *Huir* tiene la raíz *hu,* pero *huyen* tiene una raíz más larga: _____
   _____.

7. Todos los verbos terminados en *-uir* añaden una *y* a la raíz. ¿Cómo se traduce
   "I conclude" de *concluir?* _____.

8. *Construir* es "to build". ¿Cómo decimos "they are building"? _____
   _____.

9. *Caer* y *traer* tienen el mismo patrón irregular: ¿Cómo se traduce "I fall"?
   _____. ¿"We fall"? _____.

10. *Distraer* (distract) es un compuesto de *traer.* ¿Cómo se traduce "The noise
    distracts me"? *El ruido me* _____.

11. *Recaer* es *caer otra vez.* ¿Cómo dice usted "I fall again"? _____
    _____.

12. *Nacer* es "to be born" y es irregular como *conocer.* ¿Cómo se traduce "I am
    born"? _____. De *nacer* tenemos *nacimiento* (birth).
    ¿Puede traducir al inglés la palabra *Renacimiento?* _____
    _____.

13. *Saber* y *conocer* es "to know". ¿Cuál de los dos usamos para "to know
    people"? _____. "To know facts" es el verbo _____
    _____.

14. Si usted viaja a Acapulco, usted _____ (know) Acapulco. Si usted recuerda mi número de teléfono, usted _____ _____ (know) mi teléfono. Si usted habla bien el inglés, usted ____ _____ (know how) hablar el inglés.

15. De *vencer* decimos *yo venzo* (I defeat); vemos que cambia la *c* en *z* solamente, igual que *felices* cambia a *feliz*. ¿Es irregular la forma *venzo*? _____ _____.

16. *Cocer* diptonga la *o* en *ue* en España. ¿Cómo dicen los españoles "I cook the potatoes"? _____ *las patatas*. En Hispanoamérica *cocer* es regular como *coser* (to sew). ¿Cómo se dice "I cook"? _____.

EJERCICIOS

(Respuestas, página 93)

A. Complete con la forma del Presente de Indicativo.

1. El camarero me _____ una copa de jerez. (bring)

2. Yo no _____ la bebida llamada *margarita*. (know)

3. Algunas mujeres _____ a los hombres, y al contrario. (seduce)

4. Rusia _____ mucho vodka y otras cosas. (produce)

5. El criminal _____ de la policía. (flee)

6. Marta y yo _____ las noticias por la tarde. (hear)

7. La guerra siempre _____ muchas vidas. (destroy)

8. Yo no _____ la ciudad de Chicago. (know)

9. ¿_____ usted que el ron es una bebida tropical? (know)

10. La contaminación del aire _____ en nuestra salud. (influence)

11. Si Ud. es buen cantinero, yo le _____ buen salario. (offer)

12. El taxista _____ la velocidad antes del stop. (reduce)

13. José _____ hacer una bebida que se llama sangría. (know)

14. California _____ toda clase de vinos. (produce)

15. Yo nunca _____ del inglés al español. (translate)

16. Jorge, tú siempre _____ en lo mejor de la fiesta. (disappear)

17. Todos nosotros _____ que somos humanos. (recognize)

18. El vino blanco _____ bien con el pescado. ("fall": go with)

19. Las chicas bonitas _____ la atención de los hombres. (attract)

20. Yo siempre _____ a menos de 60 millas por hora. (drive)

21. El cantinero _____ las *leyes* (laws) del estado. (obey)

22. Por favor, hábleme alto, porque no _____ bien. (hear)

23. El martini _____ ginebra y vermú seco. (include)

24. La cocinera _____ las legumbres. (boil)

25. *Casarse* es "to get married", pero la expresión formal es *contraer matrimonio*. ¿Cómo se dice "they get married"? _____ *matrimonio*.

B.   Complete con *saber* o *conocer* en el Presente de Indicativo.

1. Yo _____ a tu hermana, pero no a tu padre.

2. ¿_____ usted la ciudad de Buenos Aires?

3. Mi amiga _____ mi número de teléfono.

4. Carlitos ya _____ leer en español y en inglés.

5. José y María _____ seis países diferentes.

6. Sí, todos _____ que este restaurante es caro.

C.   Complete las oraciones con uno de los siguientes verbos:

mecer	distraer	desconocer	decaer
cocer	establecer	deducir	nacer
conducir	construir	instruir	coser

1. Todos los días _____ 600 niños en los Estados Unidos.

2. En América *manejan carros;* en España ＿＿＿＿＿＿＿＿＿＿ *coches.*

3. Mi esposa ＿＿＿＿＿＿＿＿＿＿ las papas y los huevos.

4. Esa música de tu tocadiscos me ＿＿＿＿＿＿＿＿＿＿ cuando estudio.

5. Cuando hago los *impuestos* (taxes) ＿＿＿＿＿＿＿＿＿＿ el interés de la casa.

6. Mis tíos ＿＿＿＿＿＿＿＿＿＿ una casa nueva en su rancho.

7. La mamá ＿＿＿＿＿＿＿＿＿＿ al niño cuando llora.

8. Los García ＿＿＿＿＿＿＿＿＿＿ un negocio nuevo en la calle comercial.

9. Las abuelas ＿＿＿＿＿＿＿＿＿＿ la ropa mejor que sus nietas.

10. La maestra ＿＿＿＿＿＿＿＿＿＿ muy bien a los alumnos.

11. Las casas viejas ＿＿＿＿＿＿＿＿＿＿ mucho si no se cuidan.

12. Yo nunca viajo a Colombia; ＿＿＿＿＿＿＿＿＿＿ ese país por completo.

ATENCIÓN!   *Verbos con Preposiciones y sin Ellas*

A. Tenemos bastantes verbos en español que se usan con una preposición única y en inglés no llevan preposición, o llevan una preposición muy diferente del español:

1.	**acabar de** +infinitivo	Ella *acaba de* llegar. (she just arrived)
2.	**acordarse de**	Ella *se acuerda de* mí. (she remembers me)
3.	**asistir a**	Ella *asiste a* clase. (she attends class)
4.	**casarse con**	Ella *se casó con* Juan. (she married John)
5.	**darse cuenta de**	Ella *se dio cuenta de* ello. (she realized it)
6.	**entrar en**	Ella *entró en* el aula. (she entered the room)
7.	**entrar a**	Ella *entró a* casa. (she entered her home)
8.	**enamorarse de**	Ella *se enamoró de* él. (she fell in love with him)
9.	**depender de**	Ella *depende de* él. (she depends on him)
10.	**olividarse de**	Ella *se olvidó de* él. (she forgot him)

11. **pensar en**   Ella *piensa en* él. (she is thinking of him)
12. **tratar de**   Ella *trata de* hacerlo. (she tries to do it)
    +infinitivo
13. **volver a**   Ella *volvió a* verlo. (she saw him again)
    +infinitivo

B. Hay otro grupo de verbos que no lleva preposiciones en español, pero los verbos correspondientes del inglés sí llevan preposición.

1. **buscar**:   José *busca* trabajo. (Joe is looking for a job)
2. **pedir**:   José *pide* un café. (Joe is asking for a coffee)
3. **escuchar**: José *escucha* la radio. (Joe is listening to the radio)
4. **esperar**: José *espera* carta. (Joe is waiting for a letter)
5. **mirar**:   José *mira* el menú. (Joe is looking at the menu)

Recuerde que sí se usa la preposición *a* cuando el objeto directo es una persona definida:
José **busca a** *su hermanita.*
José **escucha a** *la cantante.*

D. **Complete las oraciones con uno de los verbos anteriores en el Presente de Indicativo. ¡No se olvide de la preposición si es necesaria!**

1. Cuando voy a la universidad _____ la radio del coche.

2. Toda la familia _____ padre. (depend on)

3. ¿ _____ Ud. _____ la universidad? (attend)

4. El tren _____ llegar a la estación. (just arrived)

5. Dolores se _____ sus errores. (realize)

6. Mi hermanito siempre se _____ mí. (remember)

7. ¿Qué _____ usted de postre? (ask for)

8. El cantinero _____ hacer bien su trabajo. (try)

9. Esta muchacha se _____ todo el mundo. (fall in love)

10. Creo que Lilian se _____ Pedro el domingo. (marry)

11. Elena siempre _____ clase a tiempo. (enter)

12. Yo _____ escribir la composición. (write again)

13. Mario _____ noticias de su familia. (wait for)

14. ¿Por qué se _____ Ud. _____ los verbos? (forget)

15. Los Ponce _____ una casa más grande. (look for)

16. Nosotros _____ la televisión a veces. (watch)

17. Los enamorados siempre _____ el uno _____ el otro. (think of)

REPASO DE GRAMÁTICA: LECCIONES 1–7

(Respuestas, página 94)

Éste es un examen de las siete primeras lecciones del texto. El examen tiene una parte de vocabulario y otra parte de gramática. La parte de vocabulario usted la puede repasar con las listas de palabras al principio de cada lección. La gramática va a necesitar más tiempo. Usted puede repasar una lección y completar el ejercicio que sigue hasta la lección siguiente. Si Ud. puede completar este ejercicio sin repasar quiere decir que recuerda bien las cosas que estudió.

1. El sexo de una persona determina el *género* gramatical de un nombre; por ejemplo, *padre* es _____ porque se refiere a un varón. Pero tenemos nombres como *persona, familia* y *gente* que son femeninos y se usan para los dos sexos. Una *pava* es hembra, y es de género _____.

2. Los nombres de cosas no tienen relación con el sexo. En inglés son *neutros* ("it"). En cambio en español las cosas son _____ o _____.

3. La única menera de prever el género de las cosas son las letras finales de la palabra. Son masculinos (96%) los nombres que terminan es _____ _____. Son femeninos los nombres que terminan en _____ _____.

4. No decimos *la problema* sino _____ *problema,* porque esta palabra es de origen griego y termina en _____.

5. La palabra *agua* es de género femenino, pero no decimos *la agua* sino *el agua:* la razón está en que *agua* empieza con _____ _____.

6. *Hacha* (axe) es femenina, pero no decimos *una hacha* sino _____ *hacha,* porque el primer sonido de la palabra no es [h] sino _____ _____.

7. El plural de *feliz* no es *felizes* sino _____, porque necesitamos cambiar la *z* en _____ delante de las letras *e, i.*

8. El plural de *adiós* no es *adiós* sino _____ porque termina en *s* con acento en la _____ sílaba.

9. El plural de *paraguas* (umbrella) es _____ porque el acento no está en la última sílaba.

10. El plural de *maravedí* (an old Spanish coin of little value) tiene dos formas diferentes en nuestros clásicos: _____ y _____.

11. En inglés el plural de "corral" es "corrals", en cambio en español es _____

12. El plural de *hindú* también tiene dos formas porque termina en *ú:* _____, _____. La tendencia moderna es hacer el plural con la *s*.

13. ¿Cómo se traduce "at" en expresiones como "*at* two o'clock"? _____. ¿Está correcto *a una de la tarde*? _____; ¿qué necesita? _____.

14. *Dos millón de pesos* no es correcto. Debe ser _____.

15. El número *veintiseis* no está bien escrito. Necesita el _____.

16. No es correcto decir *ciento libros*. Debe ser _____.

17. No es correcto decir *ciento y dos libros*. Debe ser _____.

18. No es correcto *dos millones pesos*. Debe ser _____.

19. No es correcto *No fuma algo*. Debe ser _____.

20. En una pregunta sí es correcto decir ¿*No toma usted* **algo**?, pero en una respuesta no se dice *algo* sino _____. Lo contrario de *alguien* es _____.

21. Otra manera de decir *Ella* **no bebe** **tampoco**, pero con menos énfasis es _____.

22. Una forma verbal tiene dos partes significativas. Por ejemplo, *hablamos:*

    a.   la raíz que significa "talk": _____

    b.   la terminación que indica el tiempo (presente de indicativo) y la perso-
na (nosotros): _____

23. Si un verbo tiene dos o más raíces diferentes, es un verbo _____
_____. Por ejemplo *venir: vienes, vengo, venimos,* son tres formas con
tres raíces un poco diferentes: _____, _____
_____ y _____.

24. *Ser, ir, dar* solamente tienen una sílaba, por esta razón extienden la *o* de la
primera persona en *oy.* Las tres formas son _____,
_____ y _____.

25. Muchos niños nativos dicen *yo sabo* en sus primeros años, porque todavía no
han aprendido las formas irregulares. La forma correcta es _____.

26. *Obedezco* (I obey) es irregular como *conozco.* ¿Son irregulares estas dos
formas por añadir *z* o *c*? _____.

27. Del verbo *valer* decimos yo _____. Esta forma es
irregular porque añade una _____ al final de la raíz.

28. *Ver* y *prever* añaden una *e* en *veo* y *preveo.* ¿Cómo traduce usted "they
foresee"? _____. (¡No se olvide del acento!)

29. De *detener* decimos yo _____, tú _____
_____.

30. De *rehacer* decimos yo _____, tú _____
_____.

31. De *huir* (flee) decimos *huyo, huyes;* estas formas son irregulares porque
añaden una _____ a la raíz.

32. De *volver* decimos *vuelvo,* pero *volvemos;* este verbo tiene cambio en la raíz:
diptonga la _____ en _____, pero sólo cuando la vocal
tiene _____.

33. *Perder* significa "to lose". ¿Cómo se dice "they lose"? _____
_____. ¿"We lose"? _____.

34. De *seguir* decimos *yo sigo;* la *u* de *seguir* no se pronuncia, y solamente se escribe delante de *e, i.* ¿Cuál es correcto, *él sige* o *él sigue?* _____

35. ¿Qué usa usted para "to know people", *saber* o *conocer?* _____

36. ¿Qué usa usted para "to know how", *saber* o *conocer?* _____

37. ¿Qué usa usted para "to know by heart", *saber* o *conocer?* _____

38. ¿Qué usa usted para "to know a country", *saber* o *conocer?* _____

39. *Ver* no solamente significa "to see"; también significa _____

40. *Oír* no es solamente "to hear"; también es _____ .

41. *Oír* tiene una raíz muy pequeña: *o.* La forma *oyes* es irregular porque añadimos una _____ a la raíz. *Oigo* es irregular porque añadimos _____ .

42. *Atraer* es un compuesto de *traer.* ¿Cómo se traduce "I attract"? _____

43. *Mentir* es decir lo contrario de la verdad. ¿Cómo se dice "I lie"? _____

44. *Sentir* (feel) es muy diferente de *sentar* (sit); pero los dos diptongan la *e* en *ie.* ¿Cómo se dice "he feels"? _____ . ¿"He sits"? _____

45. El Presente de Indicativo en español tiene más usos básicos que en inglés:
    (1) para indicar un acción en progreso "He's eating now": _____ .
    (2) para una acción futura "He's leaving tomorrow": _____ .
    (3) para una costumbre o hábito "He drinks a lot": _____ .

46. Observe en el número anterior que *is eating, is leaving* son formas progre-
    sivas. También en español tenemos formas progresivas, *está comiendo,* por
    ejemplo; pero usamos más la forma simple: *come, bebe,* etc. ¿Cuál de los tres

    casos de arriba es paralelo en inglés, (1), (2) ó (3)? _____

    _____.

47. ¿Cuál es más enfático para traducir "never", *nunca* o *jamás?* _____

    _____.

48. ¿Se pueden usar *nunca jamás* juntas? _____. ¿Delante o detrás del

    verbo? _____.

49. La forma negativa de *alto y rubio* es _____

    _____.

50. La expresión verbal "to fall in love with" no se traduce *enamorarse* **con** sino

    _____. ¿Cómo se traduce "I am trying to

    learn Spanish"? _____.

EXAMEN #1:   LECCIONES 1–7

Parte I.   VOCABULARIO   *(Respuestas, página 94)*

A.   Relacione las dos columnas. Haga los cambios necesarios.

1. _____ La carne de . . . es más cara que la carne de pollo.

2. _____ El símbolo de Estados Unidos no es el dólar sino el. . . .

3. _____ La paella se hace con pollo, cerdo, arroz y. . . .

4. _____ La lechuga, el tomate y el . . . se usan para ensalada.

5. _____ La . . . es un vegetal blanco.

6. _____ Generalmente decimos filete de vaca y . . . de cordero.

7. _____ Los italianos y españoles cocinan mucho con cebolla y. . . .

8. _____ Bebemos el café en una taza, y el champán en una. . . .

9. _____ La sal y la pimienta son dos . . . universales.

10. _____ La mesa tiene cuatro patas; el hombre tiene dos. . . .

11. _____ Por la mañana tomamos . . . de naranja o de tomate.

12. _____ Es tradicional comer pan tostado con . . . o mermelada.

13. _____ La primera comida del día no es la cena sino el. . . .

14. _____ La comida de mediodía se llama el. . . .

15. _____ Un plato hispano tradicional es el arroz con. . . .

16. _____ Un postre típicamente hispano es. . . .

17. _____ Un producto derivado de la leche es. . . .

18. _____ La banana, la manzana y la . . . son frutas.

A. chuleta

B. copa

C. especia

D. pollo

E. res

F. pierna

G. águila

H. mantequilla

I. coliflor

J. pera

K. queso

L. marisco

M. ajo

N. flan

O. pepino

P. almuerzo

Q. desayuno

R. jugo

B.   Complete con una palabra correcta.

19. Los mariscos y el _____ son productos del mar. (fish)

20. La _____ es una legumbre de color anaranjado.

21. En España se llaman *gambas;* en América se llaman _____

    _____.

22. No quiero mi filete duro sino _____.

23. En Estados Unidos comemos _____ en la fiesta de *Acción de Gracias* (Thanksgiving).

24. *Polvo* significa "dust"; en cambio *polvos* significa _____.

25. El limón, la naranja, la manzana, la pera, la banana, el mango, y la

    _____ son frutas. (strawberry)

26. Usted puede usar legumbres frescas, o legumbres de _____.

27. Una conversación es una relación entre un hablante y un _____

    _____.

C.   Complete las oraciones que siguen con una de las expresiones que está en la lista. Use los verbos en la persona correspondiente del Presente de Indicativo.

meter la pata	al ajillo
estirar la pata	a la plancha
dar la lata	ir de merienda
huevos pasados por agua	el punto de vista
bien cocido	a mediodía
estar a dieta	estar enamorado(a) de

28. Esta semana no puedo comer helado porque _____

    _____.

29. No me gustan los huevos fritos ni los huevos duros; prefiero _____

    _____.

30. El niñito duerme bien por el día; en cambio todas las noches nos _____

    _____.

31. Creo que Carmina se va a casar muy pronto porque ella _____

    _____ de Luis.

32. ¿Te gustan los camarones al ajillo? Yo prefiero los camarones _____

_____.

33. Ese muchacho siempre dice muchas cosas tontas en clase. Todos los días

_____ cuando pregunta algo al

profesor.

34. Los días calurosos mi familia y yo _____

_____ al parque o a la playa.

35. Tú piensas que el español es fácil, pero _____

_____ del profesor es diferente.

36. Cuando una persona muere también decimos que _____

_____.

Parte II.   GRAMÁTICA (68 puntos)   *(Respuestas, página 95)*

(This type of activity is usually more difficult than the one you had in previous lessons where you had to fill in blanks. The best way to tackle a multiple-choice question is to figure out the answer in your mind, and then check the four possible choices: one is the best answer and the other three will be considered incorrect unless stated otherwise.)

1. Veinte menos cuatro son. . . . (Two answers are correct.)
   A. diez y seis
   B. dieziséis
   C. deciséis
   D. dieciséis

2. Hay . . . *caracol* (snail) en esa lechuga.
   A. el
   B. la
   C. un
   D. una

3. La forma plural de *compás* en español es. . . .
   A. compás
   B. compases
   C. compaces
   D. compazes

4. ¿Cómo se dice en español "It's 1:30 P.M.?
   A. Es la una y media de la mañana.
   B. Son la una y media de la tarde.
   C. Es la una y treinta de la tarde.
   D. Son la una y treinta de la mañana.

5. Yo creo que esos perritos . . . bastante enfermos.
   A. estamos
   B. estan
   C. estás
   D. están

6. ... *vejez* (old age) no es triste sino feliz.
  A. La   C. Al
  B. El   D. Un

7. La forma plural de *sacapuntas* (pencil sharpener) es. ...
  A. sacapuntases   C. sacaspuntas
  B. sacapuntas   D. sacapúntases

8. El plural del nombre *codorniz* (quail) es. ...
  A. codornices   C. codorniz
  B. codornizes   D. cornises

9. El plural de *colibrí* (hummingbird) es doble:. ... (two answers)
  A. colibrís   C. colibríes
  B. colibrises   D. colibrices

10. ¿Cómo decimos en español "It's 2:45 A.M."?
  A. Son las 3 menos cuarto de la noche.
  B. Son las 2 menos cuarto de la mañana.
  C. Son las 3 menos quince de la mañana.
  D. Son las 2 menos quince de la noche.

11. María usa el coche de su amigo porque el coche ... es económico.
  A. de la   C. del
  B. de él   D. della

12. Treinta menos siete son. ... (two answers)
  A. veinte y tres   C. veintitrés
  B. ventitrés   D. vintitrés

13. *José no viene nunca* quiere decir que *José no viene.* ...
  A. alguna vez   C. tampoco
  B. jamás   D. siempre

14. Siempre que no dices la verdad, tú. ...
  A. mientas   C. mentes
  B. mentiras   D. mientes

15. Antes de llegar al STOP yo siempre ... la velocidad.
  A. reduzo   C. reduzo
  B. reduzco   D. reduso

16. Cuando yo ... música no quiero ninguna distracción.
  A. compono   C. compuesto
  B. compueno   D. compongo

17. Ustedes ... que los verbos no son fáciles en español.
  A. concluyen   C. concluyan
  B. conclúen   D. concluen

18. Los políticos no ... que vamos a tener inflación.
  A. preveen   C. prevén
  B. preven   D. prevéen

19. ¿Cómo se escribe en español el número 110 en un cheque?
    A. cien y diez   C. cien diez
    B. ciento y diez   D. ciento diez

20. En las montañas de Colorado, . . . mucho en el invierno.
    A. nieva   C. nieve
    B. nevada   D. neva

21. Lo contrario de *come y bebe* es doble:. . . . (two answers)
    A. ni come ni bebe   C. no come ni bebe
    B. no come y bebe   D. no come no bebe

22. Yo siempre me . . . en el STOP porque no quiero accidentes.
    A. detieno   C. deteno
    B. detengo   D. detiengo

23. ¿Cómo se dice en español "two million dollars"?
    A. Dos millón de dólares.   C. Dos millones dólares.
    B. Dos millón dólares.   D. Dos millones de dólares.

24. Todas las flores del jardín . . . muy bien. (smell)
    A. olen   C. uelen
    B. huelen   D. holen

25. Cuando vamos a una fiesta, nos . . . mucho. (have a good time)
    A. divertemos   C. diviertimos
    B. divertimos   D. diviertemos

26. Yo no . . . hablar ni escribir el italiano.
    A. sabo   C. conosco
    B. sé   D. conozco

27. José va por la derecha y su esposa . . . por la izquierda. (keep on going)
    A. sige   C. sege
    B. segue   D. sigue

28. Todas las guerras . . . muchas vidas inocentes.
    A. destrúen   C. destruyen
    B. destruyan   D. destrúan

29. Para no ponerme gordo, yo no . . . mis deseos de comer.
    A. satisfazco   C. satisfaco
    B. satisfazo   D. satisfago

30. El profesor no sabe . . . los estudiantes no quieren estudiar.
    A. porque   C. porqué
    B. por qué   D. por que

31. El origen . . . alfalfa no es chino sino árabe.
    A. del   C. de la
    B. de él   D. della

32. Mi esposa siempre . . . las papas y los frijoles. (two answers)
    A. cose   C. cuece
    B. coce   D. cuese

33. Las 4 oraciones son correctas: ¿cuál es la más enfática de las 4?
    A. Nunca bebe.   C. No bebe nunca.
    B. Jamás bebe.   D. No bebe jamás.

34. El camarero . . . el filete bien cocinado y caliente.
    A. serva   C. sirve
    B. sirva   D. sierve

35. Los empleados . . . las órdenes del *gerente* (manager).
    A. obediecen   C. obedesen
    B. obediesen   D. obedecen

B.   Escriba el artículo *el* o *la* delante de los nombres.

36. _____ ron   42. _____ pared

37. _____ azúcar   43. _____ vez

38. _____ crema   44. _____ tocadiscos

39. _____ esquema   45. _____ árbol

40. _____ arroz   46. _____ lección

41. _____ ciprés   47. _____ mensaje

C.   Complete las oraciones con uno de los verbos de la siguiente lista. Use el Presente de Indicativo y ponga atención al significado.

deshacer	prevenir	componer	equivaler
entretener	convenir	sobresalir	contener

48. Pienso que esta clase te _____ para tu futuro.

49. Un dólar _____ a 150 pesos mexicanos.

50. Juana es muy alta; siempre _____ en un grupo.

51. Esta copa no _____ jerez sino champán.

52. Mi padre _____ el carro cuando se rompe.

53. La medicina moderna _____ muchas enfermedades.

54. La nieve de la montaña se _____ con el calor.

55. Los Martínez _____ a mucha gente en las fiestas.

D.   **Escriba los siguientes números en español y traduzca también los nombres del inglés al español.**

56. 731 spoons _____

57. 2,001 cups _____

58. 22 percent _____

E.   **Complete las oraciones con uno de los verbos de la lista siguiente en el Presente de Indicativo. Ponga atención al significado y a las preposiciones si son necesarias.**

jugar/tocar	casarse con	darse cuenta de
pedir/preguntar	enamorarse de	olvidarse de
acordar/acordarse de	depender de	tratar de
atender/asistir a	acabar de	pensar en

59. Mi hermanito _____ la escuela primaria. (attend)

60. ¿Sabes que Julita se _____ Luis? (marry)

61. Ese chico siempre _____ cosas estúpidas. (ask)

62. Sí, ya sé que es un error; ahora me _____ eso. (realize)

63. ¿Por qué usted _____ otra cerveza? (ask for)

64. Mi mamá nunca se _____ mi cumpleaños. (forget)

65. Ese muchacho _____ aprender francés. (try)

66. El médico _____ muy bien a los enfermos. (assist)

67. Mario siempre se _____ todas las chicas. (fall in love)

68. No te creo cuando dices que siempre te _____ mí. (remember)

(La escala para saber la nota del examen se encuentra en la página *95*.)

RESPUESTAS: LECCIONES 1–7

Lección 1

Vocabulario

A.   1. azúcar   4. flan   7. bistec   10. La leche
     2. ensalada   5. la cuenta   8. azúcar   11. leer
     3. postre   6. trae   9. pedir   12. el águila

B.   1. I   3. A   5. H   7. D   9. F
     2. J   4. B   6. E   8. G   10. C

C.   1. F   3. V   5. F   7. V   9. V   11. V
     2. V   4. F   6. V   8. V   10. F   12. F

D.   1. menú   3. filete (bistec)   5. trae   7. helado
     2. pide (quiere)   4. cervezas   6. postre   8. cuenta

Gramática

1. un/una   6. L-O-N-E-R-S/el (un)   11. [á]/el hada
2. el/los/la/las   7. D-IÓN-Z-A/la (una)   12. la americana/acento
3. masculino/femenino   8. el (masc.)/la (fem.)   (stress)
4. masculinos/femeninos   9. masculino   13. del/de él
5. el/la (masc./fem.)   10. al/del   14. del agua

Ejercicios

A.   1. una   3. un   5. una   7. una   9. una
     2. un   4. un   6. un   8. un/una   10. un/una

B.   1. las   4. El   7. La   10. del   13. la
     2. el   5. El   8. el   11. al
     3. del   6. del   9. la   12. el

C.   1. el   6. la   10. el   14. el   18. el
     2. el   7. la   11. la   15. la   19. el
     e. la   8. el   12. el   16. el   20. la
     4. el   9. el   13. el   17. la   21. el
     5. el

D. 1. el lema   6. crema   11. el tema   15. las bromas
    2. dramas   7. un fonema   12. las almas   16. el morfema
    3. la cama   8. un panorama   13. el (la) reuma 17. un dilema
    4. poemas   9. el problema   14. un programa   18. asma
    5. los síntomas   10. la llama

Lección 2

Vocabulario

A. 1. E   5. H   9. A (caro)   13. D
    2. G   6. L   10. F   14. I
    3. K   7. M   11. B   15. C
    4. J   8. N (última)   12. O

B. 1. F   4. F   7. F   10. F
    2. F   5. V   8. F   11. V
    3. V   6. F   9. V   12. F

C. 1. el   5. la   9. la   13. el
    2. el   6. el   10. el (la) 14. el
    3. el   7. la   11. el   15. la
    4. la   8. el   12. el   16. el

D. 1. los platos   4. el cuchillo   7. el último   9. porcentaje
    2. la cuchara   5. en punto   8. caros   10. fruta
    3. el tenedor   6. países

Gramática

1. de la mañana   7. y/menos   13. quinientas/femenino
2. de la tarde/noche   8. menos cuarto (quince) 14. "one"/dos mil
3. es   9. cien/ciento   15. millón/de
4. cuarto   10. ciento/"one"   millones de
5. media   11. una/tres   16. un millón de cuchillos
6. en punto   12. sí/no/acento   17. 12/de

Ejercicios

A. 1. Son las tres y diez de la tarde.
    2. Son las dos y cuarto (quince) de la mañana.
    3. Es la una y treinta (media) de la tarde.
    4. Son las once menos cuarto (quince) de la mañana.
    5. Son las once menos diez de la noche.
    6. Son las seis menos veinte (son veinte para las seis).

B. 1. a las tres
    2. a (la) medianoche
    3. a la una en punto
    4. dieciséis
    5. trienta y dos
    6. ciento diez

    7. cien por cien/ciento por ciento
    8. doscientas cucharas
    9. doscientos tenedores
    10. quinientos
    11. (al) mediodía
    12. dos millones de dólares

D. 1. diez y ocho
    2. viente y seis
    3. sietecientos
    4. nuevecientos
    5. por ciento
    6. 6.50

    7. 6,50
    8. 5.000
    9. 1.000.000
    10. (twelve zeros!)
        1.000.000.000.000

    11. doscientos
    12. ochenta y una
    13. mil
    14. miles de empleados
    15. cientos de empleados

Lección 3

Vocabulario

A. 1. litro
    2. rosado
    3. tarjetas
    4. pan
    5. vaso

    6. taza
    7. pimienta
    8. papas
    9. minuta
    10. margarina

    11. pollo
    12. tinto
    13. raíces
    14. desayuno
    15. brazo

    16. costumbre
    17. aceptan
    18. litro

B. 1. F   3. V   5. F   7. V   9. F   11. V
    2. F   4. V   6. V   8. F   10. V   12. V

C. 1. servilletas
    2. tazas
    3. huevos

    4. papas
    5. mantequilla
    6. vaso

    7. pimienta
    8. limpios
    9. platos

Gramática

1. -ar/-er/-ir
2. raíz
3. habl/com/beb
4. yo (sujeto "I")
5. nosotros ("we")
6. ellos/ellas/ustedes
7. regular
8. irregular
9. tú ("you")
10. oy/irregulares

11. v
12. estás/está/están
13. vocal (ú)
14. sílaba
15. masculino
16. significado
    (pronombre)
17. No
18. vosotros/ustedes

19. vosotros coméis
20. ustedes comen
21. vos
22. énfasis
23. THEY study a lot
24. Ud./Vd./Uds./Vds.
25. vuestra merced
26. cortesía (respeto)
27. él/ella

Ejercicios

A. 1. estoy   8. van   15. corta   22. está/está
    2. bebe   9. desea   16. paga   23. comen
    3. usas   10. come   17. da   24. desea
    4. pedimos   11. cambian   18. aceptan   25. vamos
    5. necesitan   12. eres   19. desayuno
    6. son   13. corro   20. es
    7. tomo   14. preparamos   21. cenamos

B. 1. tú   5. ellos/ellas/ustedes   9. él/ella/usted
    2. nosotros   6. yo   10. ellos/ellas/ustedes
    3. él/ella/usted   7. ellos/ellas/ustedes   11. tú
    4. tú   8. yo   12. él/ella/Ud.

C. 1. corr   3. dese   5. le   7. copi   9. cre
    2. estudi   4. v   6. satisfac   8. cri   10. Ø

D. 1. ¿verdad?   6. ¿Cómo   10. ¿Qué   13. ¿De quién
    2. ¿Cúantos   7. ¿Cuándo   11. dónde   14. ¿Por qué
    3. ¿Cuánta   8. ¿Quién   12. ¿no es verdad?   15. ¿Adónde
    4. ¿Dónde   9. cuál   (¿no es cierto?)   (¿A dónde)
    5. dónde

Lección 4

Vocabulario

A. 1. E   4. F   7. B   9. L   11. I   13. N
    2. G   5. C   8. K   10. D   12. J   14. M (equivale)
    3. H   6. A

B. 1. el   4. la   7. el   10. la   13. la   16. el (la)
    2. el   5. la   8. el   11. la   14. la   17. la
    3. el   6. el   9. la   12. el   15. el   18. el (la)

C. 1. F   3. V   5. V   7. F   9. V
    2. V   4. F   6. V   8. F   10. F

D. 1. equivale   5. sale   9. reses   13. sobresalen
    2. llorar   6. prever   (vacas)   14. carne
    3. mariscos   7. almorzamos   10. a la plancha   15. oyente
    4. cocinar   8. aceite   11. ajo
       (preparar)   12. gambas

Gramática

1. g
2. vien
3. ten/tien/teng
4. regulares
5. sé
6. hacer/decir
7. v/ve
8. prevén/n
9. sobresalgo
10. satisfago
11. maldigo/maldicen
12. proveemos
13. ir/venir/venir
14. obtengo/obtienen
15. componen/opongo
16. supongo
17. previene/convenimos

Ejercicios

A.
1. sabe/sé
2. pone
3. supongo
4. hace
5. intervienen
6. prevén
7. contiene
8. sobresale
9. vienes
10. voy
11. veo
12. detienen
13. sostiene
14. deshace
15. valen
16. equivale
17. maldigo
18. proviene
19. entretienes
20. hace
21. rehago
22. satisfago
23. contradice
24. ponen
25. salgo

B.
1. proveen
2. equivale
3. bendice
4. contradices
5. preveo
6. ve/veo
7. sobresale
8. maldigo

C.
1. deshace
2. satisfago
3. rehago
4. provienen
5. interviene
6. conviene
7. previene

D.
1. sostiene
2. mantiene
3. obtengo
4. detiene
5. entretienen
6. contiene
7. retengo

E.
1. compone
2. supongo
3. proponen
4. expone
5. oponen
6. descomponemos
7. disponen
8. impone

Lección 5

Vocabulario

A.
1. naranja
2. merienda
3. frescas
4. naranjas
5. pavo
6. la pera
7. una cucharadita
8. el plátano
9. lata
10. muchos frijoles

B.
1. D   3. G   5. H   7. C   9. I
2. F   4. B   6. A   8. E

C.
1. agrio
2. jugo
3. verde
4. dioses
5. morado (violeta)
6. cucharadita
7. ciprés
8. champú
9. lata
10. ají
11. tocadiscos
12. da la lata
13. freír
14. pavo
15. legumbre

D. 1. F   3. V   5. V   7. V   9. F   11. F
    2. F   4. F   6. F   8. V   10. V   12. V

Gramática

1. adjetivos
2. s
3. es
4. c/es/felices
5. lunes/meses/lu-
6. dioses
7. rubís/rubíes
8. maravedís/maravedíes

9. automóviles
10. los García
11. nunca/jamás
12. jamás/nunca jamás
13. tampoco/nada/ni
14. persona/cosa
15. sin el libro
16. no es ni rubia ni alta

17. correcto
18. delante/no hay
19. él no va nunca
20. él nunca jamás va
21. nada
22. digo nada
23. a nadie
24. sángüiches

Ejercicios

A. 1. los lápices rojos
    2. Felices Navidades

3. los relojes ingleses
4. las paredes azules

5. los jueves próximos
6. los ajís (ajíes) verdes

B. 1. alguien
    2. también
    3. compases
    4. abrelatas
    5. corrales

6. ni leche ni jugo
7. hindús/hindúes
8. no veo nada
9. no veo a nadie

10. (1) Jamás como pavo
11. sin frijoles
12. (2) Tú no hablas nunca
13. indeed (surely)

C. 1. el bambú japonés
    2. la pared azul
    3. el otro lápiz amarillo
    4. el limón agrio

5. el tocadiscos moderno
6. un pan francés
7. la Navidad feliz
8. el lunes próximo

9. un ciprés verde
10. un rubí muy caro
11. el champú americano
12. un reloj inglés

D. 1. no/singular/plural
    2. tijera
    3. cualesquiera/coches-
       camas

4. "loaves"
5. "love affairs"
6. powder

7. jealous
8. mueven ("move")
9. the windowpanes

Lección 6

Vocabulario

A. 1. D   3. H   5. I   7. L   9. E   11. K
    2. F   4. J   6. A   8. B   10. G   12. C

B. 1. el   4. el   7. el   10. el   13. el   16. el (los)
    2. la   5. la   8. el   11. la   14. la
    3. la   6. el   9. el   12. el   15. el

C. 1. cocinadas   4. estirar   6. duros   8. cangrejo
    2. queso   la pata   7. huevos   9. pierna
    3. vinagre   5. pimiento   pasados   10. mete la pata
                                       por agua

D. 1. pollo   6. pimiento   10. tazas
    2. cerdo (puerco)   7. lata   11. hervir
    3. almejas   8. habichuelas   12. arroz
    4. cangrejo   (frijoles verdes) 13. patas
    5. camarones (gambas) 9. legumbres   14. rosado

Gramática

1. *e* en *ie*   9. llueve/nieva
2. *o* en *ue*/fonético   10. nevada
3. acento fonético   11. acento fonético
4. juega/tocamos   12. dormitorio
5. visto/vestimos   13. acordamos
6. huelo/olemos   14. frío
7. sientan/sienten   15. divierto/divertimos
8. sentimos/sentamos   16. tú sirves pescado

Ejercicios

A. 1. sirve   8. sugiere   14. siento   20. sonríe
    2. siente   9. juego   15. nos despedimos   21. sirve
    3. suelen   10. divierten   16. juega   22. atiende (ayuda)
    4. vuelves   11. quiere   17. mienten   23. sirven
    5. huele   12. podemos   18. fríe   24. muerde
    6. nieva   13. duele   19. duerme   25. despiertas
    7. llueve

B. 1. prefiero   5. persigue   8. renuevan   11. huelen
    2. vuelan   6. despiertas   9. pierdo   12. consigo
    3. envuelve   7. ríe   10. defienden   13. impide
    4. extiende

C. 1. juegan   5. atiende   9. acuerda   13. pedir
    2. preguntar   6. vuelve   10. preguntar   14. huelen
    3. asiste   7. tocar   11. huele bien   15. asisten
    4. huele   8. quieren   12. acuerdan

Lección 7

Vocabulario

A.   1. E   3. I   5. H   7. B   9. A   11. D
    2. G   4. K   6. L   8. J   10. F   12. C

B.   1. V   3. F   5. V   7. V   9. V   11. V
    2. V   4. F   6. F   8. V   10. F   12. F

C.   1. reloj   4. vino   7. toro   9. enfermo
    2. pan   5. misión   8. vaca   10. puerta
    3. leche   6. mesa

D.   1. copa   6. borracho   11. bocadillos
    2. gaseosa   7. licorería   12. vermú
    3. coctel   8. café con leche   13. ron
    4. ginebra   9. refrescos   14. vodka
    5. champán   10. bandeja

Gramática

1. oig/oy   7. concluyo   12. nazco/Renaissance
2. sí   8. construyen   13. conocer/saber
3. c   9. caigo/caemos   14. conoce/sabe/sabe
4. obedezco   10. distrae   15. no
5. conduzco (manejo)   11. recaigo   16. cuezo/cozo
6. huy

Ejercicios

A.   1. trae   7. destruye   12. reduce   17. reconocemos   21. obedece
    2. conozco   8. conozco   13. sabe   18. cae   22. oigo
    3. seducen   9. Sabe   14. produce   19. atraen   23. incluye
    4. produce   10. influye   15. traduzco   20. conduzco   24. cuece (coce)
    5. huye   11. ofrezco   16. desapareces   (manejo)   25. Contraen
    6. oímos

B.   1. conozco   3. sabe   5. conocen
    2. conoce   4. sabe   6. saben (sabemos)

C.   1. nacen   4. distrae   7. mece   10. instruye
    2. conducen   5. deduzco   8. establecen   11. decaen
    3. cuece (coce)   6. construyen   9. cosen   12. desconozco

D.   1. escucho   6. acuerda de   10. casa con   14. olvida . . . de
     2. depende del   7. pide   11. entra a (en)   15. buscan
     3. asiste . . . a   8. trata de   12. vuelvo a   16. miramos
     4. acaba de   9. enamora de   13. espera   17. piensan . . . en
     5. da cuenta de

REPASO DE GRAMÁTICA

1. masculino/femenino   17. ciento dos libros   33. pierden/perdemos
2. masculinas/femeninas   18. dos millones de pesos   34. él sigue
3. L-O-N-E-R-S/   19. no fuma nada   35. conocer
   D-IÓN-Z-A   20. nada/nadie   36. saber
4. el/ma   21. ella tampoco bebe   37. saber
5. [a] con acento   22. habl/amos   38. conocer
6. un/[a] con acento   23. irregular/vien/   39. "to watch" ("look at")
7. felices/c   veng/ven   40. "to listen to"
8. adioses/última   24. soy/voy/doy   41. y/ig
9. paraguas   25. sé   42. atraigo
10. maravedís/maravedíes   26. c   43. miento
11. corrales   27. valgo/g   44. siente/sienta
12. hindús/hindúes   28. prevén   45. come/sale/bebe
13. a/No/la   29. detengo/detienes   46. (3) (bebe)
14. dos millones de pesos   30. rehago/rehaces   47. jamás
15. acento (veintiséis)   31. y   48. Sí/delante y detrás
16. cien libros   32. o en ue/acento   49. ni alto ni rubio
                                                              50. enamorarse de/Trato
                                                                  de aprender español.

EXAMEN #1

Vocabulario

A.   1. E   4. O   7. M   10. F (piernas)   13. Q   16. N
     2. G   5. I   8. B   11. R   14. P   17. K
     3. L   6. A   9. C (especias) 12. H   15. D   18. J

B.   19. pescado   22. blando (tierno) 24. "powder"   26. lata
     20. zanahoria   23. pavo   25. fresa   27. oyente
     21. camarones

C.   28. estoy a dieta   33. mete la pata
     29. los huevos pasados por agua   34. vamos de merienda
     30. da la lata   35. el punto de vista
     31. está enamorada   36. estira la pata
     32. a la plancha

Gramática

A.
1. A/D	8. A	15. B	22. B	29. D
2. C	9. A/C	16. D	23. D	30. B
3. B	10. C	17. A	24. B	31. C
4. C	11. B	18. C	25. B	32. B/C
5. D	12. C	19. D	26. B	33. D
6. A	13. B	20. A	27. D	34. C
7. B	14. D	21. A/C	28. C	35. D

B.
36. el	39. el	42. la	45. el
37. el (la)	40. el	43. la	46. la
38. la	41. el	44. el (los)	47. el

C.
48. conviene	50. sobresale	52. compone	54. deshace
49. equivale	51. contiene	53. previene	55. entretienen

D.
56. setecientas (sietecientas) treinta y una cucharas
57. dos mil una tazas
58. el veintidós (veinte y dos) por ciento

E.
59. asiste a	64. olvida de
60. casa con	65. trata de
61. pregunta	66. atiende
62. doy cuenta de	67. enamora de
63. pide	68. acuerdas de

Escala para el examen:
94–104 puntos: A
84– 93 puntos: B
73– 83 puntos: C
63– 72 puntos: D

Lección 8

VIAJANDO (Traveling)

la aduana	customs office	**la hierba (yerba)**	grass
la agencia de viajes	travel agency	**incómodo**	uncomfortable
		la luna de miel	honeymoon
el baúl	trunk	**la maleta**	suitcase
bienvenido	welcome	**el maletín**	briefcase
el billete (España)	ticket	**la moneda**	currency, coin
la boda	wedding	**la novia**	sweetheart, bride
el boleto, el pasaje	ticket	**el novio**	bridegroom
el cambio	change, exchange	**pardo**	brown
cómodo	comfortable	**el pasaporte**	passport
la conferencia	lecture	**la película**	movie, film, show
el cheque de viajeros	traveler's check	**la reunión**	meeting
en efectivo	cash	**seguro**	safe, sure
la entidad	entity	**viajar**	to travel
el equipaje	luggage	**el viaje**	travel, trip
el evento	event, happening	**el viajero**	traveler, passenger
extranjero -a	foreign, foreigner		
la función	show	**el viento**	wind

PRACTIQUE EL VOCABULARIO (*Respuestas, página 182*)

A. Relacione las dos columnas.

1. _____ En España es un *billete;* en América es un. . . .   A. boda
2. _____ Una maleta grande es un. . . .   B. pardo
3. _____ Para viajar se necesita un documento importante: el. . . .   C. cómodo
4. _____ El dinero de un país se llama la. . . .   D. boleto
5. _____ maletas, maletines, baúles   E. película
6. _____ la ceremonia del matrimonio al casarse   F. baúl
7. _____ Cuando Ud. viaja a un país extranjero pasa el equipaje por la. . . .   G. conferencia
8. _____ Después de la boda los recién casados van de. . . .   H. moneda
9. _____ La hierba es verde; el café es. . . .   I. luna de miel
10. _____ "Lecture" no es *lectura* sino. . . .   J. equipaje
11. _____ Vamos a un cine o teatro para ver una. . . .   K. aduana
12. _____ Es más . . . viajar con poco equipaje.   L. pasaporte

B. Conteste verdadero o falso.

1. _____ Cuando queremos preparar un viaje generalmente vamos a una agencia de viajes.
2. _____ Para llevar las monedas generalmente usamos una maleta.
3. _____ La aduana es una agencia internacional de contrabando.
4. _____ Es más seguro llevar cheques de viajeros que papel moneda.
5. _____ Cuando esperamos a un viajero en el aeropuerto, le decimos *¡Bienvenido!* al llegar.
6. _____ La boda es un evento importante para los novios.
7. _____ El viento y la película son parte del equipaje en un viaje largo.
8. _____ Una maleta es más grande que un baúl, y un maletín es más grande que una maleta.

9. _____ Otra palabra para decir *boleto* para los viajes largos es *pasaje*.

10. _____ En la aduana generalmente inspeccionan el equipaje de los pasajeros extranjeros.

11. _____ Usted puede pasar la luna de miel con su novio(a) en una conferencia.

12. _____ Una boda es un evento, pero una iglesia es una entidad.

C.   Complete las oraciones con una palabra adecuada.

1. Cuando usted viaja a un país extranjero debe llevar el _____

   _____ para identificarse.

2. Después que los novios se casan generalmente hacen un viaje para pasar la

   _____.

3. Los baúles y maletas son parte del _____.

4. En un viaje al extranjero es mejor llevar _____

   _____ que dinero en efectivo.

5. En Estados Unidos Buffalo es la ciudad del frío y de la nieve; Chicago es la

   ciudad del _____.

6. Una *conferencia* no es una entidad que podemos ver sino un _____

   _____.

7. Un relojero hace relojes; un viajero hace _____

   _____.

8. La _____ es de papel o de metal, como plata, cobre, níquel, etc.

9. Podemos comprar los boletos en una _____ de viajes.

10. En los viajes largos de avión las compañías aéreas sirven una comida y también ponen una _____ para entretener a los pasajeros.

11. Todos los maestros de la escuela van a tener una _____

    _____ para discutir algunos problemas.

12. Cuando usted va a ver una película, ¿le gusta más la _____

    _____ de la tarde o la de la noche?

13. Las palabras pueden cambiar de un país a otro; por ejemplo, en España se dice *billete,* en cambio en América Latina se dice _____ o _____ _____.

GRAMÁTICA.   SER/ESTAR/HACER/TENER/HABER

I.   Contraste de **ser/estar**

A.   Un *adjetivo* es una característica o cualidad que damos a un nombre. Estas características son de dos clases:
   1. la característica es la *norma* (norm): "the grass is green".
   2. la característica es un *cambio* de la norma: "the grass is brown".

   Usamos *ser* para indicar la *norma,* y *estar* para indicar un *cambio:*
   > Ej.: La hierba *es* verde (we expect the grass to be *green*): *norma.*
   > La hierba *está* parda (after a dry spell, the grass changes to brown): cambio.

B.   La norma para una persona no es necesariamente la norma para otra persona. Una misma persona puede cambiar la norma, o dar énfasis a una cualidad indicando con *estar* que hay un cambio de la norma.
   > Ej.: (Jim has gotten very tall since the last time you saw him. You might say *¡Jaime **está** muy alto!* But to his parents, *Jaime **es** alto.*)

C.   Hay dos clases de nombres: ***eventos*** como *reunión, graduación, conferencia* y ***entidades*** como son la mayoría: *libro, niño, mesa, paciencia, amor,* etc.
   Usamos *ser* para indicar el lugar o el tiempo de un *evento,* y usamos *estar* para indicar el lugar de una *entidad.*
   > Ej.: La boda *es* en la iglesia. (the wedding (event) is in the church)
   > La novia *está* en la iglesia. (the bride (entity) is in the church)

D.   Aprenda esta lista parcial de nombres que son eventos:

conferencia (lecture)	**graduación** (graduation)
comida (meal)	**clase** (class)
fiesta (party)	**reunión** (meeting)
función (show)	**accidente** (accident)
espectáculo (show)	**recepción** (reception)
sinfonía (symphony)	**cena** (supper, as a meal)
concierto (concert)	**película** (film, as a show)

E.   Usamos *ser* con la *forma pasiva* (passive form), y usamos *estar*
     para la forma progresiva que estudiamos más tarde (Lección
     21).

>   Ej.: El toro *es* matado por el torero. (the bull is killed by
>   the bullfighter)
>
>   El torero *está* matando el toro. (the bullfighter is
>   killing the bull)

II.   **Hacer** + tiempo (weather)

A.   Usamos *hacer* para indicar el tiempo atmosférico (en inglés "to
     be"). Aprenda las expresiones más frecuentes:

Hace calor. (it's hot)	**Hace un día bueno**. (it's a good day)
Hace frío. (it's cold)	**Hace buen tiempo**. (it's good
Hace sol. (it's sunny)	weather)
Hace viento. (it's windy)	**Hace mal tiempo**. (it's bad
Hace fresco. (it's cool)	weather)

B.   Observe que *tiempo* significa "time" y también "weather". En
     las expresiones anteriores *calor, sol, viento,* etc., no son adjeti-
     vos como en inglés sino nombres. Por esta razón no traducimos
     "very cold" por *muy frío* sino *mucho frío.*

>   Ej.: Hace *mucho* viento (it's very windy).
>
>   Para traducir "a little" usamos *un poco de:* Hace *un
>   poco de* frío.

C.   También se usa el verbo **haber** para indicar el tiempo atmos-
     férico.

>   Ej.: *Hay* mucho calor. (it's very hot)
>
>   No *hay* viento. (it's not windy)

III.   **Tener** + nombres

A.   Usamos *tener* con ciertos nombres para indicar las sensaciones
     de *frío, calor, hambre, sed, años,* etc., en las personas y en los
     animales.

tener hambre (to be hungry)	**tener sed** (to be thirsty)
tener frío (to be cold)	**tener años** (to be years old)
tener calor (to be hot)	**tener cuidado** (to be careful)
tener suerte (to be lucky)	**tener prisa** (to be in a hurry)
tener razón (to be right)	**tener ganas de** (to feel like)
no tener razón (to be wrong)	**tener ansias de** (to feel like)
tener sueño (to be sleepy)	**tener miedo de** (to be afraid of)

B. En las expresiones anteriores las palabras *hambre, calor, frío,* etc., son nombres; en inglés son adjetivos. Para traducir la idea de "very hot" no usamos *muy* sino *mucho.*

   Ej.: Tengo *mucha* hambre./Tengo *un* hambre tremend*a.* Observe que *hambre* es de género femenino pero se usa *un* porque empieza con [á].

C. Una manera práctica de recordar los verbos **hacer/tener/estar** de las reglas anteriores es la siguiente:

Tiempo (weather) → **hacer** *frío:*	Hoy no **hace** *frío.*
Nombre + *sensación*→ **tener** *frío:*	*Ella* **tiene** *frío.*
Nombre + *condición*→ **estar** *frío:*	*El café* **está** *frío.*

PRACTIQUE SU GRAMÁTICA   *(Respuestas, página 182)*

1. Un adjetivo es una característica que damos a un _____

   _____. Estas características pueden ser la *norma* del nombre, por ejemplo, la nieve tiene la característica *blanca.* Si una característica no es *norma,* debe

   ser un _____.

2. Para indicar la *norma* usamos en español el verbo _____,

   y para indicar un *cambio* usamos el verbo _____.

   En inglés siempre es el verbo _____.

3. No es correcto decir *La reunión está aquí.* Debe ser _____

   _____, porque *reunión* no es una entidad sino un _____

   _____.

4. *Comida* significa dos cosas diferentes: (1) "meal" (the family event), y (2) "food" (things we eat). Esto quiere decir que tan correcto es *La comida* **es** *aquí* como *La comida* **está** *aquí.* ¿Cuál de los dos significa "meal"? _____

   _____.

5. También *sinfonía, concierto* significan dos cosas diferentes: (1) un papel con música (entidad), y (2) el espectáculo de muchos músicos y del público. En inglés se usa "to be" en los dos casos, y es ambiguo. ¿Cómo se traduce *la sinfonía* **está** *aquí?* _____.

6. Usamos *ser* para indicar la hora de un evento, por ejemplo *La boda* **es** *a las 9:00.* ¿Cómo se traduce "the lecture is at one o'clock"? _____

   _____.

7. En la expresión *hace frío, frío* no es un adjetivo sino un _____.
   ¿Cómo se traduce la expresión "it's very cold"? _____
   _____.

8. Con la palabra *sol* (sun) también se usa la expresión *hay sol* que significa lo mismo que *hace sol*. También se usa *hay* con *viento* (wind). ¿Cuál es otra manera de decir *hace viento*? _____.

9. Una persona o animal "siente" calor, frío, hambre, etc. Para traducir estas expresiones podemos usar *sentir* (to feel), pero es más frecuente el verbo _____.

10. En expresiones como *tengo frío, frío* no es adjetivo sino _____
    _____. Por esta razón no traducimos "very" por *muy* sino por _____
    _____.

11. ¿Cómo se traduce literalmente *tengo suerte* en inglés? _____
    _____.

12. Si usted vive en el desierto y un día viaja a una región muy verde, pro-
    bablemente usted va a indicar su sorpresa diciendo: *¡Aquí todo* _____
    _____ *verde!*

13. ¿Qué significa la expresión *no tener razón*? _____
    _____.

14. La expresión *tener ganas de* (to feel like) siempre necesita *de* delante del nombre que la persona desea. ¿Cómo se dice "I feel like having a beer" ("having" no se traduce)? _____.

15. Para indicar el *tiempo* (weather) usamos el verbo _____
    _____. Para indicar la sensación de una *persona* usamos _____
    _____. Para indicar la temperatura o condición de una *cosa* usamos
    _____.

EJERCICIOS   *(Respuestas, página 182)*

A. Complete las oraciones con el Presente de Indicativo de *tener/haber/ser/estar.*

1. En Alaska _____ más frío que en California.

2. Vamos a la playa esta tarde porque _____ mucho sol.

3. Este bául es muy viejo; creo que _____ 100 años.

4. Mi profesora _____ furiosa hoy, no sé por qué.

5. Una maleta _____ más grande que un maletín.

6. La conferencia sobre Pablo Picasso no _____ hoy sino mañana.

7. Con tantos productos químicos esta hierba _____ muy verde.

8. La gente dice que en Chicago siempre _____. (it's windy)

9. La fiesta de Navidad siempre _____ el 25 de diciembre.

10. Siempre que yo viajo, _____. (I'm very lucky)

11. Esa niña *llora* (cry) porque _____. (she is cold)

12. Quiero saber cómo _____ mis padres hoy.

13. Los pingüinos del zoológico _____ mucho calor.

14. La boda de mi amiga _____ en Las Vegas.

15. No puedo beber este café porque _____ muy frío.

16. Mi cuenta del banco _____ baja porque escribí muchos cheques.

17. Todo mi equipaje _____ en buenas condiciones.

18. Voy a viajar a la montaña porque allí _____ fresco.

19. Aquí vivió el señor George Washington; esta casa _____ muy vieja.

20. Voy a dormir porque _____. (I'm very sleepy)

21. Estos cheques de viajeros _____ falsos.

22. Los juegos olímpicos de 1984 _____ en Los Ángeles.

23. *Billete* _____ lo mismo que *boleto,* pero en España.

24. La reunión de la familia _____ en la sala grande.

25. La gente dice que en Palm Springs siempre _____.
    (it's good weather)

B. Complete las oraciones con el verbo *tener* y una de las sensaciones: *frío, calor, miedo, sed*, etc.

1. No hay ninguna bebida fría en la casa y yo _____
   mucha _____.

2. "¿Cuál es la capital de Argentina, Carlitos?" "Santiago". "No, Carlitos; no
   _____".

3. "Juanita, ¿cuál es la capital de Argentina?" "Buenos Aires". "Muy bien,
   Juanita; _____".

4. Mi abuelo ya es muy viejo; _____ ochenta _____
   _____.

5. Voy a ponerme el abrigo y las botas porque _____
   _____.

6. Ya hace dos días que no duermo bien, por eso _____
   mucho _____.

7. José siempre se levanta tarde, y siempre _____
   _____ para llegar *a tiempo* (on time) al trabajo.

8. Las dos amigas se van a la playa porque _____
   _____.

9. Ese niño hace un día que no come nada, por eso _____
   mucha _____.

10. Todos los estudiantes _____ por-
    que una serpiente acaba de entrar a la clase.

11. No me gusta jugar dinero en la lotería porque siempre _____
    _____ mala _____.

12. Lolita maneja muy bien el coche; ella siempre _____
    mucho _____.

C. Relacione las dos columnas.

1. _____	Generalmente en la primavera. . . .	A. tienen hambre
2. _____	Hoy es un día fatal porque. . . .	B. están
3. _____	En verano generalmente. . . .	C. son
4. _____	Las montañas de Colorado . . . altas.	D. tienen prisa
5. _____	La conferencia . . . en el auditorio.	E. hay viento
6. _____	Los árboles se mueven mucho porque. . . .	F. hace fresco
7. _____	La iglesia . . . lejos de mi casa.	G. tienen cuidado
8. _____	Ellos van a comer porque. . . .	H. hace mal tiempo
9. _____	En Colorado . . . muchas montañas altas.	I. tienen suerte
10. _____	Los novios todavía no . . . en la iglesia.	J. tienen sed
11. _____	Ellas corren mucho porque. . . .	K. está
12. _____	Ustedes . . . porque no duermen bastante.	L. hay
13. _____	Mis amigos ganaron en la lotería porque. . . .	M. tienen sueño
14. _____	Ellos van a tomar algo porque. . . .	N. es
15. _____	Ustedes van a tener un accidente porque no. . . .	O. hace calor

---

¡ATENCIÓN! *Algunos problemas con los Adjetivos Descriptivos*

En inglés los adjetivos siempre preceden al nombre. En español los adjetivos pueden preceder o seguir al nombre, pero con algún cambio de significado.

1. Cuando el adjetivo sigue al nombre indica una caracterización o clasificación de ese nombre. Por lo tanto indica que hay otros nombres que no tienen esa cualidad.

    Ej.: la pared *blanca* (the white wall): hay paredes de colores diferentes

2. Cuando el adjetivo precede al nombre indica que todos los nombres mencionados en esa oración tienen esa cualidad sin compararlo con otros nombres. Este adjetivo es enfático.

    Ej.: la *blanca* pared (the WHITE wall): énfasis en *blanca* y no hay comparación con otras paredes

3. Una manera de diferenciar la función del adjetivo que precede o sigue al nombre es el *énfasis fonético* (phonetic stress) en inglés:

Ej.: las *verdes* luces → the GREEN lights
las luces *verdes* → the green LIGHTS

4. Algunos adjetivos cambian de significado al cambiar la posición:

pobre niña (pitiful girl)	niña *pobre* (poor girl)
gran libro (a great book)	libro *grande* (big book)
viejo amigo (long-standing friend)	amigo *viejo* (old friend)
nuevo carro (another car)	carro *nuevo* (new car)
pura agua (only water)	agua *pura* (pure water)

5. Recuerde que algunos adjetivos cambian de forma cuando preceden a un nombre masculino: un *buen* café, *algún* dinero, *ningún* libro, *primer* piso.

D. Complete las oraciones siguientes.

1. El agua de este río no está contaminada; es _____. (pure water)

2. Me gusta tomar _____. (GOOD coffee)

3. Prefiero el _____ al carro rojo. (blue car)

4. Don Tomás tiene una sola hija; su _____ estudia en la Universidad de París. (beautiful daughter)

5. *Un* **viejo** *amigo* no es necesariamente *un amigo* **viejo**. ¿Cuál de las dos expresiones traduce la idea de *amigo con mucho años*? _____ _____.

6. *Un* **gran** *libro* no es necesariamente *un libro* **grande**. ¿Cuál de los dos traduce la idea de "a great book"? _____ _____.

7. Jorge acaba de comprar un _____, pero ya está usado. (another car)

8. Esta botella sólo contiene agua, en otras palabras, es _____ _____. (only water)

9. ¿Cuál te gusta más, la _____ o la pequeña? (big suitcase)

10. ¿Vas a comprar un _____ o uno extranjero? (American car)

Lección 9

EL AEROPUERTO
(The Airport)

abordar	to board	**la llegada (a)**	arrival
abrocharse	to fasten	**marearse**	to get dizzy
la aerolínea	airline	**el mareo**	dizziness
la aeromoza,	stewardess	**el mozo**	porter
la azafata		**el pájaro**	bird
el asiento	seat	**la pastilla**	pill
el aterrizaje	landing	**la puerta**	gate, door
aterrizar (en)	to land	**la salida (de)**	departure,
el/la auxiliar	steward/		exit
de vuelo	stewardess	**la seguridad**	safety
el avión	airplane	**suave**	soft, smooth
el cinto	belt	**la tarjeta de embarque**	boarding pass
el cinturón	belt (large)	**la tripulación**	crew
despegar (de)	to take off	**la turbulencia**	turbulence
el despegue	takeoff	**la ventanilla**	small window
fumar	to smoke	**volar (ue)**	to fly
hacer escala (en)	to stop over	**el vuelo**	the flight

PRACTIQUE SU VOCABULARIO   (Respuestas, página 183)

A.   **Subraye la palabra o expresión correcta.**

1. ¡Atención! Abróchense los (mareos, asientos, cinturones) de seguridad.

2. Si no quiere marearse puede tomar una (ventanilla, pastilla, azafata, salida).

3. Me gusta viajar al lado de la (ventanilla, tarjeta de embarque, aeromoza, tripulación).

4. Para abordar el avión es necesario presentar el/la (vuelo, pájaro, tarjeta de embarque, boleto).

5. Ya están anunciando el/la (asiento, mareo, puerta, vuelo) número 777.

6. Es necesario reservar el/la (azafata, seguridad, asiento, llegada) en el avión.

7. Ese vuelo tiene el/la (llegada, salida, despeque, aterrizaje) de Chicago a las 4:00.

8. Vamos a (despegar, aterrizar, fumar, abordar) en Los Ángeles en diez minutos.

9. Los aviones y los pájaros pueden (abordar, volar, marearse, asegurarse).

10. Este vuelo termina en Nueva York, pero (se abrocha, hace escala, aterriza, despega) en Denver, Colorado.

11. ¿Te gustan los vuelos (con turbulencia, con mareos, suaves, peligrosos, calurosos)?

12. Los/Las (pasajes, novios, películas, camareros, azafatas) trabajan en el avión.

13. En los vuelos cortos los/las auxiliares de vuelo sirven (bocadillos, pastillas, boletos, películas).

14. Se permite llevar un maletín dentro del/de la (vuelo, asiento, avión, aerolínea).

B. Complete las oraciones con una palabra o expresión de las que están en la lista siguiente.

suave	cinturón	hacer escala
aeromoza	asiento	marearse
despegue	aterrizaje	volar
pájaro	tarjeta de embarque	tripulación

1. El avión puede volar como un _____ grande.

2. El piloto y las azafatas son parte de la _____ _____.

3. Si Ud. sube al avión con un maletín debe ponerlo debajo del _____ _____.

4. Un vuelo sin turbulencias es un vuelo _____.

5. El avión _____ por arriba de las *nubes*. (clouds)

6. La _____ sirve la comida en el avión.

7. El águila es uno de los _____ más grandes.

8. Los auxiliares de vuelo piden la _____

   _____ antes de abordar el avión.

9. El piloto manda abrocharse los _____ si hay turbulencias.

10. Este vuelo no es directo; _____ en Dallas, Texas.

11. Los aviones grandes necesitan una *pista* (runway) de _____

    _____ muy larga.

12. Si Ud. se toma esta pastilla no va a _____

    _____ en el avión.

13. En el momento del _____ los pasajeros no pueden fumar.

C. Conteste verdadero o falso.

1. _____ Los aviones tienen cinturones de seguridad para usarlos solamente en caso de accidente.

2. _____ Las azafatas generalmente usan un uniforme diferente en cada aerolínea.

3. _____ La tarjeta de embarque normalmente indica la puerta de salida para tomar el avión.

4. _____ Las ventanillas de un avión son más grandes que las ventanillas de un carro.

5. _____ Las auxiliares del vuelo llevan las maletas y baúles de los pasajeros.

6. _____ Los aeropuertos tienen mozos para llevar el equipaje de los pasajeros.

7. _____ Los pasajes de la sección turista son más caros que los de primera clase.

8. _____ En los vuelos internacionales sirven la comida a los pasajeros, pero no en los vuelos domésticos.

9. _____ Antes de despegar el avión, un/una auxiliar de vuelo explica las medidas de seguridad del avión.

GRAMÁTICA.   PRONOMBRES REFLEXIVOS Y DE OBJETO DIRECTO

I.   Objeto Directo

    A.   *Objeto directo* es la palabra (nombre o pronombre) que completa al verbo transitivo. Por ejemplo, *comprar* no significa nada si no *compramos* una cosa: Compramos una casa; *casa* es el objeto directo de *compramos*.

    B.   En español diferenciamos personas de animales y cosas cuando son objeto directo; usamos la preposición *a* delante de las personas definidas:

        Ej.:   Vemos *a* la chica.   (we see the girl)
               Vemos la mesa.   (we see the table)
               Vemos el perro.   (we see the dog)
               Vemos una chica.   (we see a girl)
                            (**una** *chica* es indefinida)

II.   Pronombres de Objeto Directo y Reflexivos

    A.   El pronombre tiene la misma función del nombre: sujeto, objeto directo, etc. El *hablante* (speaker) es *yo*, el *oyente* (listener) es *tú* o *usted*. *Tú* es familiar, íntimo, y *usted* es formal. El uso cambia con los dialectos.

    B.   Observe y aprenda este esquema de los pronombres. Compare con el inglés:

Sujeto	Objeto directo	Reflexivo	Sujeto	Objeto directo	Reflexivo
yo	**me**	**me**	I	me	myself
tú	**te**	**te**	you	you	yourself
nosotros	**nos**	**nos**	we	us	ourselves
vosotros ·	**os**	**os**	you	you	yourselves
él, Ud.	**lo (le)**		he, you	him, you	himself, yourself
ella, Ud.	**la**	**se**	she, you	her, you	herself, yourself
ellos, Uds.	**los (les)**				
ellas, Uds.	**las**		they, you	them, you	themselves, yourselves

1. En España se usan *le* y *les* en vez de *lo* y *los* para objetos directos de personas, pero no de cosas.

   > Ej.: ¿Ve al muchacho? Sí, *le* veo. (Latinoamérica: *lo* veo)

2. Los pronombres *vosotros, os* se usan en España: es el plural de *tú*. No los vamos a usar en este texto, ni las formas verbales correspondientes.

3. Observe que el pronombre directo precede al verbo excepto en el imperativo que estudiamos en la Lección 20 y en algunos usos del infinitivo.

III. Construcción Reflexiva

  A. *Reflexivo* quiere decir que repite o *refleja* el sujeto: *yo . . . me, tú . . . te*, etc. Dentro de la construcción reflexiva tenemos en español varias clases:

  1. *Reflexivo verdadero:* La acción vuelve al sujeto en vez de pasar a otro nombre.

   > Ej.: José *se* mató. vs. José mató *el toro*.
   > (Joe killed himself) vs. (Joe killed the bull)

  Las acciones personales como **vestirse, bañarse,** también son verbos reflexivos. Estudie esta lista parcial de verbos personales que se usan en la construcción reflexiva:

afeitarse (shave)	**peinarse** (comb one's hair)
despertarse (wake up)	**llamarse** (be called)
lavarse (wash)	**ponerse** (put on)
levantarse (get up)	**quitarse** (take off)
vestirse (get dressed)	**sentirse** (feel)
pararse (stand up)	**sentarse** (sit down)

  Observe que estos verbos también se usan con directo objeto, y entonces no se usa la construcción reflexiva: *La mamá* **despierta** *a los niños, los lava, etc.*

  2. *Reflexivo inherente:* Tenemos un grupo de verbos que nunca se usan sin pronombres reflexivos. En este caso el reflexivo no tiene significado, es una parte inherente del verbo, y así está en el diccionario.

   > Ej.: arrepenti*rse* (to repent), atrever*se* (to dare), jactar*se* (to boast)

  No es correcto decir yo *arrepiento;* deber ser *yo* **me** *arrepiento.*

  3. *Reflexivo enfático:* Todos los verbos intransitivos (*ir, salir, venir,* etc.) pueden tomar pronombres reflexivos, y también los verbos transitivos que tienen objeto directo. En este caso

el pronombre repite el sujeto, y por esta razón el reflexivo da responsabilidad o énfasis al sujeto.

> Ej.: Carlos *se va* a casa después de clase./
> Carlos *va* a casa después de clase.
> Carlos *se come* el postre./Carlos *come* el postre.
> Carlos *se está* tranquilo./Carlos está tranquilo.

Algunos dialectos usan mucho más este tipo de reflexivo que otros. En general Hispanoamérica usa más el reflexivo enfático que España.

B.   Un grupo de verbos cambia el significado con el pronombre reflexivo:

> **marchar** (march)/**marcharse** (go away)
> **acordar** (agree)/**acordarse** (remember)
> **dormir** (sleep)/**dormirse** (fall asleep)
> **aburrir** (bore)/**aburrirse** (get bored)
> **despedir** (dismiss)/**despedirse** (say goodbye)
> **parecer** (seem)/**parecerse** (resemble)

C.   En algunos casos no hay traducción para el *se* reflexivo: *La ventana **se** rompió*. Observe que *ventana* es un nombre inanimado (de cosa). En realidad alguien rompió la ventana, pero en este caso *ventana* es el sujeto porque cambia el verbo para el plural: *La ventana se rompió* (the window broke)/*Las ventanas se rompieron* (the windows broke). Este reflexivo con sujeto inanimado es *obligatorio* excepto en unos pocos casos en que la acción es propia del sujeto inanimado.

> Ej.: el coche chocó (the car crashed)/el coche *se* paró (the car stopped)

PRACTIQUE SU GRAMÁTICA   *(Respuestas, página 183)*

1. Un verbo transitivo necesita el objeto _____ para *completar* su significado. Por esta razón se llama también *complemento directo*.

2. *Yo conozco esa chica* no es correcto porque *chica* es una persona definida.

   La oración correcta es *Yo conozco* _____.

3. ¿Recuerda usted que *nadie* es la negación de *personas*? ¿Es correcto decir *yo no veo nadie*? _____ Debe ser *Yo no veo* _____

   _____.

4. Hay cuatro pronombres de *objeto directo* de tercera persona, y se escriben casi igual que los cuatro artículos definidos: _____, _____, _____

_____, _____.

5. En España *ver a Juan* es *verle*, pero en Hispanoamérica *ver a Juan* es _____. En cambio en todo el mundo español *ver el avión* es _____

_____.

6. En inglés "me" es el objeto directo, y "myself" es reflexivo para el sujeto "I". En español el objeto directo y el reflexivo para *yo* son uno solo: _____

_____.

7. El pronombre reflexivo siempre repite el _____ _____ de la oración.

8. Solamente tenemos un pronombre reflexivo para la tercera persona, singular y plural, y ese pronombre es _____.

9. *Yo vi a ella* no es correcto: *a ella* es un pronombre de *objeto directo,* y necesita repetirse con el pronombre *la.* La forma correcta es _____

_____.

10. En España la gente dice *Yo **les** visito;* en cambio en Hispanoamérica la gente dice *Yo* _____.

11. En España el plural de *tú* es *vosotros;* en cambio en Hispanoamérica el plural de *tú* es el mismo de *usted:* _____. Esto quiere decir que no hacen contraste formal/familiar en la forma plural.

12. *El plato rompió* (the dish broke) no es correcto: necesita el pronombre reflexivo _____, porque *plato* es inanimado.

13. Las acciones propias de las cosas inanimadas no necesitan el reflexivo *se.* Por ejemplo, *el coche choca, el avión aterriza,* pero en los demás casos siempre se necesita *se,* en singular y plural. ¿Cuál es el plural de *se abre la puerta?* _____.

14. Es más frecuente decir *se rompió el plato* que *el plato se rompió,* es decir, el sujeto al final, pero es incorrecto decir *rompió el plató* para "the dish broke", porque en este caso el sujeto es *él, ella* o *usted.* ¿Cómo se traduce "many sandwiches are served in this restaurant"? _____

_____ en este restaurante.

15. En los reflexivos inherentes siempre se necesita el reflexivo, y como no tenemos el mismo verbo sin pronombre reflexivo, concluimos que el pronombre no añade significado al verbo.

     Ej.: *atreverse* (to dare). ¿Cómo se dice "he dares"? _____

_____

16. Dos oraciones como **Me** *voy a casa* y *Voy a casa* se usan en diferentes dialectos, y también por la misma persona. Diferentes lingüistas tienen diferentes opiniones sobre esta clase de reflexivo. Yo pienso que el reflexivo

    simplemente pone _____ en el sujeto porque lo repite.

EJERCICIOS   *(Respuestas, página 183)*

A. Conteste las oraciones en el Presente de Indicativo, usando los pronombres adecuados.

    Modelo: ¿Sabe usted español? - *Sí, lo sé.*

1. ¿Oye usted la radio? Sí, _____.

2. ¿Conoce usted a mi tío? Sí, _____.

3. ¿Hace usted su tarea? Sí, _____.

4. ¿Quiere usted café? Sí, _____.

5. ¿Trae usted su coche? No, no _____.

6. ¿Se abrocha usted el cinturón? No, no _____.

7. ¿Habla usted japonés? No, no _____.

8. ¿Cambia usted dólares? No, no _____.

9. El carro _____ _____ porque no tiene gasolina. (pararse: Presente de Indicativo)

10. Yo nunca _____ _____ a casa sin decir adiós. (irse)

11. Jorge siempre _____ _____ en la clase. (dormirse)

12. ¿Por qué tú no _____ _____ la fruta? (comerse)

13. Muchos niños _____ _____ de hambre en Cambodia. (morirse)

14. Ella nunca _____ _____ en el avión. (marearse)

15. Nosotros _____ _____ los cinturones. (abrocharse)

16. Yo no _____ _____ muy bien hoy. (sentirse)

17. Los clientes _____ _____ en las mesas. (sentarse)

18. ¿Cómo se dice en español "I hear somebody"?

_____.

19. ¿Cómo se dice en español "I see nobody"?

_____.

20. ¿Cómo se dice en español "I see nothing"?

_____.

21. ¿Cómo se dice en español "the door broke"?

_____.

22. ¿Cómo se dice en español "the doors broke"?

_____.

23. ¿Cuál es más enfático, *comí todo* o *me comí todo*?

_____.

24. No es lo mismo *dormir* que *dormirse*. ¿Qué significa *dormirse*?

_____.

25. No es lo mismo *acordar* que *acordarse*.

¿Qué significa *acordar*? _____.

¿Qué significa *acordarse*? _____.

B. Escriba oraciones con las palabras siguientes en el orden en que están. Usted necesita poner artículos, preposiciones, pronombres, etc.

Modelo: / maestro / saludar / estudiantes / antes / clase/
        El maestro saluda a los estudiantes antes de la clase.

1. / mi / padres / levantarse / tarde / todo / días /

_____

2. / ¿ qué hora / acostarse / tú / sábados / ?

_____

3. / nosotros / desear / irse / casa / después / clase /

_____

4. / carro / Juan / romperse / todo / semanas /

_____

5. / nuestro / hijos / desayunarse / antes / ir / escuela /

_____

¡ATENCIÓN!　　_Los adjetivos_ **todo, cada, más, menos, medio, otro**

1. _Todo_ se usa generalmente con los artículos definidos _el/la/los/las_.
   Ej.: _todo el_ día, _todos los_ días.

   La forma singular _todo/toda_ se usa a veces sin artículo para significar _cada uno:_ "each one", "every".
   Ej.: _Toda_ mujer es libre. (every woman is free)

2. _Cada_ solamente se usa en singular y significa "each" o "every".
   Ej.: _cada_ tres meses, dos dólares _cada uno (una)_. También tiene el mismo significado que _todo/toda_ sin artículo.
   Ej.: _Cada_ mujer es libre.

3. _Más_ y _menos_ se usan después del nombre cuando hay un número delante del nombre. En inglés "more", "less"/"fewer" siempre van delante del nombre.
   Ej.: Necesito _dos_ libros _más_. (I need two more books)

4. _Medio_ y _media_ son siempre adjetivos y se ponen delante del nombre si no hay otro número, pero se ponen detrás cuando hay otro número.
   Ej.: Necesito _media_ libra de carne. (I need half a pound of meat)
   Compré _dos_ libras y _media_. (I bought two and a half pounds)

   (Observe que el artículo "a" no se traduce.)
   La mitad es el nombre que traduce también "half a/the".
   Ej.: Comí _la mitad de_ la naranja. (I ate _half the_ orange)

5. _Otro_ y _otra_ no se usan con el artículo indefinido _un/una_. En inglés "another" es un compuesto de "an + other". En español nunca se dice **un** _otro_. Cuando hay un número delante del nombre, _otro_ se usa delante de ese número; en cambio en inglés se usa después.
   Ej.: Necesito _otros dos_ libros. (I need _two other_ books)

   Para traducir la idea de "every other" usamos _cada dos_.
   Ej.: _cada dos_ días (every other day)

C. Traduzca del inglés al español las expresiones indicadas en paréntesis.

1. Queremos viajar por Estados Unidos _____ _____. (three more days)

2. Alberto va a comprar _____. (one more pound)

3. ¿Vas a la peluquería _____? (every other week)

4. Carlos está muy gordo; *pesa* (he weighs) doscientas cinco _____ _____. (and a half pound)

5. Marta no va en ese vuelo sino en _____ _____. (another one)

6. Las azafatas van a tomar _____ de vacaciones. (two more weeks)

7. Lolita trabaja _____. (every Saturday)

8. Ya nos faltan _____ para llegar. (five fewer miles)

9. Otra manera de decir *toda persona* es _____ _____.

10. Otra manera de decir *la mitad de una hora* es _____ _____.

11. Los mozos trabajan en el aeropuerto _____ _____. (the whole day)

12. Solamente voy a comer _____. (half a sandwich)

13. ¿Vas a pedir _____? (another beer)

14. Usted debe practicar el español _____ _____. (every day)

15. Vamos a necesitar _____. (two other chairs)

Lección 10

EN EL TREN (On the Train)

el andén	platform	**el letrero**	the sign
el boleto de ida	one-way ticket	**la litera**	berth
el boleto de ida y vuelta	round-trip ticket	**el maletero**	porter, trunk (car)
		olvidar	to forget
con retraso	late	**el pelo**	hair
cruzar	to cross	**tomar el pelo**	to pull one's leg
demorar	to delay, take time	**perder (ie)**	to lose, miss
disponible	available	**romper**	to break, tear
entregar	to deliver	**roto**	broken, torn
el ferrocarril	railroad	**la sala de espera**	waiting room
funcionar	to work (a machine)	**sin falta**	without fail
el cochecama	sleeping car	**sucio**	dirty
el cochecomedor	dining car	**el talón**	the stub
gratis, gratuito	free (money)	**la taquilla**	ticket window
hacer caso	to pay attention	**el/la taquillero -a**	ticket agent
el horario	schedule	**tomar una copa**	to have a drink
la letra	letter (alphabet)	**vacío**	empty
		vagón	wagon, car (train)

PRACTIQUE EL VOCABULARIO   (Respuestas, página 184)

A. Subraye la palabra o expresión correcta.

1. Si viajamos toda la noche en tren, es mejor comprar un boleto (con retraso, de ida y vuelta, con cochecama, sin falta).

2. Todos los asientos están vendidos; no hay boletos (vacíos, sucios, disponibles, rotos).

3. El tren para Barcelona se toma en el/la (andén, letrero, talón, letra) número 6.

4. Si Ud. piensa ir y volver pronto debe comprar un boleto (de ida, sin falta, de ida y vuelta, con retraso).

5. Podemos ir al cochecomedor a (tomar el pelo, tomar una copa, ver el horario, entregar los boletos).

6. Este tren siempre llega (con retraso, horario, de espera, disponible) de media hora.

7. Para comprar los boletos vamos al/a la (litera, taquilla, ferrocarril, horario).

8. Si Ud. tiene prisa no debe (entregar, cruzar, olvidar, perder) tiempo.

9. Los empleados del ferrocarril pueden viajar en tren (gratis, disponible, vacío, roto).

10. Nuestro tren todavía no llega en una hora; vamos al/a la (vagón, sala de espera, taquilla, andén vacío).

11. Hay un letrero que dice NO FUMAR, pero mucha gente está fumando; nadie le (toma una copa, hace caso, toma el pelo, llega sin falta).

B. Relacione las dos columnas. Añada el artículo o cambie el nombre al plural si es necesario.

1. _____ andén

2. _____ disponible

3. _____ con retraso

4. _____ horario

5. _____ boleto de ida

6. _____ taquilla

7. _____ talón

8. _____ letrero

A. Si usted no piensa volver debe comprar....

B. En el vagón de ... usted puede dormir, pero no muy cómodamente.

C. Las azafatas pueden viajar ... en su aerolínea.

D. Para reclamar su equipaje usted debe presentar ...

E. No hay boletos ... de segunda clase, pero sí de primera.

F. Voy a buscar un ... para que nos lleve el equipaje.

G. Ud. no debe fumar en esta sección porque así lo dice....

H. Este tren nunca es puntual; siempre llega. ...

9. _____ gratis   I. En este tren solamente hay . . . de primera clase.

10. _____ vagón   J. El tren para Bogotá se toma en . . . número 4.

11. _____ maletero   K. Según . . . el tren expreso tiene la salida a las diez y media.

12. _____ litera   L. Para comprar los boletos vamos a. . . .

C. Complete las oraciones con la forma correcta del Presente de Indicativo de uno de los verbos siguientes.

cruzar	funcionar	tomar el pelo	romper
demorar	hacer caso	tomar una copa	ser gratis
entregar	olvidar	perder	estar disponible

1. El motor de mi carro está en buenas condiciones; _____ _____ muy bien.

2. Nuestro tren va salir en una hora; vamos al bar y _____ _____.

3. Mi amigo siempre llega con retraso a la estación del ferrocarril, y por esta razón _____ el tren.

4. ¿Cuánto tiempo se _____ en llegar el próximo tren?

5. Eso que dices no es verdad; creo que me _____ _____.

6. Por supuesto. Yo siempre _____ la calle cuando no hay tráfico.

7. Carlitos siempre se _____ de la fecha de mi cumpleaños.

8. El carro siempre se me _____ cuando más lo necesito.

9. Si Ud. trabaja para los ferrocarriles, su boleto _____ _____.

10. Sí, hay un letrero que dice NO FUMAR, pero nadie le _____ _____.

11. Todavía hay dos asientos en primera clase que _____

_____.

12. El taquillero le _____ el boleto después que
Ud. paga.

GRAMÁTICA. DEMOSTRATIVOS Y POSESIVOS

I. <u>Adjetivos y Pronombres Demostrativos:</u> ("this/these," "that/those")

Personas	Adverbio	Masculino	Femenino	Neutro	Inglés
Cerca del hablante	aquí	**este/estos**	**esta/estas**	**esto**	this/these
Cerca del oyente	ahí	**ese/esos**	**esa/esas**	**eso**	that/those
Lejos del oyente	allá, allí	**aquel/ aquellos**	**aquella, aquellas**	**aquello**	

A. Observe estos hechos en el esquema anterior:
  1. Cuando el *hablante* se refiere a las cosas *cerca de él* (aquí), usa los demostrativos *este/esta/estos/estas.*
     Ej.: *Este* libro es bueno.
  2. Cuando el hablante se refiere a las cosas cerca del *oyente* (ahí), usa *ese/esa/esos/esas.*
     Ej.: *Ese* libro es bueno.
  3. Cuando el hablante se refiere a personas, animales o cosas que están lejos del hablante y del oyente (allá/allí), usa *aquel/aquella/aquellos/aquellas.*
     Ej.: *Aquel* señor se llama Narciso.

B. Los neutros *esto/eso/aquello* nunca se usan con un nombre: Son pronombres. Recuerde que en español sólo hay nombres masculinos y femeninos, pero no neutros. Usamos los demostrativos neutros cuando nos referimos a un nombre que no conocemos.
  Ej.: ¡Qué es *eso* que usted tiene? → *Esto* es una pluma especial.

  También se usa el neutro para referirnos a una oración completa (a full statement), o varias oraciones.
  Ej.: Me gusta *eso* que usted dice. (I like what you say)

C. Observe que el *masculino* singular es *este, ese,* con una *e* al final y no una *o* como los adjetivos masculinos. En cambio el *neutro* termina en *o.*

D. Los demostrativos pueden usarse *con* el nombre y *sin* el
    nombre.
    Ej.: Vamos por *esta* salida, no por *aquélla*. (let's go
         through this exit, not that one) ¡Observe que no se
         traduce "one" es español!

Aquélla tiene acento porque está sin nombre: es un pronombre
demostrativo.
Todos los demostrativos tienen acento cuando se usan de pronombre, excepto los neutros *esto, eso* y *aquello*.

E. *Ese/esa/esos/esas* se usan pocas veces después del nombre, y en
    este caso tienen una connotación negativa o despectiva.
    Ej.: la mujer *esa* (that bad woman)

Aquel/aquella/aquellos/aquellas también se usan pocas veces
después del nombre, con un significado positivo o enfático para
el nombre.
    Ej.: ¡Qué tiempos *aquellos!* (those wonderful times!)

II. Adjetivos y Pronombres Posesivos

| PERSONAS | FORMAS CORTAS | Inglés | FORMAS LARGAS | | Inglés |
			Masculino	Femenino	
yo	**mi/mis**	my	**mío/míos**	**mía/mías**	my, mine
tú	**tu/tus**	your	**tuyo/tuyos**	**tuya/tuyas**	your, yours
él, ella, Ud.	**su/sus**	his/her/its/	**suyo/suyos**	**suya/suyas**	his/her(s)/
ellos, ellos,		your/their			its/your(s)/
Uds.					their(s)
			nuestro/	**nuestra/**	our(s)
			nuestros	**nuestras**	

A. Las formas cortas siempre preceden al nombre y nunca tienen
    acento fonético, y por eso no se pueden usar solas; necesitan el
    nombre. Son adjetivos pero sólo cambian de número y no de
    género, excepto *nuestro* porque es la misma que la forma larga.
    Ej.: *mi* casa/*mis* casas; *nuestra* casa/*nuestras* casas

B. Las formas largas tienen diferencia de género y número: *mío/
    mía/míos/mías*. Cuando estas formas se usan de adjetivo, si-
    guen al verbo. También pueden ser pronombres sin el nombre.
    Ej.: El libro *tuyo* está aquí, *el mío* está en casa.

C. Las formas cortas y largas *concuerdan* (agree) con la cosa poseída, y no con el *poseedor* (owner) como en inglés. Por esta razón el plural de **mi** *casa* no es **mi** *casas* sino **mis** *casas: mis* (plural) porque *casas* es plural.

D. Para poner énfasis en la *posesión* tenemos que usar las formas largas porque las formas cortas nunca llevan énfasis o acento fonético. En inglés sí.

> Ej.: Me gusta la casa *tuya* quiere decir "I like YOUR house". (énfasis)
>
> Me gusta *tu* casa quiere decir "I like your house". (sin énfasis)

E. Observe que la forma corta de *nuestro, os, -a, -as* es la misma de la forma larga.

> Ej. *Nuestro* libro está aquí./El libro *nuestro* está aquí. (énfasis)

F. Observe también que *su/sus* y *suyo -os, -a, -as* significa muchas cosas: es una de las palabras más ambiguas en español, y en muchos casos el hablante usa los pronombres personales con la preposición *de* para aclarar: *de él, de ella.* Nunca usamos *su/sus* y *de él/de ella* en la misma oracion.

> Ej.: *Su* casa es nueva./La casa *de él* es nueva.

PRACTIQUE SU GRAMÁTICA   *(Respuestas, página 184)*

1. Si yo hablo de las cosas que están cerca de mí *(aquí),* necesito los demostrativos _____, _____, _____ _____ y _____.

2. Cuando hablamos de cosas que están *lejos* (allá) del hablante y del oyente, usamos los demostrativos _____, _____, _____, _____.

3. Los demostrativos neutros son tres: _____ _____.

4. ¿Qué palabra no se traduce al español en la expresión "this one"? _____ _____.

5. *Éste, ésta, ése,* etc., se escriben con acento cuando se usan de _____.

6. El demostrativo *ese/esa,* etc., ¿tienen significado *negativo* o *despectivo* delante o detrás del nombre? _____.

7. *Aquel, aquella,* etc., se usan pocas veces después del nombre, y en este caso tienen una connotación _____.

8. ¿Necesitan acento escrito los neutros *esto/eso/aquello*? _____.

9. Las formas cortas del posesivo español sólo son tres en singular: _____ _____ y tres en plural: _____.

10. Las formas cortas se caracterizan porque nunca tienen acento fonético y sólo se pueden usar _____ del nombre.

11. Para poner énfasis en la posesión, ¿usamos las formas cortas o las largas? _____.

12. No es correcto decir en español *mi libros*; debe ser _____ _____.

13. *Su* significa muchas cosas del inglés: _____ _____.

14. No está correcto decir *Su llegada de ella.* Lo correcto son dos alternativas: (1) _____ y (2) _____.

15. ¿Cuál es la forma corta de *nuestro*? _____.

16. En inglés "mine" nunca tiene el artículo definido "the"; en cambio en español lo necesita siempre excepto con el verbo *ser*: ese libro es *mío.* ¿Cómo se completa la oración *Aquí están tus libros,* _____ _____.? (mine are here)

17. ¿Cuál es la forma plural de *su*? _____.

EJERCICIOS   *(Respuestas, página 185)*

A.   Traduzca las palabras o expresiones que están en paréntesis.

1. ¿Conoces a _____ muchacho que está allá con José? (that)

2. _____ (this) café está frío; _____ (that one) está bastante caliente.

3. ¿Qué es _____ que tienes en la mano? (that)

4. _____ salida para el tren es el andén número 9. (our)

5. Yo le entrego _____ boleto. (my)   Tú debes entregar

_____. (yours)

6. ¿Qué es _____ que se ve allá lejos? (that)

7. Creo que _____ tren sale a las 8:20. (our)

8. Prefiero _____ ventanilla a _____. (this)/
(that one)

9. El maletero _____ no quiere llevar nuestro equipaje. (that "silly")

10. Mi mamá siempre olvida _____ pastillas contra el mareo. (her)

11. Mis amigos tienen los asientos reservados; _____ vuelo sale a las
10. (their)

12. Este avión es grande; _____ tripulación es de 20 personas. (its)

13. No tengo hambre; ¿quieres comer _____ bocadillo? (my)

14. Esta maleta es mía; _____ está en el carro. (yours: familiar
form)

15. El presidente *dijo* (said) muchas cosas; _____ es sólo un resumen.
(this)

16. No es correcto decir *nuestro boletos*. Debe ser _____

_____.

17. No es correcto decir *Ellos tienen **sus casa** en la montaña*. Debe ser *Ellos

tienen* _____ *en la montaña.*

18. ¿Cuál es más enfático, *tu vuelo* o *el vuelo tuyo*? _____

_____.

19. Cuando *este, esta, aquel,* etc., son pronombres se escriben con _____

_____.

20. No quiero _____ billete sino _____. (*this*/that one)

B. **Cuando hablamos de las partes del cuerpo o de la ropa que
llevamos, se usa el adjetivo definido en lugar del adjetivo
posesivo. Esta construcción ocurre mucho con los verbos
reflexivos.**

Ej.: Juan se lava *las* manos. (John washes his hands)

Complete las oraciones siguientes con uno de los verbos in-

dicados y traduzca las expresiones que están en paréntesis. Todos los verbos son reflexivos.

1. Carlos siempre ————————————————— cuando maneja. (fasten his seat belt: *abrocharse*)

2. Tú nunca ————————————————— antes de comer. (wash your hands: *lavarse*)

3. Cuando llego a casa yo —————————————————
————. (take off my shoes: *quitarse*)

4. ¿A qué hora ————————————————— usted?
(brush your teeth: *limpiarse*)

5. Nosotras ————————————————— cuando hace frío. (put on our boots: *ponerse . . . botas*)

6. El niño ————————————————— todas las mañanas. (drink his milk: *tomarse*)

7. Yo siempre ————————————————— en el carro. (forget my books: *olvidarse de*)

¡ATENCIÓN!   *Los números ordinales*

1. Hay solamente diez números ordinales en español. Por arriba de diez usamos los números cardinales: *once, doce, trece,* etc.
   Ej.: el capítulo veinte (the twentieth chapter)

   Los diez números ordinales son: **primero, segundo, tercero, cuarto, quinto, sexto, séptimo, octavo, noveno, décimo.** Observe que los números ordinales son adjetivos y concuerdan con el nombre al que modifican.
   Ej.: la *primera* página, el *décimo* día

2. *Primero* y *tercero* pierden la -*o* cuando están delante de nombres masculinos, pero conservan la *o* si están detrás del nombre.
   Ej.: el *primer* día/el día *primero,* el *tercer* libro/el libro *tercero*

3. Los números ordinales se pueden usar en combinación con los números cardinales. El orden se puede cambiar sin cambio de significado.
   Ej.: los *primeros veinte* días = los *veinte primeros* días (the first 20 days)

4. Para indicar el orden de *reyes* (kings), *Papas* (Popes), etc., usamos los números ordinales. En inglés se usa el artículo "the" que no se traduce al español.
   Ej.: Enrique *Octavo* (Henry the Eighth)

5. Algunas regiones usan *primero* para el día *uno* del mes. Otras regiones usan *uno*. Para los otros días del mes se usan los números cardinales.

Ej.: el *uno* de julio = el *primero* de julio

El *cuatro* de julio (the Fourth of July)

6. En inglés se usa "one" después de cualquier adjetivo cuando se omite el nombre. Entre esos adjetivos están los números ordinales.

Ej.: Voy a comprar el carro rojo en vez del *verde*. (I am going to buy the red car instead of the green one)

Voy a comprar el segundo carro en vez del *primero*. (first one)

C. Traduzca las palabras que están en paréntesis.

1. El _____ tren para Madrid sale a las diez y media. (third)

2. El Rey Carlos _____ mandó hacer las misiones de California. (the Third)

3. Para mañana tenemos que leer las _____ páginas. (first two)

4. El cumpleaños de Lola es el _____ de enero. (first)

5. Mi segundo examen es mejor que _____. (the first one)

6. ¿Quién es el _____ Presidente de Estados Unidos? (twentieth)

7. En Nueva York es famosa la _____. (Fifth Avenue)

8. Yo vivo en _____ casa de esta calle. (the seventh)

9. La *reina* (queen) Isabel _____ no fue muy amiga del rey

Felipe _____ de España. (the First/the Second)

10. No quiero el _____ carro sino el _____. (third/fourth one)

Lección 11

EN LA CARRETERA
(On the Road)

la acera	sidewalk	doblar	to turn
angosto	narrow	la doble circulación	two-way street
el autobús, ómnibus	bus	la esquina	corner
la autopista	freeway, turnpike	el ganado	cattle, stock
la bicicleta	bicycle	la licencia	license
el camión*	truck	manejar (América)	to drive
la camioneta	pick-up truck	la moto, motocicleta	motorcycle
la carretera	road, highway	la parada	stop
el carril	lane	parquear,	to park
conducir (España)	to drive	estacionar	
el cruce	crossroads	el peatón	pedestrian
la curva peligrosa	dangerous curve	el puente	bridge
chocar	to crash	el semáforo	traffic signal
el chofer	driver	la señal	sign
despacio	slow, slowly	el stop, el alto	stop sign
la desviación	detour	el vehículo	vehicle
la dirección	one-way street	la velocidad	speed
obligatoria		la zona escolar	school zone
		el permiso de	driving permit
		conducir	

*Camión en México significa "truck" y también "bus".

PRACTIQUE EL VOCABULARIO   *(Respuestas, página 185)*

**A. Relacione las dos columnas. Añada el artículo o cambie el
nombre al plural si es necesario.**

1. _____ acera	A.	Ud. no puede . . . en una zona roja.
2. _____ cruce	B.	Para manejar un automóvil Ud. necesita tener una. . . .
3. _____ chocar	C.	Todas las carreteras de Europa tienen las mismas . . . internacionales.
4. _____ semáforo	D.	Para transportar muchos vegetales se usan . . . refrigerados.
5. _____ desviación	E.	Una . . . es más pequeña que un camión.
6. _____ carril	F.	Una . . . es una carretera amplia y para mayor velocidad.
7. _____ ganado	G.	Las carreteras tienen . . . para pasar por arriba de los ríos.
8. _____ doblar	H.	Los peatones deben caminar por. . . .
9. _____ parquear	I.	La señal para parar en México no es STOP sino. . . .
10. _____ licencia	J.	Ud. debe manejar con cuidado en los . . . de calle o carretera.
11. _____ camión	K.	Si Ud. quiere . . . debe poner la señal en su carro.
12. _____ señal	L.	Las carreteras rurales tienen señales para cruzar el. . . .
13. _____ alto	M.	Esta carretera está en construcción; debemos tomar. . . .
14. _____ puente	N.	Debemos parar el carro cuando . . . está rojo o amarillo.
15. _____ camioneta	O.	Si Ud. no para en el semáforo rojo puede . . . con otro carro.
16. _____ autopista	P.	Si Ud. va a doblar por la derecha debe tomar . . . de la derecha.

B.   ¿Es Ud. un buen chofer? Conteste verdadero o falso.

1. _____ La velocidad máxima en Estados Unidos es 65 millas por hora.

2. _____ Los peatones pueden cruzar la calle cuando el semáforo está rojo.

3. _____ Una bicicleta es mucho más rápida que una motocicleta.

4. _____ Ud. debe acelerar al llegar a una curva peligrosa o un puente angosto.

5. _____ Muchos estados de Estados Unidos tienen un examen teórico y uno práctico para dar el permiso de manejar.

6. _____ Una autopista tiene más carriles que una carretera.

7. _____ En una calle angosta Ud. puede estacionar el carro en la acera y en la calle.

8. _____ El semáforo verde es para seguir y el rojo es para parar.

9. _____ Los autobuses locales se demoran en llegar porque tienen muchas paradas.

10. _____ En una zona escolar hay que tener cuidado con los niños que cruzan la calle.

11. _____ Ud. puede doblar a la derecha o a la izquierda cuando llega a una calle con dirección obligatoria.

12. _____ Si Ud. maneja bajo la influencia del alcohol puede ocasionar un accidente.

C.   Subraye la palabra o expresión correcta.

1. Si Ud. llega a un/una (parada, cruce, autopista, carril) sin señal de STOP debe manejar con cuidado.

2. Si Ud. maneja despacio debe tomar el/la (vehículo, cruce, carril, desviación) de la derecha.

3. Los peatones deben caminar por el/la (parada, curva, acera, ganado).

4. Si Ud. va a doblar en un/una (desviación, alto, puente, esquina) debe tener cuidado.

5. Ud. puede (doblar, conducir, chocar, estacionar) donde hay parquímetros.

6. Cuando un/una (semáforo, velocidad, cruce, desviación) no funciona debe tener cuidado.

7. La vaca y el toro es una clase de (ganado, vehículo, vegetal, puente).

8. Las curvas son (angostas, disponibles, sucias, peligrosas) porque el chofer no puede ver si hay tráfico adelante.

9. Un/una (bicicleta, autobús, moto, camión) debe ir siempre por el carril de la derecha.

10. Si quieres tomar el autobús local debes esperar en el/la (desviación, cruce, parada, esquina).

GRAMÁTICA.　PRETÉRITOS REGULARES/CAMBIOS ORTOGRÁFICOS

I. Pretéritos Regulares. Observe y aprenda estos esquemas:

SUJETO	habl ar	com er	viv ir
yo	habl é	com í	viv í
nosotros	habl amos	com imos	viv imos
tú	habl aste	com iste	viv iste
él, ella, Ud.	habl ó	com ió	viv ió
ellos, ellas, Uds.	habl aron	com ieron	viv ieron

1. Recuerde que hay dos partes de cada verbo: *raíz* (habl, com, viv) y *tiempo-persona* (Pretérito-pasado: é, aste, ó, etc.).
2. Las raíces del Pretérito son las mismas del Presente en los verbos regulares.
3. Observe que los verbos terminados en *-AR, -IR* tienen la misma forma para *nosotros -as* en el Pretérito que en el Presente.
   Ej.: *Hablamos* español todos los días./Ayer *hablamos* con el profesor. (yesterday we spoke to the professor)
4. La diferencia principal entre las formas del Presente y Pretérito es el acento fonético en la última sílaba de las formas del pasado: *hablé/habló   comí/comió   viví/vivió.*
5. El significado de las formas del Pretérito es una acción completa en un tiempo *pasado;* traduce la idea del "past" del inglés, como "I talked". En la Lección 15 estudiamos el tiempo Pretérito en contraste con el tiempo *Imperfecto.*

II. Cambios Ortográficos

A. Hay unas consonantes en español que cambian en la escritura (pero no en la pronunciación) según las vocales que las siguen (*a, e, i, o, u*).
   Ej.: pa*gar* → pa*gué* (I paid); bus*car* → bus*qué* (I searched); comen*zar* → comen*cé* (I began)

B. Este esquema indica cuatro tipos de cambios ortográficos:

SONIDO	Ortografía: [e, i]		Ortografía: [a, o, u]	
[k]	que	busqué	ca	sacar, buscar
			co	saco, delinco
	qui	delinquir	cu	delincuente, cuando
[g]	gue	pague	ga	pagar, siga
			go	pago, sigo
	gui	seguí	gu	gustar
[s]	ce	empecé	za	empieza, empezar
			zo	empiezo, venzo
	ci	conducir	zu	zumo (juice)
[x] (ge, jota)	ge	recoger	ja	recoja (pick up)
			jo	recojo
	gi	recogí	ju	jugar, juguete

1. Estos cambios ocurren con verbos, nombres, adjetivos, etc.:
   feliz felices; empezar → empiezo → empecé → empiece usted.

2. Para el sonido [k] escribimos *que, qui* pero *ca, co, cu.*
   Ej.: buscar → busco → busqué; delinquir (to break the law) → delinco → delinca → delincuente. También tenemos **qui**én, **que**, **cu**al, **cu**ando, **co**mo.

3. Para el sonido [g] escribimos *gue, gui,* pero *ga, go, gu:* pagar → pagué → pago. De *seguir → sigo → sigue → siga → siguiente.*

4. Para el sonido [s] escribimos *ce, ci,* pero *za, zo, zu,* y también escribimos *z* y no *c* a final de palabra y de sílaba.
   Ej.: comenzar → comencé → comienzo → comienza → comercio (commerce)
   hacer → hice → hizo → haz (do, as a command)
   vencer → venzo → vencí → venza → invencible

5. Para el sonido de la *ge* y la *jota* (j) escribimos *ge, gi,* pero *ja, jo, ju:* coger (take) → cojo → coja → cogí → cogió.

C. | Otro cambio de escritura que no está en el cuadro anterior es la *i* en *y,* cuando la *i* está entre dos vocales, y la *i* no tiene acento.
   Ej.: caer → cayó (por *caió*) → cayeron (por *caieron*); creer → creyó (por *creió*)

En cambio escribimos *caía* (was falling) porque la *i* tiene acento.

PRACTIQUE SU GRAMÁTICA   *(Respuestas, página 185)*

1. *Hablamos* es el Presente de Indicativo y también el Pretérito; para interpretar el significado necesitamos un adverbio de tiempo, o un contexto. *Comemos* solamente es Presente. ¿Cómo se dice en el Pretérito "we ate"?

   _____.

2. Una gran diferencia entre el Presente y el Pretérito es el acento fonético en la última sílaba de *hablé* y *habló* en contraste con *hablo* y *habla* del Presente. Lo mismo pasa con los verbos terminados en *-ER, -IR*. ¿Cómo se dice

   "I ate"? _____. ¿"He ate"?_____.

3. *Vivir* tiene dos formas con acento escrito en el Pretérito: _____

   _____.

4. De *leer* tenemos en el Pretérito *yo leí, tú leíste, él* _____, con

   el cambio de *i* en *y*, lo mismo que en *ellos* _____.

5. De *empezar* no escribimos *empezé* sino _____, porque en español nunca escribimos *z* delante de *e*, excepto en palabras extranjeras como *zenit* que también se puede escribir *cenit*. Lo mismo pasa con el metal

   zinc que también se escribe _____.

6. En *vencer* (to defeat, conquer) no decimos *venco* sino _____

   en el presente. ¿Cómo se dice en el Pretérito "I conquered"? _____

   _____.

7. La letra que nunca se pronuncia en español es la *h*, pero no es la única,

   porque tampoco se pronuncia la _____ de *sigue* y de *quien*. Esto significa que la letra *q* siempre necesita la *u* pero nunca se pronuncia. La *u* de *gu* tampoco se pronuncia cuando la sigue una *e* o una *i: seguir*. ¿Cómo se dice en

   el Pretérito "I followed"? _____.

8. De *practicar* no decimos *yo practicé* sino _____.

9. De *llegar* tenemos en el Pretérito *él llegó*, pero *yo* _____.

10. De *escoger* decimos en el Presente de Indicativo ("I choose") _____

    _____. ¿Cómo se dice en el Pretérito "I chose"? _____.

EJERCICIOS   *(Respuestas, página 186)*

A. Complete las oraciones con la forma correcta de los verbos en el Pretérito.

1. El tren _____ con media hora de retraso, pero yo _____ _____ a tiempo a la estación de ferrocarril. (llegar)

2. Mi tío solamente _____ un boleto de ida. (comprar)

3. Más de 300 aviones _____ ayer en el aeropuerto. (aterrizar)

4. El plato _____. (caerse: ¡Recuerde el pronombre reflexivo!)

5. Usted no _____ el horario con atención. (leer)

6. El invierno pasado _____ bastante aquí. (llover)

7. Ayer por la tarde yo _____ fútbol. (jugar)

8. Yo te _____ el boleto y tú lo _____ _____. (entregar/perder)

9. Yo te _____ en el andén número 4, pero no te _____ _____. (buscar/encontrar)

10. La locomotora _____ contra un autobús. (chocar)

11. Mi amiga y yo _____ el tren a las dos y cuarto. (coger)

12. Yo _____ los billetes en la taquilla número 3. (sacar, "to get")

13. A las siete y media el tren _____ a moverse, y yo _____ _____ a *llorar* (cry) de emoción. (comenzar)

14. Cuando llegamos, todos los vagones _____. (pararse)

15. ¿Por qué tú _____ un carro tan caro? (escoger)

16. El mozo _____ todo el equipaje y mi padre le _____ _____. (recoger/pagar)

17. *Creieron* no está bien escrito. Debe ser _____.

18. *Sigió* tampoco está bien escrito. Debe ser _____.

19. *Tocé* la guitarra (de *tocar*) no está bien escrito. Debe ser _____.

20. ¿*Pensamos* es tiempo Presente o Pretérito? _____.

B. **Conteste las preguntas siguientes usando el Pretérito y los pronombres de objeto directo:** *me, te, nos, lo, la, los, las.* **¡Cuidado con los acentos!**

Modelo: ¿Vio Ud. a sus padres ayer? *Sí, los vi.*

1. ¿Escribió Ud. la carta el domingo? Sí, _____

    _____.

2. ¿Compró Ud. el carro aquí? No, _____.

3. ¿Me viste ayer en la televisión? Sí, _____

    _____. (familiar form)

4. ¿Saludaron Uds. a mi secretaria? No, _____

    _____.

5. Ahorró Ud. todo su dinero? Sí, _____.

6. ¿Pediste dos tazas de café? No, _____.

7. ¿Te llamé ayer por teléfono? Sí, _____.

    (familiar form)

8. ¿Oyeron Uds. las noticias? No, _____.

9. ¿Bebió Ud. toda la cerveza? Sí, _____.

C. **Construya oraciones en el Pretérito usando las palabras en el orden en que aparecen. Ud. tiene que poner artículos, preposiciones y hacer la concordancia de género y de número.**

Modelo: / semana / pasado / tú / llamar / tu amiga / vario / veces /
La semana pasada tú llamaste a tu amiga varias veces.

1. / ¿Por qué / él / sentarse / silla / roto ? /

    _____

2. / su / hermanitos / saludar / a mí / cuando / ellos / entrar /

    _____

3. / ¿Dónde / conocer / usted / Carolina / primero / vez ? /

    _____

4. / ustedes / leer / todo / novela / semana / pasado /

    _____

5. / domingo / pasado / yo / chocar / y el carro / romperse /

    _____

¡ATENCIÓN!   *Usos del infinitivo en español*

1. En español el infinitivo siempre funciona como nombre masculino. Puede ser sujeto, objeto directo y objeto de preposición.
    a. Sujeto: *Nadar* es un buen ejercicio. (swimming is a good exercise)
    El infinitivo puede tomar el artículo masculino *el.*
       Ej.: *El correr* es bueno para la salud.

    b. Objeto directo: Quiero *beber* algo. (I want to drink something)
    c. Objeto de preposición: Te veo antes *de comer.* (I'll see you before eating)
2. En inglés nunca se usa el infinitivo después de una preposición sino el participio "-ing". En español es obligatorio el infinitivo.
       Ej.: *Sin trabajar* no puedes ganar dinero.
       (without working you can't earn money)

3. Con el infinitivo los pronombres *me, te, se, lo, la, los, las, nos* se usan detrás y forman una sola palabra. Si hay un verbo en indicativo se pueden usar los pronombres delante del verbo.
       Ej.: Acabo de *comprarla.* = *La* acabo de *comprar.*
       Voy a *bañarme.* = *Me* voy a *bañar.*

4. La construcción *al + infinitivo* indica una acción que ocurre al mismo tiempo que la acción principal. No tiene traducción literal en inglés.
       Ej.: *Al llegar* a casa me quito el sombrero. (upon arriving . . .)
       Cuando llego a casa me quito el sombrero. (when I arrive . . .)

5. Recuerde que la palabra "to" del infinitivo en inglés no se traduce nunca al español. Ej.: Ella no quiere *salir.* (she doesn't want to go out) La expresión "to have to + infinitive" se traduce por *tener que* + infinitivo.
       Ej.: *Tenemos que hacerlo.* (we have to do it)

    También se usa la expresión *haber que.*
       Ej.: *Hay que comprar* leche. (we have to (must) buy milk)

D.   Traduzca las palabras y expresiones que están en paréntesis.

1. Hace un tiempo fantástico _____. (for swimming)

2. Aquí tienes mi carro nuevo. Acabo _____. (I just bought it)

3. Debemos manejar con cuidado _____ un accidente. (in order not to have)

4. Estamos muy interesados _____ esta casa. (in buying)

5. _____ es un buen ejercicio para la salud. (running)

6. El semestre pasado saqué malas *notas* (grades) *por* (because of) _____

    _____. (not studying)

7. Todos _____ para ganarnos la vida. (we have to work)

8. Ayer vi a tu amiga _____ de clase. (upon leaving)

9. _____ para vivir. (we must eat)

10. ¿Cuál es otra forma de decir "*voy a verte*"? _____.

11. Ud. debe parar el carro _____ a la esquina. (before arriving)

12. La leche se cayó _____ la puerta del refrigerador. (upon opening)

Lección 12

EL AUTOMÓVIL
(The Automobile)

el acelerador	accelerator	**la llanta, la goma**	tire
acelerar	to accelerate	**llanta de repuesto**	spare tire
el acumulador	battery	**la llave**	key
el anticongelante	antifreeze	**maldecir**	to curse
arrancar	to start up	**mentir (ie, i)**	to lie
la avería	damage	**nevar (ie)**	to snow
la batería	battery	**la nieve**	snow
el baúl, maletero	trunk (of the car)	**el parabrisas**	windshield
bendecir	to bless	**poncharse,**	to have a flat tire
la bocina	horn	**pincharse**	
caber	to fit in	**rodar (ue)**	to roll, run on
la chapa, la placa	license plate		wheels
deshacer	to undo, melt, break	**rodear**	to surround
detener (se)	to stop	**la rueda**	wheel
el espejo	mirror	**tejer**	to knit
el filtro de aceite	oil filter	**el timón, el volante**	steering wheel
frenar	to brake	**el tanque, el**	tank
el freno	brake	**depósito**	
el gato	cat; jack	**el tubo de escape**	exhaust pipe
el humo	smoke		

PRACTIQUE EL VOCABULARIO

(Respuestas, página 186)

A. Relacione las dos columnas. Use la forma correcta de los nombres y verbos, y añada artículos y pronombres cuando es necesario.

1. _____	Podemos ver en el . . . el tráfico detrás del carro.	A. timón
2. _____	Cuando Ud. . . . no dice la verdad.	B. frenar
3. _____	Mi carro no . . . bien porque tiene mala la batería.	C. frenos
4. _____	Para cambiar una llanta necesitamos el	D. bocina
5. _____	Es necesario . . . al llegar al semáforo rojo.	E. gato
6. _____	La sala está llena de . . . porque todos están fumando.	F. llave
7. _____	Manejamos (conducimos) el carro con el	G. espejo
8. _____	Llegué atrasado porque tuve una . . . en el automóvil.	H. poncharse
9. _____	Para detenerse a tiempo es importante tener bien	I. detenerse
10. _____	Para arrancar el motor tengo que usar la	J. mentir
11. _____	La nieve se . . . con el calor.	K. humo
12. _____	Para . . . ponemos el pie en el pedal.	L. caber
13. _____	En un Cadillac . . . más personas que en un Honda.	M. arrancar
14. _____	Tocamos la . . . cuando hay una emergencia o peligro.	N. llanta
15. _____	Cuando uno . . . es necesario cambiar la llanta.	O. avería
16. _____	Las ruedas son de metal; las . . . son de goma.	P. deshacer

B. ¿Conoce Ud. su automóvil? Conteste verdadero o falso.

1. _____ El radiador del coche contiene agua o anticongelante contra el frío.

2. _____ Generalmente los carros tiene un solo espejo.

3. _____ Llenamos el volante del carro con gasolina o con diesel.

4. _____ La llanta de repuesto está en el maletero del carro.

5. _____ Debemos tener el parabrisas sucio para ver bien la carretera.

6. _____ Para frenar el carro ponemos el pie en el pedal del acelerador.

7. _____ El humo y los gases del motor se van por el tubo de escape.

8. _____ Cuando se poncha una llanta usamos el gato para poner la goma de repuesto.

9. _____ Cuando el acumulador tiene problemas, el carro puede arrancar muy bien.

10. _____ Es necesario cambiar el filtro y el aceite para conservar bien el motor.

C. Complete las oraciones siguientes con uno de los verbos siguientes en el Pretérito.

acelerar	frenar	nevar	rodear	poncharse
arrancar	mentir	rodar	tejer	cambiar

1. Las montañas están blancas porque ayer _____ mucho.

2. Mi abuela _____ un suéter de *lana* (wool) el invierno pasado.

3. Yo no te _____ ; al contrario, te dije la verdad.

4. La semana pasada se me _____ una llanta radial.

5. Los policías _____ la casa donde estaba el criminal.

6. Ustedes _____ la llanta ponchada por la de repuesto.

7. Las naranjas se cayeron y _____ por el suelo.

8. ¿Por qué tú no _____ antes de llegar a la esquina?

9. Esta mañana yo _____ el automóvil sin ningún problema.

10. El semáforo cambió a verde y todos los carros _____ .

GRAMÁTICA. PRETÉRITOS CON CAMBIOS VOCÁLICOS PRETÉRITOS IRREGULARES

I. <u>Cambios Vocálicos:</u> *o* en *u, e* en *i*

SUJETO	dorm ir	ped ir	sent ir	o ír
yo	dorm í	ped í	sent í	o í
nostros	dorm imos	ped imos	sent imos	o ímos
tú	dorm iste	ped iste	sent iste	o íste
él, ella, Ud.	d*u*rm ió	p*i*d ió	s*i*nt ió	o *y*ó
ellos, ellas, Uds.	d*u*rm ieron	p*i*d ieron	s*i*nt ieron	o *y*eron

1. *Durmió/durmieron* cambian la *o* en *u*; son las terceras personas (singular y plural). *Morir* es igual: *murió/murieron.* Las otras personas son regulares: morí, moriste, etc.
2. *Pedir* y *senti*r tienen el mismo cambio: *e* en *i* en las terceras personas. La lista de verbos con este cambio es considerable: vea la página 57. Como *sentir* tenemos todos los verbos en-*IR* de la página 56, Grupo (1), como *mentir, divertir,* etc.
3. *Oír* no es irregular en el Pretérito; solamente cambia en la escritura la *i* en *y* en las terceras personas, como *leer, creer,* etc.

II. <u>Verbos Irregulares en Pretérito</u>

SUJETO	ven ir	dec ir	hac er	ir/ser	d ar
yo	v*i*n e	d*ij* e	h*ic* e	*fu* i	d i
nosotros	v*i*n imos	d*ij* imos	h*ic* imos	*fu* imos	d imos
tú	v*i*n iste	d*ij* iste	h*ic* iste	*fu* iste	d iste
él, ella, Ud.	v*i*n o	d*ij* o	h*iz* o	*fu* e	d io
ellos, ellas, Uds.	v*i*n ieron	d*ij* eron	h*ic* ieron	*fu* eron	d ieron

1. *Venir, decir, hacer* son irregulares por dos razones: (1) cambios en la raíz y (2) cambio de acento y de vocales en la primera y tercera personas del singular. Este cambio de acento del morfema de tiempo a la raíz (*vine* por *vení*) es muy drástico porque el Pretérito regular se caracteriza por tener el acento en la última sílaba: *hablé.*
   a. *Fui* es "I was" / "I went"; los verbos *ir/ser* tienen el mismo Pretérito. El contexto nos ayuda a dar el significado de las formas del Pretérito.

3. *Decir, traer* y todos los verbos que tienen una *j* como *dije, traje* no toman *-ieron* sino *-eron* en la tercera persona del plural. Pierden una *i*.

4. *Dar* es irregular porque es un verbo terminado en -*AR* pero tiene los morfemas de tiempo-persona como *vivir*. Observe que *di, dio* no tienen acento escrito porque tienen una sola sílaba.

5. Aprenda de memoria los siguientes verbos; todos tienen los cambios del esquema anterior:

venir → vine	poner → puse	estar → estuve
saber → supe	poder→ pude	andar → anduve
traer → traje	tener → tuve	conducir → con-duje
hacer → hice	caber → cupe (fit)	
decir → dije	querer → quise	producir → pro-duje
seducir → seduje		

6. Observe que *hacer* tiene *hice* en el Pretérito; *hizo* en la tercera persona. Cambia la *c* en *z* delante de *o*.

7. Los verbos compuestos y derivados tienen los mismos cambios de los verbos simples:

       Compuestos de *tener/poner/decir/hacer/venir:* páginas *35* y *36*.

       Compuestos de *traer* y verbos terminados en-*ucir:* página *67*.

8. Los verbos con *j* en la raíz del infinitivo como *tejer* (knit) son regulares en el Pretérito: toman la terminación-*ieron*: *tejieron*. Compare las formas *trajeron* y *tejieron: eron / ieron*.

9. Observe que muchos verbos que tienen cambios en la raíz en el Presente son regulares en el Pretérito: *pensar → pensé, conocer → conocí, jugar → jugué*, etc.

PRACTIQUE SU GRAMÁTICA   *(Respuestas, página 187)*

1. *Dormir* y *morir* son irregulares porque cambian la *o* en _____ en la _____ persona, singular y plural.

2. *Seguir* y *pedir* cambian la *e* en _____ en la _____ persona.

3. *Ellos fueron* significa dos cosas muy diferentes: _____ .

4. *Vestir* es como *pedir*, y es reflexivo cuando la acción se hace sobre el sujeto. ¿Cómo se traduce "he dressed himself"?_____

5. *Dijo* tiene una *o* sin acento que significa *él, ella, usted.* En cambio la *o* de *digo* significa (en Presente de Indicativo) _____ .

6. ¿Cómo se dice "they said"? _____ . En este caso la *j* hace desaparecer la *i* de *-ieron,* y lo mismo pasa en *trajeron, produjeron,* etc.

7. *Vino* (he came) se escribe y se pronuncia igual que *vino* (wine). ¿Cómo decide usted la traducción de uno u otro en la conversación? _____ _____ .

8. De *saber* decimos *yo sé* en el Presente. ¿Cómo se dice "I knew"?_____ _____ .

9. Todos los verbos terminados en *-ucir* como *conducir* cambian la *c* en *j* en el Pretérito_____ . ¿Cómo dice usted "we drove"?_____ .

10. *Traducir* también cambia la *c* en *j.* _____ ¿Cómo se dice "he translated"?_____ .

11. *Corregir* es como *pedir*; quiere decir "to correct". ¿Cómo dice usted "they corrected"? _____ . Recuerde que el cambio de *g* en *j* (delante de *a-o-u*) sólo es ortográfico. ¿Cómo se dice "I correct" (Presente)?_____ .

12. *Vio* y *dio* no tienen acento escrito porque tienen una sola _____ _____ ; en cambio *previo* (he foresaw) no está correcto. Debe ser _____ .

13. *Satisfacer* es un compuesto de *hacer,* y tiene los mismos cambios. ¿Cómo dice usted "he satisfied"? _____

14. *Bendecir* es un compuesto de *decir.* ¿Cómo se traduce "I blessed"? _____ _____ .

15. El verbo *tejer* (to knit) es regular en el Pretérito. ¿Cómo se dice "they knitted"? _____ .

16. *Atraer* es irregular como *traer.* ¿Cómo se dice "she attracted"? _____ _____ .

17. *Imponer* (to impose) es un compuesto de *poner.* ¿Cómo se traduce "I imposed"? _____ . ¿"They imposed"? _____ .

EJERCICIOS   *(Respuestas, página 187)*

A. Complete las oraciones con la forma correcta del Pretérito de los verbos indicados.

1. ¿Quién _____ mi licencia de manejar en la silla? (poner)

2. El autobús _____ por la derecha. (seguir)

3. Mis amigos _____ mucho en la fiesta. (divertirse)

4. Yo no _____ por la autopista, sino por la calle (venir)

5. ¿Quién _____ a Nueva York, Jorge o tú? (conducir)

6. Mis padres me _____ un carro nuevo. (dar)

7. Las tropas de Rusia _____ en Afganistán. (intervenir)

8. Los libros no me _____ en la maleta. (caber)

9. El presidente _____ buenas relaciones diplomáticas. (mantener)

10. Tus amigos no te _____ toda la verdad. (decir)

11. John Kennedy _____ presidente de los Estados Unidos. (ser)

12. El autobús _____ en la parada. (detenerse)

13. Carolina _____ en tren a su casa. (irse)

14. Muchos californianos _____ a la proposición 9. (oponerse)

15. El chofer _____ un comentario muy negativo (hacer)

16. El año pasado México _____ mucho petróleo. (producir)

17. Venezuela _____ buenas autopistas modernas. (construir)

18. El camión _____ la velocidad en la esquina. (reducir)

19. Mis padres _____ un año en Canadá. (estar)

20. Tu hermanito _____ a tu mamá. (mentir)

21. ¿Por qué tú no _____ manejar el vehículo?
    (querer)

22. Ella _____ que no querías verla. (suponer)

23. Los españoles _____ el café a América.
    (traer)

24. El sábado pasado yo _____ a todos mis ami-
    gos en la fiesta. (ver)

25. El autobús _____ en el accidente. (des-
    hacerse)

**B.   Conteste las preguntas usando el Pretérito y los pronombres
    de objeto directo *me, te, lo, la, los, las* o los reflexivos *me, te,
    se, nos.***

Modelo: ¿Hizo usted la tarea? *Sí, la hice.*

1. ¿Oyeron ustedes las noticias?

   Sí, _____.

2. ¿Pidió usted más café?

   No, _____.

3. ¿Trajiste los libros ayer?

   Sí, _____.

4. ¿Redujeron Uds. la velocidad?

   No, _____.

5. ¿Te detuviste en el semáforo?

   Sí, _____.

6. ¿Se durmió Ud. pronto?

   No, _____.

7. ¿Dijo usted la verdad?

   Sí, _____.

8. ¿Supo usted el resultado?

   No, _____.

9. ¿Se puso enferma María?

   Sí, _____.

10. ¿Te vestiste para la fiesta?

    No, _____.

11. ¿Previó Ud. el accidente?

    Sí, _____.

12. ¿Se divirtieron Uds. mucho?

    No, _____.

**C.   Recuerde que los verbos compuestos tienen los mismos cam-
bios de los verbos simples. Estudie el significado de los
siguientes verbos y complete las oraciones con los verbos en
Pretérito.**

obtener (obtain)   **oponerse a** (oppose)   **proponer** (propose)
sostener (sustain)   **exponer** (expose)   **descomponer**
provenir (originate in)   **satisfacer** (satisfy)   (breakdown)
prevenir (prevent)   **bendecir** (bless)   **traducir** (translate)
                                                            producir (produce)

1. ¿Quién _____ *Don Quijote* del español al
   inglés?

2. El Papa _____ a los visitantes con la mano
   derecha.

3. Ustedes _____ buenas *notas* (grades) porque
   estudiaron mucho.

4. El café no _____ de América sino de Arabia.

5. Llegué tarde ayer porque se me _____ el
   carro en la autopista.

6. ¿Qué país _____ más petróleo el año pasado,
   Venezuela o México?

7. Después de comer medio pollo yo _____ mi
   apetito.

8. Los republicanos _____ a los demócratas en
   el congreso, porque estaban en desacuerdo.

9. Yo tomé mucho jugo de naranja y así _____
   el *resfriado* (cold).

10. Todos nosotros _____ la misma idea en la
    reunión pasada.

11. El profesor _____ sus ideas muy claramente.
    (exposed)

12. ¿Quién _____ la proposición 13 en Califor-
    nia? (proposed)

¡ATENCIÓN! *Casos problemáticos del artículo definido:* **el, la, los, las**

1. En español es obligatorio usar el artículo definido para indicar *totalidad genérica* de totos los nombres. En inglés solamente se usa "the" con nombres que podemos *contar* (count) en singular pero no en plural.

   Ej.: *El gato* es un animal doméstico. (the cat is a domestic animal)

   Los gatos son animales domésticos. (cats are domestic animals)

   La gasolina es cara. (gasoline is expensive)

2. Cuando hablamos de nombres de *calles, ríos, montañas, lagos, mares,* etc., siempre usamos el artículo definido.

   Ej.: Vivo en *la calle* Veinte, cerca *del río* Santa Ana.

3. Cuando hablamos de la *hora, del día* de la semana usamos el artículo.

   Ej.: Llegaron a *las dos* de la tarde *el lunes* pasado.

4. Cuando hablamos de una persona con *un título* delante del nombre propio usamos el artículo, excepto si hablamos directamente a la persona.

   Ej.: *El señor* Fuentes me lo dijo. (Mr. Fuentes told me that)

   ¿Cómo está usted, *señor* Fuentes? (How are you, Mr. Fuentes?)

   Con los títulos *Don* y *Doña* no se usa el artículo.

   Ej.: Vi a *Don* Juan.

5. Con las partes del cuerpo y la ropa que usamos se necesita el artículo definido en español. En inglés es mejor el posesivo "my", "your", "his", etc.

   Ej.: Me lavé *las* manos. (I washed my hands)

   Ella se puso *los* zapatos. (she put her shoes on)

6. Con las palabras *casa, misa, clase* no usamos el artículo. En inglés no se usa el artículo con "home", "Mass", "class", "school", "college", "church", "jail", etc.

   Ej.: Salgo de *casa* y voy a *la escuela.* (I leave home and go to school)

   Mi hijo está en *el colegio* primario. (my son is in grammar school)

NOTA:

Recuerde que decimos *el agua* y *un águila* en vez de la agua y *una águila* porque *agua* y *águila* empiezan con *a* tónica. Pero en plural decimos *las aguas* y *unas águilas.* También decimos *la americana* porque la primera *a* de *americana* no tiene acento fonético.

D. Complete las oraciones con un artículo definido o con Ø si no es necesario el artículo.

1. Si tenemos tiempo vamos a _____ iglesia _____ domingos.

2. _____ pollo no es tan caro como _____ carne de vaca.

3. Fui a saludar a _____ Doña Mercedes y hablé con _____ señor Martínez.

4. Creo que _____ agua de _____ *lago* (Lake) Michigan está contaminada.

5. Hoy no voy a _____ clase porque *me duele* _____ *cabeza*. (my head hurts)

6. _____ alfalfa es uno de los vegetales para la ensalada.

7. Hoy es _____ domingo y tenemos que ir a _____ *misa* (Mass).

8. ¿Cómo está Ud., _____ doctor Fuentes?

9. _____ hambre es uno de los problemas más graves de_____ mundo.

10. Este tren llegó a _____ tres en punto.

11. José se quitó _____ sombrero a _____ llegar a _____ casa.

12. _____ verbos son más complicados en español que en inglés.

Lección 13

EN EL HOTEL (At the Hotel)

ancho	wide	**la ducha**	shower
el ascensor	elevator	**ducharse**	take a shower
la bañera, la tina	bathtub	**la escalera**	stairs
el baño, servicio	bathroom	**estrecho**	narrow
la bocacalle	intersection	**el guardia**	traffic police
el botones, el mozo	bellboy	**la manzana (España)**	block (city)
el buzón	mailbox	**nublado**	cloudy
la carta	letter	**la pensión**	boardinghouse
el cartero	mailman	**el piso**	floor, story
cobrar	to charge	**registrarse**	to check in
el/la conserje	desk man (woman)	**el servicio al cuarto**	room service
el correo	mail, post office	**el sello, estampilla**	stamp (mail)
la cuadra (América)	block (city)	**soleado**	sunny
el cuarto, la habitación	room	**el televisor**	TV set
		la toalla	towel
el cuarto sencillo	single room	**torcer (ue)**	to twist, turn
el cuarto doble	double room	**torcido**	twisted, crooked

PRACTIQUE EL VOCABULARIO   *(Respuestas, página 187)*

A. Complete el diálogo entre el conserje del hotel y la turista usando palabras del vocabulario anterior.

1. Conserje: Buenas tardes, señorita: ¡Bienvenida a nuestro _____

   _____.

2. Turista: Gracias. ¿Tienen ustedes un _____
   disponible?

3. Conserje: ¿Cómo lo quiere, sencillo o _____?

4. Turista: Sencillo, pero con baño, ducha y _____

   _____.

5. Conserje: Muy bien. El cuarto tiene también un _____

   _____ en colores. Está en el tercer piso.

6. Turista: Para subir al tercer piso, ¿hay escalera o _____

   _____?

7. Conserje: Sólo escalera, pero el _____ va a
   ayudar a subir las maletas.

8. Turista: ¿Cuánto _____ ustedes por la
   habitación por día?

9. Conserje: Quince dólares. Como Ud. sabe los hoteles son más caros

   que las _____, pero ofrecemos
   mejores servicios.

10. Turista: Está bien. Voy a _____ por una
    semana.

11. Conserje: También tenemos un pequeño comedor y si Ud. desea

    puede pedir _____ al cuarto.
    Aquí tiene la llave.

12. Turista: Muchas gracias. Yo llevo el maletín y que el _____

    _____ suba las dos maletas.

B. Subraye la palabra o expresión correcta.

1. Para ir al correo Ud. tiene que caminar tres (buzones, cuadras, semáforos, pensiones).

2. Aquí en la esquina hay un/una (toalla, ascensor, buzón, tina) para las cartas.

3. Esta ciudad es muy antigua, por eso las calles son muy (anchas, torcidas, soleadas).

4. En caso de emergencia ustedes deben bajar por el/la (ascensor, bocacalle, botones, escalera).

5. Ud. no puede (cobrar, ducharse, torcer, registrarse) en el hotel antes de las 12.

6. Esta carta no puede mandarse porque no tiene bastantes (servicios, sellos, correos, pensiones).

7. De acuerdo con el diálogo anterior, una pensión es más (lujosa, amplia, económica, interesante) que un hotel.

8. Después de ducharnos necesitamos un/una (servicio al cuarto, cartero, toalla, tina).

9. Los días (nublados, estrechos, torcidos, soleados) son buenos para ir a la playa.

10. Aquí no vendemos sellos; tiene que comprarlos en el/la (buzón, correo, pensión).

C. Relacione las dos columnas. Recuerde que hay que cambiar las formas según el género y el número.

1. _____ Esta carretera sólo tiene dos carriles; es bastante. . . .   A. buzón

2. _____ Después de bañarme me *seco* (dry) con un/una. . . .   B. conserje

3. _____ Esta esquina es peligrosa; siempre tiene . . . de tráfico.   C. bañera

4. _____ Hoy el cielo está muy . . .; parece que va a llover.   D. ascensor

5. _____ En la esquina hay un/una . . . para echar las cartas.   E. torcido

6. _____ El . . . es un empleado más importante que el botones.   F. estrecho

7. _____ Esta autopista es . . .; tiene cuatro carriles.   G. ancho

8. _____ Para subir puede usar la escalera o el/la. . . .   H. nublado

9. _____ Nuestro baño está completo. Tiene ducha y. . . .   I. toalla

10. _____ Puede ver varios programas en el/la . . . en colores.   J. botones

11. _____ La parte vieja de la ciudad tiene calles muy. . . .   K. guardia

12. _____ Por supuesto. El/La . . . le sube las maletas al cuarto.   L. televisor

---

GRAMÁTICA.   GUSTAR/EL OBJETO INDIRECTO

I.   Gustar

A. *El libro* **me** *gusta* significa literalmente "the book is pleasing to me". *Libro* es el estímulo (sujeto) que causa la sensación de gusto en *mí*. *Me* es el experimentador, el que recibe el estímulo: es *objeto indirecto*. En inglés se dice "I like the book" más que "the book is pleasing to me". La forma plural de *El libro* **me** *gusta* es *Los libros* **me** **gustan** (*libros* y *gustan* son plurales)

B. *El libro* **le** *gusta* **a María**: *Le* y *a María* son el objeto indirecto. *El libro* **le** *gusta* **a Jorge**: *Le* y *a Jorge* son el objeto indirecto. *El libro* **te** *gusta* **a ti**: *Te* y *a ti* son el objeto indirecto. Con *gustar* y la lista de verbos en (*C*) es obligatorio el pronombre de objeto indirecto: *me, te, le, nos, les.*

C. Aprenda el significado de los siguientes verbos que siempre toman un objeto indirecto.

agradar (please)	**ser conveniente** (be convenient)
encantar (like a lot)	**corresponder** (belong to, fit)
faltar (miss, lack)	**tocar** (be one's turn)
pasar (happen)	**pertenecer** (belong)
ocurrir (happen)	**molestar** (bother)
sobrar (be left over)	**suceder** (happen)
parecer (seem)	**importar** (matter)
hacer falta (need)	**interesar** (interest)
doler (hurt)	**quedar** (be left, fit)
convenir (be convenient)	**ser bueno** (be good)
fascinar (fascinate)	**ser mejor** (be better)

Algunos de estos verbos tienen la construcción transitiva ordinaria y también con objeto indirecto. Algunos cambian de significado.

Ej.: Estados Unidos *importa* petróleo. (the U.S. imports
petroleum)

Ese problema no le *importa* a Juan. (that problem
doesn't matter to John)

II. <u>Esquema de los Pronombres Personales</u>

Sujeto	Objeto directo	Objeto Indirecto	Refle- xivo	Objeto de Preposición
yo	**me**	**me**	**me**	**a mí**
tú	**te**	**te**	**te**	**a tí**
nosotros	**nos**	**nos**	**nos**	**a nosotros**
vosotros	**os**	**os**	**os**	**a vosotros**
él, Ud.	**lo** ⟶ **le**			**a él, a Ud.**
ella, Ud.	**la**	**se**	**se**	**a ella, a Ud.**
ellos, Uds.	**los**			**a ellos, a Uds.**
ellas, Uds.	**las** ⟶ **les**			**a ellas, a Uds.**

1. El orden de estos pronombres siempre es éste: *Objeto Indirecto + Objeto directo,* delante o detrás del verbo.

Ej.: *Me lo* dio (he gave it to me) (*lo* es *libro*)

Te lo dio (he gave it to you)

Le y *les* cambian a *se* cuando sigue uno de los pronombres de
objeto directo *lo, la, los, las: Le lo* dio (he gave it to him/
her)→*Se lo* dio.

2. Los pronombres de objeto directo, objeto indirecto y reflexivo
van detrás del verbo en los tiempos siguientes: mandato

afirmativo, infinitivo y participio progresivo *(hablando)*. En los demás casos van delante del verbo.

        Ej.: Cómpram*elo.*/Voy a comprárt*elo.*/Está comprándo*melo.*

   3. Observe que *mí* necesita acento cuando es objeto de preposición para diferenciarlo del adjetivo posesivo *mi;* en cambio *ti* no necesita acento escrito porque tiene una sola sílaba.

III. <u>Significado del Objeto Indirecto</u>

    A. El objeto indirecto se usa mucho más en español que en inglés; no hay un solo verbo que no pueda tomar un objeto indirecto. El significado del objeto indirecto cambia mucho según el tipo de verbo:

      1. Beneficio: *Le* di el libro *a Juan.* (I gave the book to John)
      2. Pérdida: *Le* robé el libro *a Juan.* (I stole it from John)
      3. Posesión: *Le* rompí el carro *a Juan.* (I broke John's car)
      4. Experiencia: *Le* gustó el libro *a Juan.* (John liked the book)
      5. Interés general: No te *me* vayas. (don't go away *on me*) (*te* es reflexivo, *me* es objeto indirecto)

    B. El uso de los pronombres de objeto indirecto es obligatorio con el grupo de verbos como *gustar. El libro gusta mucho a Juan* no es correcto; debe ser *El libro **le** gusta mucho* **a Juan.**

    C. Con todos los demás verbos no es necesario repetir el *nombre* objeto indirecto con los pronombres *le/les (se)*. Tan correcto es *Compré un libro a Juan* como **Le** *compré un libro a Juan.* En Hispanoamérica se usa más esta forma repetitiva que en España.

    D. Los pronombres de objeto indirecto *me/te/nos/le/les* se pueden reforzar con otro pronombre con la preposición *a:* **Te** *lo doy* **a ti** es más enfático que **Te** *lo doy.* Es incorrecto usar el pronombre con la preposición y no usar el pronombre *me, te,* etc. *Doy el libro a ella* debe ser **Le** *doy el libro (a ella).*

PRACTIQUE SU GRAMÁTICA   *(Respuestas, página 188)*

1. Los pronombres de objeto indirecto de tercera persona solamente son dos:

  _____ y _____. Estos dos se cambian en _____ cuando están delante de otro pronombre de objeto directo de tercera persona: lo, la, los, las.

2. Es más frecuente decir *Me gusta el libro* que *El libro me gusta;* pero en los dos casos la función de *libro* es la misma: _____; y la función de *me* también es la misma: objeto _____.

3. *Usted/ustedes* son de segunda persona por el significado ("you"), pero gramáticamente son de tercera; por eso los pronombres de objeto indirecto para *usted -es* son _____ y _____. Los de objeto directo son cuatro

_____.

4. ¿Cuál es la forma plural de *Me falta el libro*? _____

_____.

5. Nunca decimos *Yo* **le lo** *doy a Juan;* debe ser *Yo* _____ *doy a Juan,* porque *le* cambia a _____ delante de *lo*.

6. No es correcto decir *¿Qué duele a Juan?* Debe ser *¿Qué* _____

_____?

7. ¿Es correcto *Escribí una carta a mis padres?* _____, pero en Hispanoamérica se usa más _____ *escribí una carta a mis padres.*

8. Cuando decimos *Se* **me** *cayó el plato, me* es objeto indirecto, y significa que *yo* no soy responsable de esa acción, pero indica que *yo* experimento la acción, porque soy el dueño (posesión), o *tengo el plato* en ese momento. ¿Qué pasa si cambiamos *plato* a *platos*?: *Se* _____ _____ *los platos.*

9. *Parecer* (to seem) toma un objeto indirecto como *gustar.* ¿Cómo se traduce "the book seems good to me"? _____.

10. ¿Cuál es más enfático, *Te duele la cabeza* o *Te duele la cabeza a ti*? _____

_____.

11. Si *tocar* es "to be one's turn", ¿cómo se traduce "it's my turn"? _____

_____.

12. Observe que *molestar* no es "to molest" sino "to bother". ¿Cómo se traduce "everything bothers him"? _____.

EJERCICIOS

(Respuestas, página 188)

A. Traduzca las palabras indicadas en paréntesis.

1. Ella _____ dio el dinero ayer. (to you)
2. Nosotros _____ compramos un automóvil. (for him)
3. Nosotros _____ compramos un automóvil. (from him)
4. Ayer _____ puse gasolina *al coche*. (in it)

5. Los frenos se _____ _____ en la autopista. (broke on me)

6. A ustedes _____ _____ un carro grande. (be convenient)

7. Nosotros _____ _____ el coche. (wash for him: *lavar*)

8. Ayer _____ _____ _____ el libro. (got lost on me: *perder*)

9. _____ _____ leer tantos papeles. (bothers me)

10. A José no _____ _____ el motor esta mañana. (started)

11. ¿Qué _____ _____ al acelerador? (happened)

12. No _____ toca a *mí* sino que _____ toca a Julia.

13. La conferencia _____ _____ magnífica. (seemed to me)

14. A nosotros _____ _____ España. (fascinates)

15. *Olvidar* (to forget) no es una acción que da responsabilidad a una persona; por eso en español decimos literalmente "the number got forgotten on me": _____ _____ _____ *el número*.

16. ¿Cómo se traduce "she forgot the mirror"? _____ _____ _____ _____ *el espejo*.

17. _____ _____ saber el número de la chapa de su carro. (interests me)

18. Compré un acumulador y _____ _____ cuatro dólares. (be left on me)

19. A ustedes _____ _____ los viajes en tren. (like)

20. *No me lo des a mí* es más enfático que *No* _____ (don't give it to me).

21. El plural de *se me paró el carro* es _____ *los carros*.

22. *Yo le lo compré a mi hijo* no es correcto. Debe ser *Yo* _____ _____ *a mi hijo*.

23. *Me le dices la verdad a tu mamá* tiene tres objetos indirectos: *le* que repite *a mamá*, y *me*. ¿Cómo se traduce este *me* al inglés? _____ _____.

24. ¿Es correcto decir *El criminal no quiso decir una palabra a la policía*? _____ Más frecuente en Hispanoamérica es *El criminal no quiso decir* _____ *una palabra. . . .*

25. ¿Es correcto *Escribí a ella*? _____. Debe ser _____ _____.

B. Conteste las preguntas usando los pronombres de objeto directo e indirecto.

Modelo: ¿Compraste el libro a tu amigo? *Sí, se lo compré.*

1. ¿Me trajiste el programa de teatro?

   Sí, _____
   (familiar)

2. ¿Le dijiste la verdad a tu amiga?

   No, _____

3. ¿Le subiste las maletas a la señora?

   Sí, _____

4. ¿Se lavó Ud. las manos con jabón?

   No, _____

5. ¿Se compraron Uds. el carro nuevo?

   Sí, _____

6. ¿Me copió Ud. la carta?

   No, _____

7. ¿Le dio Ud. las toallas a María?

   Sí, _____

8. ¿Se te olvidaron los boletos?

   No, _____

9. ¿Escribió Ud. la carta a sus papás?

   Sí, _____

10. ¿Pagaste la cuenta al conserje?

    No, _____

¡ATENCIÓN!   *Usos de **por** y **para***

1. *Algunos usos de **por**:* ("through", "along", "down", "for", "over", "during")
   a. Espacio: *Por* no indica el destino final sino el camino.
      Ej.: Pasamos *por* Texas para ir a Miami. ("through")
           Caminamos *por* la avenida Balboa. ("along", "down")
           La leche se cayó *por* el piso. ("over")
   b. Tiempo: *Por* indica un período de tiempo: *durante* (during).
      Ej.: Vivimos en Cuba *por* (durante) cinco años. ("for", "during")
   c. Cambio: *Por* traduce la idea de "in exchange for, instead of".
      Ej.: Pagué 30 dólares *por* los zapatos. ("for")
           Si tú no puedes ir, yo voy *por* ti. ("in your place")
2. *Algunos usos de **para**:* ("to", "in order to", "for", "by")
   a. Espacio: *Para* indica el destino final de un viaje.
      Ej.: Amelia salió *para* su oficina. ("for", "toward")
           Ellos se fueron *para* México. ("for", "to")

b. Tiempo: *Para* indica el tiempo aproximado, "the deadline".
      Ej.: Deben aprender esto *para* el lunes. ("by")
          Vamos a viajar *para* junio. ("by")

c. Propósito: *Para* indica el destino final, la *meta* (goal), como el
objeto indirecto.
      Ej.: Traigo el café *para* usted. ("for")
          Hago dieta para *perder* de peso. ("to", "in order to")

C.   Complete las oraciones con *por* o *para*.

1. Marta y Casimiro decidieron casarse _____ julio. (by)

2. John Kennedy fue presidente _____ tres años. (for)

3. Vamos al correo _____ el parque central. (through)

4. Ya sé que estás muy ocupado; yo lavo el carro _____ ti. (for)

5. Mi tío trabaja _____ una compañía de hoteles. (for)

6. Fumar no es bueno _____ la salud. (for)

7. Ustedes deben terminar este trabajo _____ el viernes. (by)

8. Las monedas se cayeron y rodaron _____ el suelo. (over)

9. ¿Está Ud. contando las calorías _____ bajar de peso? (in order to)

10. Si Ud. sigue _____ la calle Figueroa no se puede perder. (along)

11. Este vuelo va a salir _____ Chicago en unos minutos. (for)

12. ¿Cuánto pagó usted _____ la comida? (for)

13. _____ ir a Nueva York tiene que pasar _____ New
Jersey. (in order to/through)

14. ¿ _____ cuánto tiempo vas a viajar a Europa? (for)

Lección 14

EN EL CORREO
(At the Post Office)

asegurar	to insure	**para ser**	for being
el correo aéreo	air mail	**para siempre**	forever
el correo certificado	registered mail	**pesado**	heavy
		pesar	to weigh
el correo expreso	express mail	**por avión**	by air mail
la dirección	address	**por casualidad**	by chance
la entrega especial	special delivery	**por eso**	for that reason
enviar	to send	**por fin**	finally
el envío	remittance	**por mucho**	no matter how
estar para ir	to be about to go	**(poco, etc.)**	much
		por si acaso	just in case
estar por hacer	yet to be done	**por tonto**	for being silly
el giro postal	money order	**quedar**	to be located;
hacer cola	to stand in line		/turn out
		el remitente	sender
ligero	light, fast	**las señas**	address
mandar	to send, command	**el sobre**	envelope
el membrete	letterhead	**el timbre (de correo)**	postage stamp
el paquete	package, parcel		
		el timbre	doorbell, bell
para con (uno)	toward	**la tarjeta postal**	postcard
para mí	in my opinion	**la ventanilla**	small window

PRACTIQUE EL VOCABULARIO   *(Respuestas, página 189)*

A. Complete el diálogo entre un cliente y un empleado del correo.

1. Empleado: Buenas tardes, señor. ¿Quiere _____
algo por correo?

2. Cliente: Sí, quiero mandar esta carta por correo _____
_____. (registered)

3. Empleado: En ese caso Ud. debe poner un _____
de 80 centavos.

4. Cliente: También quiero mandar este _____ a
Acapulco.

5. Empleado: ¿Desea enviarlo por correo ordinario o _____
_____?

6. Cliente: Aéreo, y además con _____ especial.

7. Empleado: ¿Quiere _____ el paquete? (insure)

8. Cliente: Sí, por 900 pesos. También necesito comprar diez _____
_____ de 50 pesos cada uno.

9. Empleado: Aquí están. Son _____ pesos en total.

10. Cliente: ¿Venden ustedes _____? Lo digo porque tengo que mandar dinero a mi hijo. (money orders)

11. Empleado: ¡Cómo no! Pero para los giros tiene que ir a la _____
_____ #5.

12. Cliente: Muchas gracias. ¡Eso significa que tengo que _____
_____ otra vez!

13. Empleado: Así es la vida. Adiós.

B. Relacione las dos columnas. Recuerde hacer todos los cambios necesarios.

1. _____ Ese niño toca bien el piano . . . tan joven.   A. ligero

2. _____ No podemos mandar esta carta porque no tiene. . . .   B. señas

3. _____ Voy a llevar el paraguas . . . llueve.   C. quedar

4. _____ Si Ud. envía la carta, usted es el . . . .   D. mandar

5. _____ No podemos perder más tiempo porque el tren. . . .   E. sobre

6. _____ Lo contrario de *pesado* es. . . .   F. para ser

7. _____ ¿Cuánto . . . este paquete, nueve o diez libras?   G. pesar

8. _____ El correo . . . a cinco cuadras del hotel.   H. remitente

9. _____ Ud. debe escribir las . . . en el centro del sobre.   I. estar para irse

10. _____ Cuando hay mucha gente es necesario . . . en el correo.   J. estar por

11. _____ Tú estás de acuerdo con ellos, pero . . . es un error hacerlo.   K. por si acaso

12. _____ Una carta personal debe ir en un . . . cerrado.   L. timbre

13. _____ *Enviar* es lo mismo que. . . .   M. para mí

14. _____ No pude escribir la carta; todavía . . . hacer.   N. hacer cola

C. Complete las oraciones con uno de los siguientes verbos o expresiones en Pretérito.

enviar	asegurar	molestar	doler
pesar	hacer cola	interesar	sobrar
quedar	entregar		

1. El cartero me _____ la carta personalmente.

2. El empleado del correo _____ el paquete en la *balanza* (scale).

3. Ayer no me _____ la cabeza como hoy; necesito una aspirina.

4. Mis tíos me _____ un paquete por correo para Navidad.

5. Pagué la comida de los cuatro, y todavía me _____ tres dólares.

6. Al director le _____ mucho el programa nuevo; se puso contento.

7. Nosotros _____ por una hora porque había mucha gente.

8. ¿Por qué tú no _____ el paquete por 150 dólares?

9. No me gustó su idea; además me _____ que hablara por una hora.

10. La fiesta de cumpleaños te _____ fantástica.

GRAMÁTICA.   IMPERFECTO Y PRETÉRITO

I.   <u>Imperfecto de Indicativo:</u>   Formas Regulares e Irregulares

SUJETO	habl ar	com er	ir	ser	ver
yo	habl aba	com ía	iba	era	ve ía
nosotros	habl ábamos	com íamos	íbamos	éramos	ve íamos
tú	habl abas	com ías	ibas	eras	ve ías
él, ella, Ud.	habl aba	com ía	iba	era	ve ía
ellos, ellas, Uds.	habl aban	com ían	iban	eran	ve ían

Observe los siguientes hechos en el esquema anterior:
1. Las raíces de todos los verbos regulares son las mismas del Presente y del Pretérito de Indicativo: *habl, com* de *hablar, comer*.
2. *Aba* es la terminación del Imperfecto de los verbos en *-AR*, *ía* es la terminación de los verbos terminados en *-ER, -IR*.
   Ej.: com*ía*, viv*ía*, ven*íamos*, sal*íamos*
3. Todos los verbos son regulares en el Imperfecto excepto tres: *ir, ser* y *ver*. Ve*ía* tiene la raíz *ve-* en vez de *v-*. *Ser, ir* tienen raíces diferentes como se puede ver en el esquema anterior.

II.   <u>Contraste de Pretérito/Imperfecto</u>

   A.   Para indicar una acción en un tiempo pasado (recordado) usamos dos tiempos: el Pretérito y el Imperfecto, y cada uno tiene un significado distinto como se explica a continuación. En inglés hay un solo tiempo llamado "past".

B.   Una acción tiene tres aspectos o momentos de desarrollo:
1. *principio* (beginning): aspecto iniciativo
2. *medio* (middle): aspecto *imperfectivo* o progresivo (forma "-ing" en inglés)
3. *fin* (end): aspecto terminativo

El *Imperfecto* indica siempre el *medio,* o aspecto imperfecto, es decir, la acción en un punto de su desarrollo, sin principio ni fin.

    Ej.: Tú *hablabas* por teléfono cuando yo llegué.

El *Pretérito* indica el *principio* o el *fin* de la acción, y muchas veces *toda* la acción con principio y fin.

    Ej.: Ayer *comimos* a las 6. (we started to eat at 6): *principio*
    Ustedes *llegaron* a las 6. (you arrived at 6): *fin*
    Viví cuatro años en Cuba. (I lived in Cuba 4 years): *acción completa*

C.   Para indicar una *costumbre o hábito* en el pasado usamos el Imperfecto, porque una costumbre siempre es el medio de acciones repetidas muchas veces.

    Ej.: Mi padre *fumaba* mucho. (my father used to smoke a lot)

Recuerde que si la costumbre todavía está en proceso usamos el Presente de Indicativo.

    Ej.: Mi amigo ni *fuma* ni *bebe*. (my friend doesn't drink or smoke)

También es posible ver una costumbre ya pasada como una *unidad* que ya pasó y en este caso usamos el Pretérito: *Mi padre* **fumó** *mucho toda su vida.* (my father smoked a lot all his life)

D.   Para indicar una *acción planeada* (planned) en un momento pasado se usa el Imperfecto, o el Condicional que vamos a estudiar más tarde.

    Ej.: Pepe *dijo* que *se casaba* con Nancy. (Joe said he was going to marry Nancy)
    (Pepe dijo que *se casaría* con Nancy: *condicional*)

E.   Todos los verbos pueden usarse en *Pretérito* y en *Imperfecto,* excepto *ser* y *tener* en las expresiones siguientes:
1. *Ser* para indicar la hora sólo toma el *Imperfecto,* nunca el Pretérito.
    Ej.: *Eran* las 12 cuando llegaste. (it was 12 o'clock when you arrived)

2. *Tener* para indicar los años sólo toma el *imperfecto,* nunca el pretérito.

Ej.: John Kennedy *tenía* 44 años cuando murió.
(Kennedy was 44 when he died)

F. Algunos verbos parecen cambiar totalmente de significado del Imperfecto al Pretérito porque en inglés se usan dos verbos diferentes del diccionario para traducir los dos tiempos.

Ej.: Ayer *conocí* a tu hermano. (I met your brother yesterday)
Ya yo *conocía* a tu hermano. (I already knew your brother)
Ayer *tuve* carta. (I received a letter yesterday)
Ella *tenía* una carta. (she had a letter)

Este cambio de verbos en inglés ("meet"/"know", "receive"/ "have") demuestra que no es lo mismo el *principio* de una acción que el *medio* de esa acción.

PRACTIQUE SU GRAMÁTICA   *(Respuestas, página 189)*

1. Para los verbos terminados en -AR el morfema que indica el Imperfecto es

_____, y para los verbos terminados en -ER, -IR es _____

_____.

2. Los morfemas de persona (sujeto), ¿son iguales en el Presente y en el

Imperfecto? _____. ¿Qué significa la *s* de *caías*? _____

3. El Imperfecto de *ir* (to go) es yo _____, nosotros _____
(¡acento!).

4. El Imperfecto de *ser* (to be) es yo _____, nosotros _____.

5. ¿Qué persona de los verbos terminados en -AR tiene acento escrito? _____

_____.

6. Una acción tiene tres momentos: principio, _____ y

_____.

7. Los dos tiempos que llamamos Imperfecto y Pretérito tienen una cosa en

común: los dos se refieren a una acción en el _____.

8. El Pretérito generalmente indica una acción *completa,* con su _____

_____ y su _____.

Ej.: *Hablé* dos horas con usted.

9. El Imperfecto indica el _____ de una acción pasada, y es posible que esa acción llegue hasta el momento presente.
   Ej.: *José **vivía** en Texas cuando yo lo conocí.*

10. Para indicar una costumbre en el presente usamos el Presente de Indicativo. Para una costumbre en el pasado usamos las formas del _____

    _____.

11. Para decir la hora usamos *es* y *son* en el presente. Si hablamos de la hora en el pasado usamos las formas del tiempo _____.

12. Sabemos que el Imperfecto es una acción en desarrollo, en progreso en un momento recordado. Por esta razón la forma _____ del inglés traduce mejor la idea del Imperfecto, en general.

13. Para una acción planeada en el pasado, ¿se usa el Pretérito o el Imperfecto?

    _____.

14. La forma del pasado del inglés, por ejemplo, en "I walked", ¿se traduce mejor con el Pretérito o con el Imperfecto? _____.

15. Para indicar los años usamos *tener* (to be—years old): si hablamos del pasado usamos las formas del tiempo _____.

16. *Ayer **supe** la noticia* indica el _____ de mi conocimiento de la noticia: *Pretérito. Yo **sabía** esa noticia* es el _____
    _____ de mi conocimiento de la noticia. El hecho de que en el primer ejemplo se usa en inglés "I found out" y en el segundo "I knew" prueba la gran diferencia entre el principio y el medio de una acción.

EJERCICIOS

(Respuestas, página 189)

A. **En la historia que sigue, escriba el Pretérito o el Imperfecto. Es importante comprender bien lo que pasa en la historia para seleccionar el tiempo más apropiado en cada caso.**

Cuando Rita y yo _____ ayer al hotel María Cristina,
                            (1. llegar)

ya _____ la 11 y media de la noche. Nosotras _____
        (2. ser)

_____ muy cansadas del viaje en automóvil, y nos _____
     (3. estar)   (4. acostar)

_____ inmediatamente. A la mañana siguiente nos _____

                                                 (5. despertar)

_____ muy temprano. Después de un delicioso desayuno, _____

                                                 (6. salir)

_____ del hotel para visitar el centro de Barcelona y comprar algunas

cosas. *Aunque* (although) el día _____ *nublado* (cloudy)

                                           (7. estar)

_____ bastante calor. Cuando Rita y yo _____

        (8. hacer)   (9. ver)

_____ el tráfico tan terrible de la Avenida Diagonal, nos _____

                                                 (10. dar)

cuenta de que el autobús público _____ la mejor

                                           (11. ser)

solución para ir al centro. Después de varias horas de turismo y de compras, nos

_____ cansadas y con mucha hambre. Nosotras _____

        (12. sentir)

_____ un buen almuerzo en el restaurante Los Caracoles. Cuan-

(13. comer)

do _____ en el restaurante _____

        (14. almorzar)   (15. empezar)

a llover. Mientras _____ un taxi para volver al hotel,

                        (16. esperar)

nosotras _____ a un joven español que _____

                 (17. conocer)   (18. hablar)

_____ inglés, francés, español y catalán. Este muchacho _____

                                                 (19. tener)

_____ solamente 22 años, y se _____ la vida como

                                       (20. ganar)

guía (guide) turístico de Barcelona. Él nos _____ en-

                                       (21. prometer)

señarnos (show us) toda la ciudad al día siguiente. El taxista nos _____

_____ al hotel por unas calles muy pintorescas y viejas. Al llegar
(22. llevar)

al hotel ya _____ las tres de la tarde, y _____
           (23. ser)   (24. dormir)

_____ una buena siesta, porque _____ más cansa-
                                     (25. estar)

das que la noche anterior.

B. Aquí tiene otra historia. Complete con el Pretérito o el Imperfecto, y escriba sus respuestas debajo.

Anoche yo me (1. acostar) a las doce, pero no (2. poder) dormir porque (3. tener) mucha hambre. Entonces me (4. levantar) de la cama, y (5. ir) a la cocina a buscar comida. En el refrigerador no (6. haber) nada de comida. Mi perro (7. dormir) debajo de la mesa pequeña que hay en la cocina. De repente, el perro se (8. despertar) y me (9. mirar) estúpidamente. Después de mucho buscar, yo (10. encontrar) una *bolsa* (bag) de papas fritas que mi hermanito (11. tener) *escondidas* (hidden). Las (12. coger) con ganas y me las (13. comer) todas, y me (14, tomar) una Coca-Cola. Cuando (15. terminar) ya (16. ser) la una de la mañana, y me (17. ir) a dormir satisfecho.

1. _____
2. _____
3. _____
4. _____
5. _____
6. _____
7. _____
8. _____
9. _____

10. _____
11. _____
12. _____
13. _____
14. _____
15. _____
16. _____
17. _____

¡ATENCIÓN!   *Más usos de* **por** *y* **para**

1. *Usos de* **por**:
   a. Agente. *Por* indica el sujeto agente en las oraciones pasivas.
        Ej.: Don Quijote fue escrito *por* Cervantes. ("by")
   b. Porcentaje: *Por* traduce "*per*" del inglés. Observe que *por ciento* se escribe en dos palabras en español, y una en inglés "percent".
        Ej.: Este banco paga el 7 *por ciento* de interés. La velocidad máxima es 55 millas *por* hora.

   c. Expresiones:
        a. Siento amistad *por* el director. ("toward")
        b. Tengo una carta *por* escribir. ("yet to be done")
        c. Estoy *por* la paz. ("in favor of")
        d. Voy al mercado *por* pan. ("after", "to get")
        e. *Por* mucho que trabaja, no se cansa. ("no matter how")
        f. *Por* eso es necesario hacerlo. ("because of")
        g. *Por* si acaso. ("just in case")
        h. *Por* casualidad. ("by chance")
        i. *Por* tonto te pasa eso. ("for being + Adj.")

2. *Usos de* **para**:
   Expresiones:
        a. *Para* ser niño habla bien el español. ("for being + noun")
        b. Estamos *para* salir al cine. ("to be about to")
        c. *Para* ti, eso no es cierto. ("according to")
        d. Es muy amable *para con* todos. ("toward", "with")
        e. Se fue *para* siempre. ("forever", "for good")

C.   Complete la siguiente historia con *por* o *para*.

La semana pasada, cuando todos los de la familia íbamos (1) _____ la casa de mis abuelos, tuvimos un accidente. Es peligroso viajar (2) _____ _____ la noche. El accidente fue investigado (3) _____ la policía que llegó inmediatamente. (4) _____ casualidad, a mí no me pasó nada, pero a mi hermana mayor tuvieron que llevarla (5) _____ el hospital. Ella estuvo en el hospital (6) _____ dos días, pero ayer la trajeron (7) _____ la casa. El médico dice que (8) _____ fines de mes va a estar bien. El cartero trajo hoy varias tarjetas (9) _____ mi hermana. Ahora tengo que ir en bicicleta a la farmacia (10) _____ unas medici-

nas (11) _____ ella. También yo tengo que lavar los platos (12) _____
_____ ella. Espero que (13) _____ la semana próxima la vida vuelva
a su curso normal (14) _____ aquí. Yo tengo muchas tareas (15)
_____ hacer, y nadie las va a hacer (16) _____ mí. Ahora
mismo tengo que estudiar (17) _____ un examen que tengo mañana.

REPASO DE GRAMÁTICA: LECCIONES 8–14

(Respuestas, página 190)

1. Decimos que *El tomate* _____ rojo ("is") porque consideramos que este color es la norma (ley natural) en un tomate *maduro* (ripe).

2. Decimos que *Este tomate* _____ *verde* (unripe) porque consideramos que el color verde es una condición temporal y no definitiva.

3. No decimos *La graduación* **está** *aquí* sino *La graduación* _____ *aquí*, porque *graduación* es un _____ .

4. No decimos *La conferencia* **está** *mañana* sino *La conferencia* _____ *mañana*, porque *conferencia* es un _____ . También podemos usar *tener lugar* en vez del verbo *ser*.

5. ¿Es correcto decir *Hace muy viento*? _____ . Debe ser _____ _____ , porque *viento* no es "windy" sino "wind": un nombre.

6. *Tengo* **muy** *frío* es incorrecto. Deber ser *Tengo* _____ , porque *frío* en este caso no es adjetivo sino _____ .

7. En la oración *Usted ve a Carlos*, la función sintáctica de *Carlos* es objeto _____ . ¿Por qué usamos *a* delante de *Carlos*? Porque él es una _____ .

8. El pronombre personal para sustituir a *Carlos* en *Usted ve a Carlos* es _____ en Hispanoamérica, pero en España es _____ .

9. Si usted dice una *cosa* a *Carlos*, el objeto directo es *cosa*, en cambio *Carlos* es el _____ , y el pronombre que usamos para sustituir a *Carlos* es _____ en todo el mundo español.

10. A veces es muy difícil traducir un objeto indirecto. Un ejemplo son los mexicanismos *ándale*, *híjole*, etc. ¿Qué traducción sugiere usted para esta oración, *No me le digas nada a Juan*? _____ _____ .

11. *Gustar* siempre necesita un objeto indirecto. ¿Está correcto *Juan gusta el libro*? _____ . En realidad hay 2 errores. Debe ser _____ _____ *el libro*.

12. Muchas acciones ordinarias que hacemos para nosotros mismos necesitan el *reflexivo:* "to dress", "shave", "sit", "take off", "put on", etc. ¿Cómo se completa? *Ella* ＿＿＿＿＿＿ *vistió bien.*

13. *La ventana abrió* no es correcto. Debe ser *La ventana* ＿＿＿＿＿＿＿＿ ＿＿＿＿ porque *ventana* no es una persona sino ＿＿＿＿＿＿＿＿ ＿＿＿＿＿＿＿＿＿＿.

14. *Se abrió las ventanas* tampoco es correcto porque *ventanas* es plural. Debe ser ＿＿＿＿＿＿＿＿＿＿ *las ventanas.*

15. *Se me olvidó los libros* no es correcto porque *libros* es plural. Debe ser *Se me* ＿＿＿＿＿＿＿＿＿＿ *los libros.*

16. Cuando se dice *este chico,* quiere decir que *el chico* está cerca del ＿＿＿＿ ＿＿＿＿＿＿. Cuando se dice *ese chico,* quiere decir que *el chico* está cerca del ＿＿＿＿＿＿＿＿.

17. Si tenemos que referirnos a una oración completa o un párrafo completo, ¿qué demostrativo usamos, *ese* o *eso?* ＿＿＿＿＿＿＿＿.

18. Cuando *este, ese,* etc., se usan sin nombre se escriben con ＿＿＿＿＿＿ ＿＿＿＿＿. ¿Escribe usted acento alguna vez en los neutros *esto, eso, aquello?* ＿＿＿＿＿.

19. De *pensar* decimos *pienso* en el Presente; cambia la *e* en *ie.* En cambio en el Pretérito es regular: *Yo* ＿＿＿＿＿＿＿＿＿, porque el acento no está en la primera *e.*

20. De *volver* decimos *vuelvo* en el Presente. ¿Está correcto *vuelví?* ＿＿＿＿, porque el acento está en la *í* y no en la *o;* debe ser ＿＿＿＿＿＿.

21. *Vengo* de *venir* es irregular por la *g* de la raíz. En el Pretérito también cambia la raíz; decimos *Yo* ＿＿＿＿＿＿＿＿. Si fuera regular sería *Yo vení,* con acento en la última sílaba, pero el acento cambia a la sílaba ＿＿＿＿＿＿＿＿.

22. *Hacer* en el Pretérito es *yo hice* y *él* ＿＿＿＿＿＿. El cambio de *c* en *z* es un cambio ortográfico.

23. *Morir* y *dormir* tienen los mismos cambios siempre: en las terceras personas del Pretérito cambian la *o* de la raíz en ＿＿＿＿. ¿Cómo se dice "he died"? ＿＿＿＿＿＿＿＿.

24. Del verbo *tener* decimos *tuvo*. ¿Cómo se traduce "he arrested" del verbo *detener*? _____.

25. *Ellos dijieron* no es correcto, porque la *j* se come la *i*. Debe ser _____ _____.

26. Ellos se *divertieron* no es correcto. Debe ser *Ellos se* _____ _____.

27. En el Pretérito *fui* quiere decir "I went". ¿Cómo se dice "I was going"? _____.

28. En el Pretérito *fui* quiere decir "I was". ¿Cómo se dice en el Imperfecto "I was"? _____.

29. ¿Está bien escrito *segí* (I followed)? _____. Debe ser _____ _____.

30. Del verbo *buscar* decimos *busco* en el Presente pero en el Pretérito decimos Yo _____: cambió la *c* en _____.

31. Si de *poner* decimos *puso,* ¿cómo se traduce "he imposed" del verbo *imponer*? _____.

32. De *escoger* (to select) decimos en el Presente *Tú escoges,* pero Yo _____ _____.

33. De *pagar* decimos *pago, pagas,* etc. ¿Cómo se dice en el Pretérito "I paid"? _____.

34. Para indicar en el pasado que una acción está en desarrollo, usamos las formas del _____. Para indicar el fin o toda la acción completa, usamos el _____.

35. ¿Cuál es el pasado de *Son las tres*? _____.

36. ¿Cuál es el pasado de *Tiene 30 años*? _____.

37. Decimos en inglés que "time flies"; quiere decir que el *tiempo* no para sino que corre constantemente. Por esta razón podemos pensar que siempre estamos *en medio* del curso del tiempo y nunca se usa el _____ _____ para decir la hora o la edad.

38. Una costumbre siempre se repite; quiere decir que una acción se repite muchas veces, y en este *sentido* (sense) nunca termina; por eso usamos el tiempo _____.

39. Una acción planeada en el pasado va en tiempo _____ _____.

40. Del verbo *mentir* decimos en el presente *miento*. ¿Cómo se traduce en el pasado "I lied"? _____. "¿He lied"? _____ _____.

41. No es lo mismo decir *las luces* **verdes** que *las* **verdes** *luces*. ¿Cuál de los dos pone más énfasis en *verdes*? _____.

42. ¿Cómo se traduce *cada* en *cada día*? _____. ¿Cómo se traduce la expresión "every other day"? _____ _____.

43. *Necesito dos más libros* no es correcto; debe decirse *Necesito* _____ _____. ¿Cuál es el error en *un otro día*? _____ _____.

44. No es correcto decir *Compré media una libra*. Debe ser *Compré* _____ _____,

45. ¿Qué palabra no se traduce al español en la expresión "the second one"? _____. No decimos *primero capítulo* sino _____ _____ *capítulo*.

46. No decimos *Isabel La Primera* sino *Isabel* _____. ¿Cómo se traduce "the fourteenth day"? *El día* _____ _____.

47. No decimos en español *sin trabajando*. Debe decirse *sin* _____ _____. ¿Cómo se traduce al inglés *al trabajar*? _____ _____.

48. ¿Qué palabra no se traduce al inglés en *Los caballos son animales buenos*? _____. ¿Por qué no está correcto *Saludé a señora Fuentes*? ¿Qué necesita? _____.

49. Si Ud. dice *Me lavé mis manos* suena español extranjero; es más correcto decir *Me lavé* _____. ¿Qué falta en la expresión *Voy a escuela*? _____.

50. No decimos *la agua* sino _____. ¿Cuál es el plural de

   el agua? _____. Tampoco decimos *una ama* sino

   _____.

51. ¿Qué preposición indica el destino de un viaje, *por* o *para?* _____

   _____. Si Ud. pasa un tiempo puede decir que *viví allí* _____

   _____ cinco años ("during").

52. *Usted paga dinero* _____ *la comida, el carro, la luz, etc.* Usted

   hace una cosa con un propósito, por ejemplo, *estudia español* _____

   _____ *usarlo.*

53. *Usted camina* _____ *la acera de la calle cuando va* _____

   _____ *la oficina. Los bancos pagan el 8%* _____

   _____ de *interés por su dinero.*

54. *¿Trabaja usted* _____ *una compañía, o trabaja* _____

   _____ *sí mismo?* ¿Cómo se traduce la expresión *por tonto?* _____

   _____.

55. ¿Cómo se traduce la expresión *estoy para comer?* _____

   _____. ¿Y la expresión *está por hacer?* _____

   _____.

56. *Por si acaso* se traduce al inglés como _____

   _____. ¿Cómo se traduce *por eso?* _____.

   ¿Cómo se traduce *para mí?* _____.

EXAMEN #2:   LECCIONES 8–14

Parte I.   VOCABULARIO (36 puntos)   *(Respuestas, página 190)*

A.   Relacione las dos columnas, haciendo todos los cambios necesarios.

1. _____	Este vuelo no es directo. El avión . . . en San Luis.	A. luna de miel
2. _____	En la sección de fumar ya no hay asientos. . . .	B. equipaje
3. _____	Debe subir por la escalera. El ascensor no . . . hoy.	C. aduana
4. _____	El piloto y los auxiliares de vuelo son parte de la. . . .	D. abrocharse
5. _____	Tengo que llegar a las dos de la tarde. . . .	E. suave
6. _____	Acaban de casarse y salen para Hawaii de. . . .	F. despegar
7. _____	Es necesario limpiarlo porque está. . . .	G. hacer escala
8. _____	Es más cómodo viajar con poco . . . que con mucho.	H. tripulación
9. _____	El tren para Bogotá sale del . . . número cinco.	I. tomar el pelo
10. _____	Al llegar a un país extranjero, los oficiales de . . . inspeccionan el equipaje.	J. disponible
11. _____	Hemos tenido un vuelo muy . . ., sin ninguna turbulencia.	K. con retraso
12. _____	Debe Ud. . . . este documento con su pasaporte a las autoridades.	L. sin falta
13. _____	Todos los pasajeros deben . . . los cinturones de seguridad.	M. funcionar
14. _____	Creo que Ud. no habla en serio; me. . . .	N. entregar
15. _____	¿A qué hora . . . este avión para México?	O. andén
16. _____	Este tren casi siempre llega . . . de quince minutos.	P. sucio

B. **Complete las oraciones con una de las expresiones siguientes.**
use los verbos en el Pretérito.

conducir	botones	hacer caso
tubo de escape	tarjeta de embarque	demorar
llanta de repuesto	marearse	perder
descomponer		

17. El letrero decía NO FUMAR, pero nadie le _____

_____.

18. Antes de subir al avión Ud. debe presentar _____

_____.

19. Si me poncho, ¡mala suerte!, porque no llevo _____

_____.

20. ¿Cuánto tiempo _____ el vuelo de
Los Angeles a Chicago?

21. Ellos _____ el carro por todo
Estados Unidos.

22. _____ subió todas las maletas a
las habitaciones.

23. Cuando venía por la autopista se me _____

_____ el carro.

24. Ya ves, tú siempre llegas tarde; _____

_____ el tren por tonto.

25. Todo el humo del motor se va por _____

_____.

26. El viaje tuvo bastantes turbulencias; yo _____

_____ mucho.

C. **Subraye la palabra o expresión correcta.**

27. El avión va a (despegar, aterrizar, abordar, funcionar) en Los Ángeles en
unos minutos.

28. Ya están anunciando el/la (vuelo, asiento, puerta, pasajero) número 777
para Denver.

29. Usted debe meter la carta en un/una (membrete, timbre, tarjeta, sobre).

30. Si usted no pone (paquete, timbre, envío, certificado) en su carta, los empleados no podrán entregarla.

31. Después de ducharse necesita un/una (tina, servicio, buzón, toalla) para secarse bien el agua.

32. Los días (nublados, estrechos, torcidos, soleados) son buenos para ir a la playa.

33. Aquí en la esquina hay un/una (bocacalle, buzón, sello, cartero) para echar las cartas.

34. Los peatones deben caminar por el/la (curva, parada, ganado, acera).

35. Cuando usted llega a un/una (parada, cruce, carril, autopista) que no tiene señal de STOP debe manejar con cuidado.

36. Para tomar el autobús local es necesario esperarlo en el/la (parada, esquina, cruce, desviación).

Parte II.   GRAMÁTICA (64 puntos)   *(Respuestas, página 191)*

A.   **Sólo una de las cuatro opciones es correcta. Escriba un círculo en la letra adecuada.**

1. El Teatro Lope de Vega no . . . lejos del hotel donde estábamos alojados.
     A. fue   C. estaba
     B. había   D. tenía
2. Ayer fuimos a la playa porque . . . un calor terrible.
     A. hacía   C. estaba
     B. tenía   D. era
3. Me gusta más este libro que. . . .
     A. ese uno   C. aquel
     B. tuyo   D. ése
4. Yo . . . a escribir a la una, y todavía estoy escribiendo.
     A. empezaré   C. empezaba
     B. empezé   D. empecé
5. La corrida de toros de ayer . . . a las ocho de la tarde.
     A. terminó   C. terminaría
     B. terminaba   D. termino
6. Si se te olvidó la llave, yo te puedo prestar. . . .
     A. mío   C. el mío
     B. mía   D. la mía
7. Cuando Nancy era niña, ella . . . hablar español.
     A. sabía   C. conoció
     B. supo   D. conocía

8. Los países centroamericanos . . . muchas bananas el año pasado.
    A. producían   C. producieron
    B. produjieron   D. produjeron
9. Ya yo . . . la cuenta de la comida antes de tú llegar.
    A. pagaba   C. pagué
    B. pagé   D. pagaré
10. Cuando vivía en Miami . . . a la playa los fines de semana.
    A. iría   C. fui
    B. iba   D. iba a ir
11. ¿Dónde . . . cuando te llamé ayer por la tarde?
    A. estuviste   C. fuiste
    B. estabas   D. eras
12. Las puertas de esta tienda . . . a las diez de la noche.
    A. le cierran   C. se cierra
    B. las cierra   D. se cierran
13. Cuando Felipe II . . . rey de España, Cervantes peleó en Lepanto.
    A. era   C. estaba
    B. fue   D. estuvo
14. En esa *isla* (island) . . . unos indios que hablan un idioma extraño.
    A. están   C. hubo
    B. son   D. hay
15. Mi profesor . . . furioso ayer porque un alumno copió el examen.
    A. era   C. fue
    B. estaba   D. hizo
16. La boda de mis padres . . . en una iglesia vieja pero bonita.
    A. fue   C. era
    B. estuvo   D. estaba
17. Estoy cansado porque ayer . . . mucho tiempo el tenis.
    A. practicaba   C. practiquaba
    B. practicé   D. practiqué
18. Mi cuenta del banco . . . muy baja porque escribí muchos cheques.
    A. es   D. hay
    B. está   D. hace
19. En Alaska . . . más frío que calor durante el invierno.
    A. está   C. tiene
    B. está   D. hace
20. Los niños me . . . cuando yo practicaba el violín.
    A. distrayeron   C. distrayieron
    B. distrajieron   D. distrajeron
21. El presidente Kennedy . . . 44 años cuando murió en Dallas.
    A. era   C. tuvo
    B. tenía   D. fue
22. Anoche saludé a tu amiga después que ella . . . del cine.
    A. salió   C. saldría
    B. salía   D. saliera

23. Después que llegué a la oficina, el teléfono . . . tres veces.
    - A. sonaba
    - B. suenó
    - C. sonó
    - D. sonaría
24. Ya te dije que Ana se . . . el verano que viene.
    - A. casó
    - B. casaba
    - C. cazó
    - D. cazaba
25. El sábado pasado Jorge no . . . a la reunión del grupo.
    - A. venía
    - B. vinió
    - C. vino
    - D. venió
26. A usted . . . más arreglar la casa que venderla.
    - A. conviene
    - B. le conviene
    - C. la conviene
    - D. se conviene
27. Cuando volvimos al automóvil, la llanta ya . . . ponchada.
    - A. fue
    - B. era
    - C. estuvo
    - D. estaba
28. En el accidente . . . el parabrisas del automóvil.
    - A. se me rompió
    - B. se me rompieron
    - C. se me rompía
    - D. se me rompían
29. El profesor todavía no . . . los exámenes de ayer.
    - A. corregía
    - B. corregió
    - C. corrigía
    - D. corrigió
30. El inocente . . . asesinado por un criminal sin corazón.
    - A. estaba
    - B. fue
    - C. era
    - D. estuvo
31. A mi amiga Margarita . . . ocho dólares en el mercado.
    - A. se le perdió
    - B. se perdieron
    - C. se les perdió
    - D. se le perdieron
32. La pobre niñita . . . mucha hambre, y por eso lloraba.
    - A. hacía
    - B. había
    - C. tenía
    - D. estaba
33. Necesito cambiar el . . . de aceite de mi coche.
    - A. volante
    - B. filtro
    - C. tubo
    - D. baúl
34. Esta clase de llantas me gusta más que. . . .
    - A. aquella una
    - B. aquello
    - C. esa una
    - D. aquélla
35. Antes de llegar el semáforo rojo es necesario. . . .
    - A. pincharse
    - B. detenerse
    - C. seguir
    - D. chocar

B. **Complete las oraciones con uno de los verbos siguientes en el Pretérito.**

deshacer	mantener	componer	divertirse	producir
satisfacer	prevenir	sostener	vestirse	dormirse

36. Los países árabes _____ mucho petróleo el año pasado.

37. Yo tenía mucha hambre, pero _____ mi apetito con medio pollo y unas papas fritas.

38. Ellas _____ en la fiesta con los muchachos.

39. La policía _____ el orden, aunque hubo algunos heridos.

40. La semana pasada nevó, pero el sol _____ la nieve.

41. Los chicos estaban cansados y _____ muy pronto.

42. ¿Quién _____ esa sinfonía, Bethoven o Mozart?

43. Ella _____ muy elegantemente para la fiesta de cumpleaños.

44. Mi abuelo trabajó mucho; _____ a todos sus hijos mientras estudiaban.

45. Usted _____ el accidente de los dos carros de enfrente, y frenó a tiempo para no chocar con ellos.

C. **Traduzca las palabras o expresiones que están en paréntesis.**

46. Hace 30 años que José y yo nos conocemos muy bien; somos _____ _____. (long-standing friends)

47. Carolina va a comprar _____ de carne. (one more pound)

48. Ellos vienen a la universidad _____. (every other day)

49. _____ es libre en Estados Unidos. (every person)

50. Voy a tomar _____ libros. (two other)

51. No me gusta tanto el primer libro como _____
_____. (the second one)

52. El rey Felipe _____ preparó la
Armada Invencible. (the Second)

53. Terminamos las clases _____.
(May the thirtieth)

54. No vengas a casa _____. (without
calling me)

55. Estamos interesados _____ esa
casa. (in buying)

56. Tu amiga llegó _____. (last
Monday)

57. Fuimos a saludar a _____. (Mrs.
Martínez)

58. Antes de comer yo siempre _____.
(wash my hands)

59. ¿Cuántos dólares pagó usted _____ este carro? (for)

60. Ustedes deben terminar este examen _____ las nueve en
punto. (by)

61. Creo que va a llover; voy a llevar el paraguas _____
_____. (just in case)

62. Mis abuelos vivieron en México _____ 46 años y luego vol-
vieron a España. (for)

63. Vamos corriendo porque el tren está _____
_____. (about to leave)

64. Tienes que hacer dieta _____ perder de peso. (in order to)

RESPUETAS: LECCIONES 8–14

Lección 8

Vocabulario

A.   1. D   3. L   5. J   7. K   9. B   11. E
       2. F   4. H   6. A   8. I   10. G   12. C

B.   1. V   3. F   5. V   7. F   9. V   11. F
       2. F   4. V   6. V   8. F   10. V   12. V

C.   1. pasaporte   5. viento   8. moneda   11. reunión
       2. luna de miel   6. evento   9. agencia   12. función
       3. equipaje   7. viajes   10. película   13. boleto/pasaje
       4. cheques de viajero

Gramática

1. nombre/cambio
2. ser/estar/"to be"
3. La reunión es aquí/evento
4. La comida es aquí
5. The symphony script is here
6. La conferencia es a la una
7. nombre/Hace mucho frío
8. Hay viento

9. tener
10. nombre/mucho
11. I have luck
12. está
13. "to be wrong"
14. Tengo ganas de una cerveza
15. hacer/tener/estar

Ejercicios

A.   1. hace (hay)
       2. hace (hay)
       3. tiene
       4. está
       5. es
       6. es
       7. está
       8. hace (hay) viento
       9. es

      10. tengo mucha suerte
      11. tiene frío
      12. están
      13. tienen
      14. es
      15. está
      16. está
      17. está

      18. hace
      19. es
      20. tengo mucho sueño
      21. son
      22. son
      23. es
      24. es
      25. hace buen tiempo

B.   1. tengo . . . sed
       2. tienes razón
       3. tienes razón
       4. tiene . . . años

      5. tengo frío
      6. tengo . . . sueño
      7. tiene prisa
      8. tienen calor

      9. tiene . . . hambre
     10. tienen miedo
     11. tengo . . . suerte
     12. tiene . . . cuidado

C. 1. F   4. C   7. K   10. B   12. M   14. J
    2. H   5. N   8. A   11. D   13. I   15. G
    3. O   6. E   9. L

D. 1. agua pura   4. linda (bonita) hija   7. nuevo carro   9. maleta grande
    2. buen café   5. un amigo viejo   8. pura agua   10. carro americano
    3. carro azul   6. un gran libro

Lección 9

Vocabulario

A. 1. cinturones   5. el vuelo   9. volar   12. las azafatas
    2. pastilla   6. el asiento   10. hace escala   13. bocadillos
    3. ventanilla   7. la salida   11. suaves   14. del avión
    4. tarjeta de   8. aterrizar
       embarque

B. 1. pájaro   5. vuela   8. tarjeta de   11. aterrizaje (despegue)
    2. tripulación   6. aeromoza   embarque   12. marearse
    3. asiento   7. pájaros   9. cinturones   13. despeque (aterrizaje).
    4. suave   10. hace escala

C. 1. F   3. V   5. F   7. F   9. V
    2. V   4. F   6. V   8. F

Gramática

1. directo   7. sujeto   12. se
2. a esa chica   8. se   13. se abren las puertas
3. no/a nadie   9. yo la vi (a ella)   14. Muchos sángüiches (bocadillos) se sirven
4. lo/la/los/las   10. los visito   15. (él) se atreve
5. verlo/verlo   11. ustedes   16. énfasis
6. me

Ejercicios

A. 1. la oigo   10. me voy   19. No veo a nadie
    2. lo conozco   11. se duerme   20. No veo nada
    3. la hago   12. te comes   21. Se rompió la puerta
    4. lo quiero   13. se mueren   22. Se rompieron las
    5. lo traigo   14. se marea   puertas
    6. me lo abrocho   15. nos abrochamos 23. me comí todo
    7. lo hablo   16. me siento   24. "to fall asleep"
    8. los cambio   17. se sientan   25. "to agree"/
    9. se para   18. Oigo a alguien   "to remember"

B.
1. Mis padres se levantan tarde todos los días.
2. ¿A qué hora te acuestas tú los sábados?
3. Nosotros deseamos irnos a casa después de (la) clase.
4. El carro de Juan se rompe todas las semanas.
5. Nuestros hijos se desayunan antes de ir a la escuela.

C.
1. tres días más
2. una libra más
3. cada dos semanas
4. libras y media
5. otro
6. dos semanas más
7. todos los sábados (cada sábado)
8. cinco millas menos
9. cada persona
10. media hora
11. todo el día
12. medio bocadillo (sángüiche)
13. otra cerveza
14. cada día (todos los días)
15. otras dos sillas

Lección 10

Vocabulario

A.
1. con cochecama
2. disponibles
3. andén
4. de ida y vuelta
5. tomar una copa
6. con retraso
7. a la taquilla
8. perder
9. gratis
10. a la sala de espera
11. hace caso

B.
1. J (el andén)
2. E (disponibles)
3. H
4. K (el horario)
5. A
6. L (la taquilla)
7. D (el/su talón)
8. G (el letrero)
9. C
10. I
11. F
12. B

C.
1. funciona
2. tomamos una copa
3. pierde
4. demora
5. tomas el pelo
6. cruzo
7. olvida
8. rompe
9. es gratis
10. hace caso
11. están disponibles
12. entrega

Gramática

1. este/esta/estos/estas
2. aquel/aquella/aquellos/aquellas
3. esto/eso/aquello
4. "one"
5. pronombre
6. detrás
7. positiva
8. No
9. mi/tu/su/mis/tus/sus
10. delante (con)
11. largas
12. mis libros
13. his/her/its/your/their
14. su llegada/la llegada de ella
15. no hay
16. aquí están los míos
17. sus

Ejercicios

A. 1. aquel
    2. este/ése (aquél)
    3. eso
    4. nuestra
    5. mi/el tuyo
    6. aquello
    7. nuestro
    8. esta/ésa (aquélla)
    9. ese
    10. sus
    11. su
    12. su
    13. mi
    14. la tuya
    15. esto
    16. nuestros boletos
    17. su casa
    18. el vuelo tuyo
    19. acento
    20. este/ése (aquél)

B. 1. se abrocha el cinturón
    2. te lavas las manos
    3. me quito los zapatos
    4. se limpia los dientes
    5. nos ponemos las botas
    6. se toma la leche
    7. me olvido de los libros

C. 1. tercer
    2. Tercero
    3. dos primeras (primeras dos)
    4. primero (uno)
    5. el primero
    6. veinte
    7. Quinta Avenida (Avenida Quinta)
    8. la séptima
    9. Primera/Segundo
    10. tercer/cuarto

Lección 11

Vocabulario

A. 1. H (la acera)
    2. J (cruces)
    3. O
    4. N (el semáforo)
    5. M
    6. P (el carril)
    7. L
    8. K
    9. A
    10. B
    11. D (camiones)
    12. C (señales)
    13. I
    14. G (puentes)
    15. E
    16. F

B. 1. F   3. F   5. V   7. F   9. V   11. F
    2. V   4. F   6. V   8. V   10. V   12. V

C. 1. un cruce
    2. el carril
    3. la acera
    4. una esquina
    5. estacionar
    6. un semáforo
    7. ganado
    8. peligrosas
    9. bicicleta
    10. la parada

Gramática

1. comimos
2. comí/comió
3. viví/vivió
4. leyó/leyeron
5. empecé/cinc
6. venzo/vencí
7. u/seguí
8. practiqué
9. llegué
10. escojo/escogí

Ejercicios

A.
1. llegó/llegué
2. compró
3. aterrizaron
4. se cayó
5. leyó
6. llovió
7. jugué

8. entregué/perdiste
9. busqué/encontré
10. chocó
11. cogimos
12. saqué
13. comenzó/comencé
14. se pararon

15. escogiste
16. recogió/pagó
17. creyeron
18. siguió
19. toqué
20. los dos

B.
1. la escribí
2. no lo compré
3. te vi

4. no la saludamos
5. lo ahorré
6. no las pedí

7. me llamaste
8. no las oímos
9. la bebí

C.
1. ¿Por qué él se sentó en la silla rota?
2. Sus hermanitos me saludaron a mí cuando ellos entraron.
3. ¿Dónde conoció usted a Carolina la primera vez?
4. Ustedes leyeron toda la novela la semana pasada.
5. El domingo pasado yo choqué y el carro se me rompió.

D.
1. para nadar
2. de comprarlo
3. para no tener
4. en comprar

5. Correr
6. no estudiar
7. tenemos que trabajar
8. al salir

9. Hay que comer
10. Te voy a ver
11. antes de llegar
12. al abrir

Lección 12

Vocabulario

A.
1. G
2. J (miente)
3. M (arranca)
4. E

5. I
6. K
7. A
8. O

9. C (los frenos)
10. F
11. P (deshace)
12. B

13. L (caben)
14. D
15. H (se poncha)
16. N (llantas)

B.
1. V
2. F
3. F

4. V
5. F
6. F

7. V
8. V

9. F
10. V

C.
1. nevó
2. tejió
3. mentí

4. ponchó
5. rodearon
6. cambiaron

7. rodaron
8. frenaste

9. arranqué
10. aceleraron

Gramática

1. u/tercera
2. i/tercera
3. they were/went
4. Se vistió
5. yo
6. dijeron
7. el contexto
8. supe
9. condujimos
10. tradujo
11. corrigieron/corrijo
12. sílaba/previó
13. satisfizo
14. bendije
15. tejieron
16. atrajo
17. impuse/impusieron

Ejercicios

A.
1. puso
2. siguió
3. se divirtieron
4. vine
5. condujo
6. dieron
7. intervinieron
8. cupieron
9. mantuvo
10. dijeron
11. fue
12. se detuvo
13. se fue
14. se opusieron
15. hizo
16. produjo
17. construyó
18. redujo
19. estuvieron
20. mintió
21. quisiste
22. supuso
23. trajeron
24. vi
25. se deshizo

B.
1. las oímos
2. no lo pedí
3. los traje
4. no la redujimos
5. me detuve
6. no me dormí
7. la dije
8. no lo supe
9. se puso enferma
10. no me vestí
11. lo preví
12. no nos divertimos

C.
1. tradujo
2. bendijo
3. obtuvieron
4. provino
5. descompuso
6. produjo
7. satisfice
8. se opusieron
9. previne
10. sostuvimos
11. expuso
12. propuso

D.
1. la/los
2. El/la
3. Ø/el
4. el/del
5. Ø/la
6. La
7. Ø/Ø
8. Ø
9. El/del
10. las
11. el/al/Ø
12. Los

Lección 13

Vocabulario

A.
1. hotel
2. cuarto
3. doble
4. bañera (tina)
5. televisor
6. ascensor
7. botones
8. cobran
9. pensiones
10. registrarme
11. servicio
12. botones

B. 1. cuadras   5. registrarse   8. una toalla
    2. un buzón   6. sellos   9. soleados
    3. torcidas   7. económica   10. el correo
    4. la escalera

C. 1. F (estrecha)   4. H   7. G (ancha)   10. L (el televisor)
    2. I (una toalla) 5. A (un buzón) 8. D (el ascensor) 11. E (torcidas)
    3. K   6. B   9. C   12. J (el botones)

Gramática

1. le/les/se   5. se lo/se   9. El libro me parece bueno
2. sujeto/indirecto   6. le duele a Juan   10. Te duele la cabeza a ti
3. le/les/lo/la/los/las   7. Sí/les   11. Me toca (a mí)
4. Me faltan los libros   8. me cayeron   12. Todo le molesta

Ejercicios

A. 1. te (le)   10. le arrancó   19. les gustan
    2. le   11. le pasó   20. me lo des
    3. le   12. me/le   21. Se me pararon
    4. le   13. me pareció   22. se lo compré
    5. me rompieron   14. nos fascina   23. "on me", "for me",
    6. les conviene (les 15. Se me olvidó   "because of me"
       es conveniente)   16. Se le olvidó   24. Sí/le
    7. le lavamos   17. Me interesa   25. No/Le escribí a ella
    8. se me perdió   18. me sobraron
    9. Me molesta   (me quedaron)

B. 1. te lo traje   5. nos lo compramos   8. no se me olvidaron
    2. no se la dije   6. no se la copié   9. se la escribí
    3. se las subí   7. se las di   10. no se la pagué
    4. no me las lavé

C. 1. para   6. para   11. para
    2. por   7. para   12. por
    3. por   8. por   13. Para/por
    4. por   9. para   14. Por
    5. para   10. por

Lección 14

Vocabulario

A.   1. enviar (mandar)
        2. certificado
        3. timbre (sello)
        4. paquete
        5. por avión (correo aéreo)

        6. entrega
        7. asegurar
        8. sellos (timbres, estampillas)

        9. quinientos (500)
       10. giros postales
       11. ventanilla
       12. hacer cola

B.   1. F   4. H   7. G (pesa)   9. B   11. M   13. D
        2. L   5. I (está)   8. C (Queda)   10. N   12. E   14. J (estoy)
        3. K   6. A

C.   1. entregó
        2. pesó
        3. dolió
        4. enviaron

        5. sobraron
        6. interesó
        7. hicimos cola

        8. aseguraste
        9. molestó
       10. quedó

Gramática

1. aba/ía
2. Sí/tú ("you")
3. iba/íbamos
4. era/éramos
5. primera del plural
6. medio/fin

7. pasado
8. principio/fin
9. medio
10. Imperfecto
11. Imperfecto

12. progresiva ("was + -ing")
13. Imperfecto
14. Pretérito
15. Imperfecto
16. principio/medio

Ejercicios

A.   1. llegamos
        2. eran
        3. estábamos
        4. acostamos
        5. despertamos
        6. salimos
        7. estaba
        8. hacía
        9. vimos

       10. dimos
       11. era
       12. sentimos
       13. comimos
       14. almorzábamos
       15. empezó
       16. esperábamos
       17. conocimos

       18. hablaba
       19. tenía
       20. ganaba
       21. prometió
       22. llevó
       23. eran
       24. dormimos
       25. estábamos

B.   1. acosté
        2. podía
        3. tenía
        4. levanté
        5. fui

        6. había
        7. dormía
        8. despertó
        9. miró

       10. encontré
       11. tenía
       12. cogí
       13. comí

       14. tomé
       15. terminé
       16. era
       17. fui

C. 1. para   6. por   10. por   14. por
    2. por   7. para   11. para   15. por
    3. por   8. para   12. por   16. por
    4. por   9. para   13. para   17. para
    5. para

REPASO DE GRAMÁTICA

1. es   21. vine/anterior   41. verdes luces
2. está   (de la raíz)   42. "each" ("every")/
3. es/evento   22. hizo   cada dos días
4. es/evento   23. u/murió   43. dos libros más/otro día
5. No/Hace mucho viento   24. detuvo   44. media libra
6. mucho frío/nombre   25. dijeron   45. "one"/primer
7. directo/persona   26. divirtieron   46. Primera/catorce
8. lo/le   27. iba   47. trabajar/
9. objeto indirecto/le   28. era   "upon working"
10. Don't say anything   29. No/seguí   ("when working")
    to John for me   30. busqué/qu   48. Los/la
11. No/A Juan le gusta   31. impuso   49. las manos/la
12. se   32. escojo   50. el agua/las aguas/un ama
13. se abrió/una cosa   33. pagué   51. para/por
14. se abrieron   34. Imperfecto/Pretérito   52. por/para
15. olvidaron   35. Eran las tres   53. por/para/por ciento
16. mí (hablante)/ti   36. Tenía 30 años   54. para/para/
    (oyente)   37. Pretérito   "for being silly"
17. eso   38. Imperfecto   55. "I'm about to eat"/
18. acento/No   39. Imperfecto   "it is to be done"
19. pensé   40. mentí/mintió   56. "just in case"/"for that
20. No/volví   reason"/"according to me"
                                                              ("in my opinion")

EXAMEN #2

Vocabulario

A. 1. G (hace)   5. L   9. O   13. D
    2. J (disponibles) 6. A   10. C (la)   14. I (toma)
    3. M (funciona)   7. P   11. E   15. F (despega)
    4. H   8. B   12. N   16. K

B. 17. hizo caso   22. El botones
    18. la tarjeta de embarque   23. descompuso
    19. llanta de repuesto   24. perdiste
    20. (se) demoró   25. el tubo de escape
    21. condujeron   26. me mareé

C.   27. aterrizar   31. una toalla   34. la acera
       28. el vuelo   32. soleados   35. un cruce
       29. un sobre   33. un buzón   36. la parada
       30. timbre

Gramática

A.

1. C	7. A	13. A	19. D	25. C	31. D
2. A	8. D	14. D	20. D	26. B	32. C
3. D	9. C	15. B	21. B	27. D	33. B
4. D	10. B	16. A	22. A	28. A	34. D
5. A	11. B	17. D	23. C	29. D	35. B
6. D	12. D	18. B	24. B	30. B	

B.   36. produjeron   40. deshizo   43. se vistió
       37. satisfice   41. se durmieron   44. sostuvo
       38. se divirtieron   42. compuso   45. previno
       39. mantuvo

C.   46. Viejos amigos   52. Segundo   58. me lavo las manos
       47. una libra más   53. el treinta de mayo   59. por
       48. cada dos días   54. sin llamar   60. para
       49. cada (toda) persona   55. en comprar   61. por si acaso
       50. otros dos   56. el lunes pasado   62. por (durante)
       51. el segundo   57. la señora Martínez   63. para salir
                     64. para

Lección 15

EN LA TIENDA DE ROPA
(At the Clothing Store)

el abrigo	overcoat	**llevar**	to wear
apretar (ie)	to (be) tight(en)	**el maquillaje**	makeup
apretado	tight	**las medias**	stockings
la blusa	blouse	**el pantalón**	pants, trousers
las botas	boots	**el pijama**	pajamas
la caja	cash register	**el probador**	fitting room
el/la cajero -a	cashier	**probarse (ue)**	to try on
los calcetines	socks	**regatear**	to bargain, haggle
la camisa	shirt	**la ropa interior**	underwear
la camiseta	undershirt	**sin duda**	no doubt
la cintura	waist	**el sostén, brasier**	brassière
el conjunto	outfit	**el suéter**	sweater
la corbata	tie	**la talla**	size
la chaqueta, el saco	jacket	**tener mala pata**	to be unlucky
echar de menos	to miss	**el traje**	suit
el escote	neckline	**el traje de baño**	bathing suit
la ganga	bargain, sale	**el vestido**	dress
la etiqueta	label	**el zapato**	shoe

PRACTIQUE EL VOCABULARIO   *(Respuestas, página 267)*

A. Complete el siguiente diálogo entre una cliente y un empleado de una tienda de ropa. Use las palabras del vocabulario si es posible.

1. Empleado: Buenos días, señora. ¿En qué puedo _____

   _____?

2. Cliente: Quiero ver una _____ azul y
                 unas botas. (skirt)

3. Empleado: ¿Qué _____ usa usted, señora?
                 (size)

4. Cliente: Doce. No la quiero muy _____ en
                 la cintura. (tight)

5. Empleado: Aquí está el _____ para probársela. (fitting room)

6. Cliente: ¿No cree Ud. que me queda un poco _____

   _____? (short)

7. Empleado: Tiene Ud. razón, pero así se _____
                 ahora; ya pasaron la maxifalda y la minifalda. (wear)

8. Cliente: Veo que la _____ dice $25.00; me
                 parece que es demasiado cara. (label)

9. Empleado: El precio regular es $35.00. Tiene una rebaja de $10.00; eso

   quiere decir que es una verdadera _____

   _____. (bargain)

10. Cliente: Está bien, no voy a _____ con
                 usted. (haggle)

11. Empleado: ¿De qué color quiere las _____?
                 (boots)

12. Cliente: Negras, porque así las puedo _____
                 con todo. (wear)

13. Empleado: Lo siento, pero sólo nos quedan _____

   _____ pequeñas que no le van a servir a usted. (sizes)

B. **Complete las oraciones con una palabra o expresión de las que están en la lista siguiente.**

caja	echar de menos	abrigo	corbata
maquillaje	regatear	probarse (ue)	apretar (ie)
etiqueta	cintura	pantalones	sostén
sin duda	calcetines	camisa	medias

1. Hace un año que no veo a mis padres y los _____

   _____.

2. Necesito una talla más grande; estos zapatos me _____

   _____ demasiado.

3. Para pagar hay que ir a la _____.

4. Si Ud. lee la _____ va a saber el
   precio y la talla.

5. Los precios son fijos; aquí no se _____.

6. Quiero una corbata que *haga juego* (match) con la _____

   _____.

7. En todo el mundo español se usa la palabra "jeans". En realidad esto es una

   clase de _____.

8. Las muchachas se ponen _____
   para estar más lindas.

9. Cuando usted lleva un traje probablemente lleva también una _____

   _____.

10. Primero nos ponemos los _____ y
    luego los zapatos.

11. Si hace frío nos ponemos el _____
    arriba de la chaqueta.

12. En nuestro mundo se consideran más elegantes las señoritas con _____

    _____ estrecha.

13. Antes de comprarse la ropa, usted se la _____

    _____ para ver si le queda bien.

14. Los caballeros llevan calcetines; las damas llevan _____

    _____. Pero estas palabras pueden cambiar de un país
    hispano a otro.

15. Usted tiene razón. _____ que las botas son más altas que los zapatos.

16. Las señoras se ponen el _____ debajo de la blusa o del suéter.

GRAMÁTICA.   CONJUNCIONES/ADVERBIOS/**HACER** + TIEMPO

I.   Conjunciones

A.   Traducimos "and" por *y*, pero si la palabra que sigue empieza con el sonido [i] (letras *i, hi*) se usa *e* en lugar de *y*.
   Ej.: *padre* e hijo.

   Pero decimos *agua y hielo* (ice) porque *hielo* no empieza con el sonido [i] sino [y].

B.   Traducimos "or" por *o*, pero si la palabra que sigue empieza con el sonido [o] (letras *o, ho*) usamos *u*.
   Ej.: minutos *u* horas, siete *u* ocho

C.   *Pero/sino/sino que* significan "but". Para usar *sino* se necesitan dos condiciones.
   1. La primera parte es *negativa*. Ej.: *No* es Pedro *sino* José.
   2. La contradicción de las dos partes es de la misma clase sintáctica, como dos nombres, dos adjetivos, dos verbos. Las dos partes son de la misma clase *semántica,* es decir, tienen significados semejantes o paralelos. Ej.: No es *gordo* sino *delgado. (gordo/delgado* (fat/thin) son del mismo grupo) No es *gordo* pero es *rico. (gordo/rico* no tienen significados paralelos) *Sino que* se usa en lugar de *sino* cuando las dos partes de la contradicción son dos verbos conjugados. El infinitivo no es una forma conjugada. Ej.: *No fuma sino que bebe,* pero *No quiere fumar sino beber.*

II.   Adverbios en -**mente** ("-ly")

A.   Todos los adjetivos descriptivos se cambian en adverbios con la terminación *mente:* esta terminación se añade a la forma *femenina* del adjetivo.
   Ej.:   correcto → correct*amente*, cómico → cómic*amente*

B.   Si el adjetivo tiene acento escrito, el adverbio conserva el acento.
   Ej.:   fácil → fácil*mente*, difícil → difícil*mente*

C.   Si tenemos dos o más adverbios juntos para el mismo verbo, solamente ponemos -*mente* con el último adverbio; pero observe que todos mantienen la forma femenina.
   Ej.:   Habló clar*a*, concis*a* y amable*mente*.

III.   **Hacer** + tiempo/**Llevar** + tiempo ("time ago")

A.   Observe estos ejemplos:
1) *Hace tres años que* vivo aquí. ⎫ (I've been living here
2) Vivo aquí *hace tres años*.   ⎬ for three years)
3) Vivo aquí desde *hace tres años*. ⎭
Usamos *hace* + *tiempo* en Presente de Indicativo para indicar la duración de una acción hasta el momento presente.
La expresión puede ir delante del verbo (1), o detrás (2). Si va
delante del verbo necesita *que*. Si va detrás del verbo no
toma *que,* pero puede tomar *desde* (3).

B.   Ahora estudie estos ejemplos:
1) *Hace tres años que* estuve en Mexico. ⎫ (I was in México
2) Estuve en México *hace tres años*.   ⎬ three years ago)
Aquí el tiempo de la expresión *hace* + *tiempo* se relaciona
con una acción pasada. Se usa *que* solamente delante del
verbo. No se puede usar *desde* en (2).

C.   Observe estos ejemplos:
1) *Hacía una hora que* llovía.   ⎫ (it had been raining
2) Llovía *hacía una hora*.   ⎬ for an hour)
3) Llovía *desde hacía una hora*.   ⎭
Con el tiempo Imperfecto *(llovía)* sólo se puede usar el Imperfecto de *hacer: hacía*. Se puede usar la expresión delante
y detrás del verbo, como en el Presente, y también se puede
usar *desde* (3)

D.   Observe estos ejemplos con **llevar** + *tiempo:*

1) *Llevo tres años* en este trabajo.   (I have been at this job
for three years)

2) *Llevo tres años* sin trabajar   (I haven't worked
for three years)

3) *Llevo tres años* trabajando aquí.   (I have been working
here for three years)

Este uso idiomático de *llevar* (carry) es menos frecuente que
hace + *tiempo*. Observe en (3) que se usa con el participio
progresivo *trabajando* y con el infinitivo (2) después de la
preposición *sin.* **Llevo** *aquí un año* tiene el mismo significado que **Hace** *un año* **que** *vivo aquí.*

PRACTIQUE SU GRAMÁTICA   *(Respuestas, página 267)*

1. Traducimos "and" por *y*, pero si la palabra siguiente comienza con el sonido
[i] no decimos *y* sino _____. Para el sonido [i] hay dos combinaciones de
letras: _____.

2. *Hierro* (iron) empieza con *hi,* pero por tener el diptongo *ie,* la *i* no se pronuncia [i] sino [＿＿＿＿]. Por eso decimos *petróleo* ＿＿＿＿＿＿ *hierro.* (and)

3. Decimos *o* para el inglés "or", pero si la palabra siguiente empieza con el sonido [o] no decimos *o* sino ＿＿＿＿＿. Para el sonido [o] hay dos combinaciones: ＿＿＿＿＿＿.

4. Para usar *sino* entre dos palabras es necesario que la primera parte sea

   ＿＿＿＿＿＿＿＿.

5. Para usar *sino* también es necesario que las dos partes que se contradicen sean de la misma ＿＿＿＿＿＿＿＿ gramatical, como dos nombres, dos adjetivos; pero también es necesario que las dos palabras tengan ＿＿＿＿＿＿＿＿ paralelo.

6. Cuando las dos partes que se contradicen son dos verbos conjugados se usa / ＿＿＿＿＿＿ en vez de *sino.*

7. El infinitivo no es una forma conjugada porque no cambia para las diferentes personas. ¿Cómo se completa? *No desea comer* ＿＿＿＿＿＿ *dormir.* (but)

8. La terminación adverbial *-mente* ("-ly") se añade a un adjetivo, pero, ¿en qué forma, la masculina o la femenina? ＿＿＿＿＿＿＿＿.

9. Si el adjetivo tiene acento escrito, ¿conse vamos el acento o no? ＿＿＿ ＿＿＿. ¿Cuál es el adverbio de *rápido?* ＿＿＿＿＿＿＿.

10. Si hay una lista de dos, tres, etc., adverbios, solamente el ＿＿＿＿＿ ＿＿＿＿＿ adverbio se forma con *-mente.* Los otros tienen la forma ＿＿＿＿＿＿＿ del adjetivo.

11. *Hace + tiempo* se puede poner delante o detrás del verbo principal. Otra manera de decir *Hace una hora que estacioné el coche* es *Estacioné el coche*

   ＿＿＿＿＿＿＿.

12. En el pasado *hacía + tiempo* solamente se puede completar con un verbo en tiempo ＿＿＿＿＿＿＿＿. Ej.: *Hacía una hora que* ＿＿＿ ＿＿＿＿＿＿＿. (it was raining)

13. Otra manera de decir *Llevamos un año en Miami* es *Hace* ＿＿＿＿＿

   ＿＿＿＿＿＿＿＿.

14. La única forma verbal después de una preposición es el *infinitivo*. Complete

    la oración *José lleva tres días sin* _____.
    (eating)

15. La expresión *llevar* + *tiempo* también se usa con el participio progresivo:
    -ndo, como *tomando* (drinking). ¿Cómo se traduce? *Ya llevas cinco minutos*

    _____. (talking)

EJERCICIOS   *(Respuestas, página 267)*

A.   Traduzca las palabras que están en paréntesis.

1. Isabel _____ Dorotea son bonitas _____ inteligentes. (and)

2. El agua tiene dos elementos químicos: oxígeno _____ higrógeno. (and)

3. ¿Cuántos años tiene tu abuelo, setenta _____ ochenta? (or)

4. Dos metales importantes son oro _____ hierro. (and)

5. Andrés Segovia no toca el violín _____ la guitarra. (but)

6. No me importa si son minutos _____ horas. (or)

7. Esto no es la entrada al aeropuerto _____ la salida. (but)

8. Visitamos las pirámides de México _____. (three
   years ago)

9. Esta acera no es para los carros _____ para los peatones. (but)

10. No tomamos la autopista _____ fuimos por la avenida. (but)

11. Mi amigo ya lleva dos noches _____. (without
    sleeping)

12. ¿Cuál es el adverbio que se deriva del adjetivo *tonto*? _____

    _____.

13. ¿Cuál es el adverbio que se deriva del adjetivo *triste* (sad)? _____

    _____.

14. ¿Cuál es el adverbio que se deriva del adjetivo *fácil*? _____.

15. ¿Cuál es el adverbio que se deriva del adjetivo *fatal*? _____.

16. Carolina vio el STOP _____ no se paró. (but)

17. Los peatones no se pararon _____ siguieron por la
    calle. (but)

18. Este chofer es bueno; ya lleva veinte años _____

_____ un autobús. (driving)

Hay tres traducciones para "I've been here for a month", dos con *hacer* y una con *llevar:*

19. a. _____.

20. b. _____.

21. c. _____.

22. No te conviene comprar otro carro _____ arreglar el viejo. (but)

23. _____ una hora que esperábamos cuando llegaste. (it had been)

24. El taxista estacionó su taxi en la esquina _____. (an hour ago)

25. En esta ciudad no hay doble circulación por las calles _____ todas son de dirección obligatoria. (but)

B. Combine las dos oraciones en una con *hacer* + *tiempo* + *que*. Recuerde que se debe usar el Imperfecto con el Imperfecto.

Modelo: Pasaron ocho años. Vivimos aquí.
Hace ocho años que vivimos aquí.

1. Pasaron dos meses. Estudio español. _____.

2. Pasó una hora. Esperaba el autobús. _____.

3. Pasaron dos años. Ella visitó Madrid. _____.

4. Pasó media hora. Corrías por el parque. _____.

5. Pasaron 25 años. Mis padres se casaron. _____.

6. Pasó un minuto. José se prueba el suéter. _____.

7. Pasó una hora. José se probaba suéteres. _____.

8. Pasó un rato. Lola regateaba el precio. _____.

9. Pasó un día. Tus padres se fueron. _____.

10. Pasaron varios días. Te echo de menos. _____.

ATENCIÓN!   *Algunas palabras problemáticas*

A. "To play": *jugar/tocar/desempeñar*
1. *Jugar* significa "to play a game". Unos dialectos usan la preposición *a* delante del deporte o juego.
    Ej.:   Ustedes *juegan al* fútbol./Ustedes *juegan* fútbol.

2. *Tocar* se usa con instrumentos de música o una pieza de música.
    Ej.:   Jorge *toca* la sinfonía de Bethoven.

3. *Desempeñar* se usa para significar "to play a role".
    Ej.:   Las computadoras *desempeñan* un papel importante.

4. *Jugar dinero* significa "to gamble".
    Ej.:   Ella *jugó 500 dólares* en Las Vegas.

B. "To realize": *darse cuenta/realizar (lograr)*
1. Cuando "to realize" significa *tener conocimiento* de una cosa, usamos *darse cuenta (de) que*. La preposición *de* puede omitirse.
    Ej.:   Ella *se dio cuenta (de) que* estaba equivocada.

2. Cuando "to realize" significa *obtener, hacer realidad,* usamos *realizar* o *lograr*. *Lograr* da énfasis al resultado final.
    Ej.:   Marcos *realizó* una obra buena.

C. "To leave": *salir (de)/marcharse/dejar*
1. *Salir* se usa para indicar la idea de "to go out, go away", y hay que poner *de* cuando se menciona el lugar de salida.
    Ej.:   Nosotros *salimos de* casa a las ocho.

2. *Marcharse* se usa en España más que *salir*. También se usa *de* si se menciona el lugar de salida.
    Ej.:   El tren *se marchó de* la estación a las ocho.

3. *Dejar* se usa para indicar la idea de *poner en un lugar,* y no se usa con preposición en este caso.
    Ej.:   *Dejé* el abrigo sobre la cama. (I left the coat on the bed)

4. *Dejar de + verbo* se usa para significar *parar,* "to stop doing".
    Ej.:   Hace un año que *dejé de* fumar.

C. Complete las oraciones con el verbo apropiado en el Pretérito.

jugar	realizar	marcharse
tocar	darse cuenta	dejar
desempeñar	salir	dejar de

1. Cuando leí la noticia, yo mismo _____ del error.

2. Mi amiga Luisa _____ el piano ayer por la tarde.

3. ¿Cuándo _____ fumar usted, este año o el año pasado?

4. Después de mucho trabajo Carlos _____ sus ideales.

5. El domingo pasado los "Dodgers" _____ contra los "Padres".

6. Tú _____ demasiado dinero en la ruleta rusa.

7. No encuentro las llaves. ¿Dónde las _____, Josefina?

8. El *lanzador* (pitcher) _____ un papel muy importante en el juego de beisbol.

9. ¿A qué hora _____ Juanito de la fiesta?

Lección 16

EN EL BANCO (At the Bank)

a plazos	in installments	**la divisa**	foreign money
abonar, pagar	to pay	**en efectivo**	cash
la acción	stock; action	**en serio**	seriously
ahorrar	to save	**endosar**	to endorse
al contado	cash	**la factura**	(large) bill
la bolsa	stock market	**fuerte**	strong
la broma	practical joke	**la ganancia**	earnings
la caja fuerte	safe	**el/la gerente**	manager
el/la cajero-a	teller, cashier	**la hipoteca**	mortgage
el cambio	exchange, change	**el impuesto**	tax
la cartera	billfold, wallet	**la libreta**	bankbook
cómico	comic; comedian	**lujoso**	luxurious
la cotización	rate of exchange	**valioso**	valuable
la cuenta corriente	checking account	**la pérdida**	loss
		el préstamo	loan
la cuenta de ahorros	savings account	**prestar**	to loan
		el presupuesto	budget
la chequera	checkbook	**el sueldo,**	salary
débil	weak	**el salario**	
el despacho	office	**valer la pena**	to be worthwhile
		valioso	valuable

PRACTIQUE EL VOCABULARIO   *(Respuestas, página 268)*

A. **Complete el diálogo siguiente entre en turista y un empleado del banco. Use las palabras del vocabulario si es posible.**

1. Empleado: Buenas tardes, señor. ¿En qué _____ servirle?

2. Turista: Quiero _____ doscientos dólares en pesos.

3. Empleado: Me alegro, porque necesitamos muchas _____

    _____ para importar cosas extranjeras y pagar la *deuda* (debt) exterior.

4. Turista: ¿Cuál es la _____ del dólar hoy? (rate)

5. Empleado: 147 pesos por uno. El dólar _____ un peso de ayer a hoy, porque ayer pagamos 146. En otras palabras, el peso bajó.

6. Turista: Es interesante. Esto se parece a la _____

    de Nueva York, donde las _____ pueden subir o bajar de un día para el siguiente.

7. Empleado: Cierto. Si no quiere llevar mucho dinero _____

    _____puede abrir una cuenta _____ y pagar con cheques.

8. Turista: Buena idea. Además todos estos billetes no caben en la _____

    _____. ¿Cuánto _____ ustedes por cada cheque girado?

9. Empleado: Dos pesos. Creo que _____ llevar cheques. (to be worthwhile)

10. Turista: ¿Puedo dejar algunos objetos valiosos en su _____

    _____? (safe)

11. Empleado: Por supuesto. No tiene que _____ nada por tener una cuenta.

B. **Complete las oraciones con una palabra o expresión de las que están en la lista siguiente. Ud. tiene que hacer algunos cambios, como del singular al plural, poner los verbos en el tiempo y persona correcta, etc.**

préstamo	al contado	hipoteca
ahorrar	débil	factura
broma	a plazos	cómico
despacho	endosar	ganacia
sueldo	pérdida	valer la pena
lujoso	presupuesto	impuesto

1. Para comprar una casa se necesita hacer una _____.

2. La compañía de electricidad manda la _____ todos los meses.

3. Un profesor tiene un _____ más alto que un maestro de escuela primaria.

4. No aceptamos tarjetas de crédito; tiene que pagar _____.

5. Es más fácil gastar dinero que _____ lo.

6. Algunos estados no tienen _____ en la compra de comida.

7. Un Cadillac probablemente es más _____ que un Honda.

8. Lo contrario de *fuerte* es _____.

9. Para poder cobrar un cheque es necesario _____ lo.

10. La secretaria del médico tiene un _____ muy grande.

11. Pepito siempre está haciendo _____. ¡Otra vez me puso sal en la taza del café!

12. Un carro cuesta mucho para abonarlo en efectivo; tenemos que pedir un _____ al banco para comprarlo.

13. Casi todos los países, incluyendo Estados Unidos, tienen un _____ _____ nacional con mucho déficit.

14. Tengo que pagar el préstamo del coche _____ durante un período de cinco años.

15. Un Mercedes es muy caro, pero _____ porque es muy cómodo.

16. Bob Hope es uno de los _____ más famosos del mundo inglés.

17. En la declaración de impuestos es necesario declarar tanto las _____

_____ como las _____.

GRAMÁTICA.   COMPARATIVOS Y SUPERLATIVOS

I.   Comparaciones de Igualdad

A.   Observe las expresiones del español y del inglés:

1. **Tan** $\begin{cases} adjetivo \\ adverbio \end{cases}$ **como** →	"as" + $\begin{array}{c} adjective \\ adverb \end{array}$ + "as": *Es **tan** alto **como** yo.*
2. *Verbo* + **tanto** + **como** →	Verb + "as much" + "as": *Fumas **tanto como** yo.*
3. $\begin{array}{c} \textbf{Tanto} \\ \textbf{Tanta} \end{array}$ + *nombre* + **como** →	"as much" + (noun) + "as": ***tanta** plata **como** yo.*
4. $\begin{array}{c} \textbf{Tantos} \\ \textbf{Tantas} \end{array}$ + *nombre* + **como** →	"as many" + (noun) + "as": ***tantas** casas **como** yo.*

Más ejemplos: Gloria es *tan* bonita *como* tú. (adjetivo)
Gloria trabaja *tanto como* tú. (verbo)
Gloria siente *tanto* frío *como* tú. (nombre)
Gloria tiene *tantas* tías *como* tú. (nombre)

B.   Observe que las palabras "much", "many" no se traducen al
español en las expresiones "as much", "as many".
Ej.: Ella estudia *tanto como* yo. (as much as I do)
Tanto, tanta concuerdan con el nombre en género y
número: **tanto** calor, **tanta** hambre, **tantos** dólares,
tantas escaleras.

II.   Comparaciones de Desigualdad

A.   Con nombres, adjetivos y adverbios:

$\begin{array}{c} \textbf{más} \\ \textbf{menos} \end{array}$ $\begin{cases} nombre \\ +adjetivo \\ adverbio \end{cases}$ + **que** →	$\begin{array}{c} \text{"more"} \\ \text{"less"} \end{array}$ + $\begin{cases} \text{noun} \\ \text{adjective} \\ \text{adverb} \end{cases}$ + "than"	

Ejemplos: Tengo *más* cuartos *que* tú. (nombre)
Gloria es *más* alta *que* tú. (adjetivo)
Corro *más* aprisa *que* tú. (adverbio)

B.   Con números y cantidades:

> **más** ⎫
> **menos** ⎭ + de + *número* (cantidad) → "more" ⎫ + "than" + (number)
> "less" ⎭

Ejemplos: Tengo *más de* cinco dólares. (I have more than $5.00)
No tengo *más de* cinco dólares. (I don't have more than $5.00)
Compré *más de* lo que quería. (I bought more than I wanted)

C.   Para indicar una cantidad exacta:

> **No** + *Verbo*
> + **más que** + *número*   →   negative + verb + "but" + (amount)

Ejemplo: No tengo *más que* cinco dólares. (I don't have but $5.00 = I have only $5.00)
Ésta es una manera enfática de decir una cantidad *exacta: No tengo* **más que** *cinco dólares* es lo mismo que *Sólo tengo cinco dólares*. También se usa *sino* en vez de *más que: No tengo* **sino** *cinco dólares*.

III. Superlativos

A.   José es *el más* alto *de* la clase. (Joe is the tallest in the class)
Ella es *la más* alta *de* la clase. (she is the tallest in the class)
En español es necesario cambiar el artículo definido *el, la, los, las* según el género y el número del nombre. La preposición "in" no se traduce por *en* sino por *de*.

B.   José corre *lo más* rápido posible. (Joe runs as fast as possible).
En este caso no se traduce "as" del inglés en la segunda parte.

C.   Hay un morfema de superlativo -*ísimo*(a) que se añade al adjetivo en concordancia con el nombre, y también se puede añadir = *mente* para los adverbios. Observe que si el adjetivo termina en consonante o en vocal con acento fonético, se añade -*ísimo, -ísimos, -ísima, ísimas*. Si el adjetivo termina en vocal sin acento fonético, se elimina la vocal antes de añadir el sufijo.
Ej.: Esa chica está *gordísima* (muy gorda).
El atleta corrió *rapidísimamente* (muy rápidamente).

D. Algunos adjetivos y adverbios tienen comparativos y superlativos especiales. ¡Apréndalos!

bueno/bien	→ **mejor**	→ **óptimo**	(better, best)
malo/mal	→ **peor**	→ **pésimo**	(worse, worst)
grande	→ **mayor**	→ **máximo**	(bigger, biggest)
pequeño	→ **menor**	→ **mínimo**	(smaller, smallest)

Tan correcto es decir *mejor* como *más bueno que, peor* es lo mismo que *más malo,* etc. *Mayor* y *menor* se usa con las personas para indicar más o menos edad: en inglés "older"/ "younger".
Ej.: Mi padre es *mayor que* yo; yo soy *menor que* él.

PRACTIQUE SU GRAMÁTICA   *(Respuestas, página 268)*

1. Los comparativos *tan, tanto, tanta* siempre se completan en la última parte con la conjunción _____.

    Ej.: *El conserje trabaja tanto* _____ *el botones.*

2. *Tanto, tanta* tienen el mismo género y el mismo número (singular/plural) que el _____.

    Ej.: *En mi casa tengo* _____ *duchas como tú.* (as many)

3. *Tan* es la forma corta de *tanto.* Solamente se usa delante de adjetivos y de

    _____.

    Ej.: *Tu cuarto es* _____ *grande como el mío.*

4. ¿Cómo se traduce *tanto* en ejemplos como *No pago tanto como tú?* _____ _____. ¿Qué palabra del inglés no se traduce en "as much as"? _____.

5. En la oración *Tengo* **tantos** *hermanos* **como** *tú* la palabra *tantos* se traduce por _____. ¿Qué palabra del inglés no se traduce?

    _____.

6. *Más, menos* se completan con la conjunción *que* (than) cuando están seguidos de nombres, adjetivos o _____; pero si después de *más, menos* hay un número o una cantidad no se usa *que* sino _____.

   Ej.: *Tengo más* _____ *un carro.*

7. Usamos *más de* y *menos de* cuando sigue inmediatamenta un número o una _____.

   Ej.: *Trabajé más* _____ *lo que usted esperaba.*

8. Recuerde que en español *un, una* son artículos indefinidos y también números. No es correcto *Tomamos más que un cuarto.* Deber ser *Tomamos* _____ *un cuarto.*

9. Una expresión idiomática muy enfática es *No tengo más que dos;* es lo mismo que decir *Tengo* _____ *dos.* La traducción *más que* es _____.

10. En la expresión *No tengo más que dos* se puede sustituir *más que* por _____ sin cambiar el significado.

11. No es lo mismo decir *No tengo **más de** dos* que *No tengo **más que** dos.* En el segundo caso *yo tengo exactamente* _____. En el primer caso, posiblemente yo tengo uno, uno y medio, 1.80, etc.

12. ¿Cómo se traduce *in* del inglés en "he's the best *in* the area"? _____. ¿Y cómo se traduce "the best"? _____.

13. ¿Cómo se traduce "This room is the worst in the hotel"? *Este cuarto es* _____ *hotel.*

14. ¿Cómo se traduce *mayor* si hablamos de la edad de personas? _____ _____. ¿Y cómo se traduce *"younger"* al español? _____.

15. **Lo más pronto** *posible* quiere decir "as soon as possible" (no se traduce el segundo "as" del inglés). ¿Cómo se dice "as late as possible"? _____ _____ *posible.*

16. Otra manera de decir *lindísima* es con dos palabras: _____.

17. La persona *optimista* busca siempre _____. (the best)

18. La persona *pesimista* siempre ve lo malo, siempre ve _____ _____. (the worst)

EJERCICIOS

(Respuestas, página 269)

A. Complete las oraciones siguientes.

1. Ella maneja el coche ———————————— yo. (better than)

2. Paco se fue a casa ——————— temprano ——————— yo. (earlier than)

3. Los americanos no comen ———————————— los españoles. (as much as)

4. El conserje no trabaja ——————— horas ——————— el botones. (as many . . . as)

5. Un cuarto sencillo no es ——————— grande ——————— uno doble. (as . . . as)

6. Un boleto de avión cuesta ——————— dólares ——————— uno de tren. (more . . . than)

7. Este hotel tiene ———————————— 200 cuartos. (more than)

8. No puedo comprarlo porque tengo ———————————— un dólar. (less than)

9. Joselito es el muchacho ———————————— la clase. (tallest in)

10. Mi mujer es ———————————— yo. (younger than)

11. Tu padre es ———————————— tu madre. (older than)

12. Los turistas viajaron ———————————— lo que usted se imagina. (more than)

13. Gloria tiene ——————— hambre ——————— yo. (as hungry as)

14. Traté de llegar ———————————— posible. (as soon as)

15. Marta y Sofía son ———————————— Elena. (older than)

16. Yo tenía $8,00 y pagué $5,00 por la comida; ahora no tengo ———————————— $3,00. (but)

17. Tenemos ——————— 15 habitaciones desocupadas. (more than)

18. La semana pasada no trabajé ———————————— ésta. (as much as)

19. Un buen televisor vale ———————————— un radio. (more than)

20. Otra manera de decir *muy grande* es ————————————.

21. Otra manera de decir *muy suave* es ————————————.

22. Colorado es el estado _____ montañoso _____ EE.UU. (the most . . . in)

23. Creo que hablo el inglés _____ el español. (worse than)

24. No conozco _____ países _____ tú. (as many . . . as)

25. Chile no produce _____ petróleo _____ México. (as much . . . as)

B. Forme el superlativo de los siguientes adjetivos. (Recuerde las reglas de ortografía: z → c, etc.)

Modelo: bueno *buenísimo*

1. fuerte _____   7. simpático _____

2. bello _____   8. cómico _____

3. feliz _____   9. fácil _____

4. rico _____   10. débil _____

5. lujoso _____   11. nuevo _____

6. malo _____   12. barato _____

C. Escriba oraciones completas con las palabras siguientes y en el mismo orden. Usted necesita poner algunas palabras como artículos, preposiciones, hacer la concordancia, poner pronombres, etc. Conteste en el Presente de Indicativo.

1. / mi / abuelos / tener / más dinero / mi / padres /

_____

2. / Carlos / no / tener / tan / bueno / notas / Lola /

_____

3. / a mí / gustar / pollo / más / carne de vaca /

_____

4. / ella / oír / más / diez discos / todo / el / días /

_____

5. / Marta / ser / muchacha / más / alto / la clase /

_____

¡ATENCIÓN! *Más palabras problemáticas*

A. "To save": *ahorrar/salvar/guardar*

1. *Ahorrar* significa *no usar* dinero, tiempo, energía, papel, etc. En este caso es lo contrario de *gastar* y *malgastar* (to waste).

    Ej.: Todos debemos *ahorrar* gasolina para no tener otra crisis.

2. *Salvar* significa "to rescue" una cosa o persona en un peligro.

    Ej.: El salvavidas nadó y *salvó* al niño en el mar. (the lifesaver swam and saved the boy in the sea)

3. *Guardar* quiere decir *poner en un lugar seguro* (to save, to keep).

    Ej.: Te comiste el helado y no me *guardaste* nada. (you ate the ice cream and didn't save anything for me)

B. "To look": *parecer/mirar/buscar/cuidar/examinar/asomarse*

1. El verbo "to look" tiene muchos significados según la preposición con la que se usa. Cuando no tiene preposición se traduce por *parecer*.

    Ej.: José *parece* triste. (Joe looks sad)

2. *Parecerse* significa "to look alike".

    Ej.: El padre y el hijo *se parecen* mucho. (the father and son look alot alike)

3. *Mirar* significa "to look at". Se necesita una *a* no para traducir "at" sino cuando sigue una persona de objeto directo.

    Ej.: Ud. *mira* la televisión y también *a* su hijo. (you look at the TV set and also at your son)

4. *Buscar* traduce "to look for", y recuerde que no se traduce "for".

    Ej.: *Busqué* mi libro y no lo encontré.

5. *Cuidar* significa "to look after", y no hay traducción para "after".

    Ej.: Voy a *cuidar* tu casa durante tus vacaciones.

6. *Examinar* quiere decir "to look over".

    Ej.: Voy a *examinar* el libro.

7. *Asomarse* significa "to look out" y se usa con la preposición *a* o *por*.

    Ej.: Ella *se asoma a (por)* la ventana. (she looks out the window) La expresión ¡*Cuidado!* traduce "Look out!"

D. Complete las oraciones con uno de los verbos siguientes en el Pretérito.

(Respuestas, página 269)

ahorrar	guardar	parecer	mirar	cuidar	asomarse
salvar	malgastar	parecerse	buscar	examinar	¡Cuidado!

1. Cuando Ud. _____ la vida del niño, tal vez no pensó que hacía una acción heroica.

2. En el pasado la gente _____ mucha energía, y ahora tenemos que pagar las consecuencias.

3. ¿Quién _____ tu perro durante tu viaje a Hawaii?

4. El profesor _____ bien el libro antes de ponerlo de texto.

5. Vine a la universidad en bicicleta y así _____ gasolina.

6. Ellos _____ un apartamento barato, pero no lo encontraron.

7. El sur de California _____ mucho al sur de España. (Use el Presente de Indicativo en esta oración.)

8. La niñita _____ a la puerta, pero entró en seguida porque tenía miedo.

9. Después que el turista pagó, _____ la cartera en el bolsillo del pantalón.

10. Hay un perro en medio de la calle. ¡ _____!

11. ¿ _____ ustedes los anuncios clasificados del periódico?

12. ¿Qué te _____ el concierto? ¿Te gustó?

Lección 17

PARTES DEL CUERPO
(Parts of the Body)

abrazar	to embrace	**el muslo**	thigh
el antebrazo	forearm	**la nariz**	nose
la boca	mouth	**el oído**	ear, hearing
el brazo	arm	**el ojo**	eye
el cabello, pelo	hair	**oler (ue)**	to smell
la cabeza	head	**el olfato**	smell (sense)
el codo	elbow	**la oreja**	ear (outer)
el cuello	neck, collar	**el pie**	foot
dar la lata	to annoy	**la pierna**	leg
de mala gana	reluctantly	**el pecho**	chest
el dedo	finger, toe	**la pestaña**	eyelash
la espalda	back	**poner peros**	to find faults
la garganta	throat	**el pulmón**	lung
el hombro	shoulder	**la rodilla**	knee
el hueso	bone	**la sangre**	blood
la mano	hand	**el seno**	breast
la muñeca	wrist	**el tobillo**	ankle
el corazón	heart	**la uña**	nail

PRACTIQUE EL VOCABULARIO   (Respuestas, página 269)

A.   Subraye la palabra o expresión correcta.

1. Las manos y los pies tienen (muñecas, tobillos, dedos, codos).

2. En la pierna tenemos el/la (codo, cuello, uña, rodilla).

3. Para oler usamos el/la (pulmón, nariz, hombro, espalda).

4. La parte que separa la cabeza del resto del cuerpo es el/la (garganta, espalda, cuello, olfato).

5. La parte más dura del cuerpo es el/la (hueso, corazón, sangre, rodilla).

6. Respiramos el aire con los/las (pestañas, orejas, pulmones, gargantas).

7. Podemos tocar con todo el cuerpo, pero especialmente con los/las (pies, brazos, rodillas manos).

8. La parte que separa las manos de los brazos es el/la (tobillo, muñeca, rodilla, hombro).

9. Doblamos las piernas por el/la (tobillo, muslo, rodilla, codo).

10. El esqueleto está formado por los/las (cabellos, pulmones, oídos, huesos).

11. La parte que separa la pierna del pie es el/la (uña, muñeca, tobillo, seno).

12. Las manos y los pies terminan en los/las (tobillos, uñas, pestañas, orejas).

13. Para proteger los ojos tenemos los/las (pelos, rodillas, pestañas, piernas).

B.   Complete con una palabra adecuada del vocabulario sobre el cuerpo.

1. Tenemos cinco *sentidos* (senses): gusto, oído, vista, tacto y _____ _____.

2. La parte que cubre la cabeza es el _____ o _____ _____.

3. Detrás del cuerpo tenemos la espalda; delante, tenemos el _____ _____.

4. Vemos con los ojos y olemos con la _____.

5. Solamente tenemos diez "fingers", pero tenemos veinte _____ _____.

6. El centro de la vida y de las emociones es el _____.

7. El líquido vital que corre por todo el cuerpo es la _____.

8. La parte dura exterior de los dedos se llama _____.

9. Para abrazar a un amigo usamos los _____.

10. La comida pasa de la boca al estómago por la _____.

11. La parte exterior del oído se llama _____.

12. Los perros tienen mejor olfato y mejor _____ que las personas.

13. La parte más gruesa (gorda) de la pierna es el _____.

14. Doblamos la pierna en la rodilla, y el brazo en el _____.

15. El color del _____ puede ser negro, rubio, rojo o castaño.

16. Para hacer los ojos más lindos algunas mujeres se pintan las _____

_____.

C. Complete las oraciones con una de las expresiones o palabras siguientes. Haga los cambios necesarios.

dar la lata	poner peros	oler (ue; huelo)	doler la garganta
de mala gana	abrazar	romperse el tobillo	cortarse el cabello

1. Cuando mis padres llegaron al aeropuerto yo los _____

_____ fuertemente.

2. Tienes el pelo demasiado largo. ¿Cuándo vas a _____

_____?

3. Usted nunca está de acuerdo con los demás; siempre le _____

_____ a todo.

4. Joselito hizo la tarea, pero _____.
   No le gusta trabajar.

5. Ayer tenía un resfriado y todo el día me _____

_____.

6. Ella tuvo mala suerte. Se cayó y se _____

_____.

7. Algunas rosas _____ muy bien.

8. Tengo artritis en la rodilla derecha y esto me _____

_____ .

GRAMÁTICA. REGLAS DEL ACENTO ESCRITO

A. Cada palabra del español tiene *un solo* acento fonético (stress). Vamos a llamar *golpe de voz* (voice stress) a este acento fonético. El acento escrito /'/ siempre se pone en una vocal que lleva el golpe de voz según unas reglas fijas. Para poder aplicar estas reglas es necesario que Ud. pueda oír el golpe de voz. Por ejemplo, en la palabra *hablamos* el golpe de voz está en *-bla-*, y en la palabra *gramática* el golpe de voz está en *-ma-*.

Las tres reglas principales del acento escrito son:

1. Las palabras con el golpe de voz en la *última* sílaba necesitan acento escrito si la útima letra es una vocal o las consonantes *n* o *s*.

Ej.: está, estás, están, café, rubí, comió, comí, bambú, Perú, cafés

NOTA:

Si la palabra tiene *una* sílaba no lleva acento: *dos, vio, ve, di, vas.*

2. Las palabras con el golpe de voz en la *penúltima* sílaba (next-to-last) necesitan acento escrito si terminan en consonante, excepto *n* o *s*.

Ej.: árbol, difícil, lápiz, sángüich, líder, álbum, huésped (guest)

3. Las palabras con el golpe de voz en la *antepenúltima* sílaba (third-before-last) necesitan el acento siempre. No importa la última letra de la palabra.

Ej.: lámpara, gramática, dígame, dármelo, difíciles, fáciles, sángüiche

B. Las excepciones a estas tres reglas se deben a razones diferentes del golpe de voz y las letras finales de la palabra. Hay dos reglas en esta categoría:

1. Escribimos acento en la í y la ú cuando estas dos vocales no forman diptongo con las otras vocales. En otras palabras, cuando la í o la ú tienen el golpe de voz y están junto a cualquiera de las vocales *o, a, e*.

Ej.: día, comía, país, rubíes, vacío, dúo, baúl, países, baúles, Raúl

2. Tenemos una lista de palabras que tienen dos significados con la misma *escritura* (spelling). En este caso el acento

escrito diferencia un significado de otro de una manera muy arbitraria.

Estudie los siguientes pares de palabras con su significado y ortografía:

tú (you): *Tú* sabes español.
tu (your): *Tu* español no es perfecto.

él (he): *Él* sabe español.
el (the): *El* español no es fácil.

sé (I know): *Sé* un poco de español.
sé (be): *Sé* honesto. (be honest)
se (-self): Ellos *se* sientan.

sí (yes): *Sí,* usted habla español.
sí (himself): José se ve a *sí* mismo.
si (if): *Si* Ud. estudia, aprende.

mí (me): Este helado es para *mí.*
mi (my): Tú tienes *mi* libro.

dé (give): *Dé* este libro a Juan.
de (of): La casa es *de* Juan.

más (more): No quiero *más* helado.
mas (but): Lo hago, *mas* no me gusta.

té (tea): ¿Quieres café o *té*?
te (you): *Te* llamo mañana.

sólo (only): Trabajas *sólo* dos horas.
solo (alone): José trabaja *solo;* María trabaja *sola.*

aún (yet): José *aún* no lo hizo.
aun (even): Llámame, *aun* cuando sea tarde.

C. NOTAS IMPORTANTES
1. Recuerde que las palabras interrogativas siempre necesitan acento, lo mismo en una pregunta directa que en una pregunta indirecta.

¿**qué**? (what?)	¿**cuánto**? (how much?)	¿**dónde**? (where?)
¿**quién**? (who?)	¿**cuántos**? (how many?)	¿**cuándo**? (when?)
¿**cuál**? (which?)	¿**de quién**? (whose?)	¿**por qué**? (why?)

Ej.: ¿*De dónde* viene este vuelo? Quiero saber *de dónde* viene este vuelo.

2. Los pronombres *éste, ése, aquél*, etc., necesitan acento. No
   tienen acento cuando son adjetivos, es decir, cuando están
   junto al nombre.
   > Ej.: No quiero *esta* camisa sino *ésa*. (I don't want this
   > shirt but that one) *Éste* es mejor que *aquél*. (this
   > one is better than that one)

3. El acento debe escribirse lo mismo en letras *mayúsculas*
   (capitals) que en *minúsculas* (small letters). Si algunos libros no siguen esta regla es para ahorrar dinero.

4. La memoria visual es muy importante para escribir el acento, lo mismo que para la ortografía en general. Usted escribe
   hablo con *h* porque tiene buena memoria. En realidad si Ud.
   no puede oír el golpe de voz no puede aplicar ninguna de las
   tres reglas básicas del acento excepto con la ayuda de la
   memoria.

PRACTIQUE LOS ACENTOS   *(Respuestas, página 270)*

1. Una palabra del español sólo lleva _____ acento fonético. Esto
   quiere decir que las palabras compuestas no son una excepción. Por ejemplo,
   Latinoamérica no lleva un golpe de voz en *Latino* y otro en *América*. El único
   acento (golpe de voz) está en la segunda palabra, y en este caso en la sílaba

   _____ .

2. *Café* tiene acento en la *e* porque termina en vocal (*e*) y porque el golpe de voz

   está en la _____ sílaba.

3. *Cafés* también lleva acento porque tiene el golpe de voz en la última sílaba y

   la última letra es _____. ¿Necesita acento la palabra *corres*? _____

   _____ .

4. Las palabras *estás/están* necesitan acento por la misma regla: terminan en *s*

   y *n* y el golpe de voz está en la _____ .

5. *Lápiz* necesita acento porque termina en *z* y el golpe de voz está en la

   _____ sílaba. En cambio *nariz* no lleva acento por-

   que el golpe de voz está en la _____ sílaba.

6. *Dieciséis* lleva acento porque el golpe de voz está en la última sílaba y

   termina en _____. En cambio *seis* no lleva acento porque sólo tiene una
   sílaba y la primera regla no se aplica a las palabras de una sílaba. ¿Necesita

   acento *veintidos*? _____ .

7. *Gramática* y *gramáticas* llevan acento porque el golpe de voz está en la _____ sílaba. No importa la última letra.

8. *Aéreo* necesita acento por la misma razón que *gramática*. Después de la *e* con el golpe de voz hay _____ sílabas: *a-é-re-o*. ¿Necesita acento *area*? _____.

9. *Oír* necesita acento porque el golpe de voz está en la _____. Esto quiere decir que no hay diptongo entre la *o* y la *i*. ¿Necesita acento *oimos* (we hear)? _____.

10. Ud. sabe que todos los Imperfectos terminados en *ía* llevan acento lo mismo que *día* y *María*. El término científico de romper el diptongo se llama *hiato*, y ocurre con las dos vocales _____. ¿Necesita acento *baul* (trunk)? _____.

11. Recuerde que las palabras *fue* y *fui* no llevan acento porque son de una sola sílaba. Por la misma razón *pie* (foot) no lleva acento. ¿Necesita acento *balompie* (soccer)? _____. Es la misma razón del acento en *seis/dieciséis*.

12. *Dio, vio, di, vi* no llevan acento aunque Ud. encuentre libros con estas palabras mal escritas. *Dios* (god) tampoco lleva acento. ¿Necesita acento *adios*? _____.

13. Cuando *él* lleva acento significa _____, pero sin acento *el* significa _____.

14. *Sé* con acento significa _____ y también _____, y *se* sin acento significa _____.

15. *Tú* significa _____; en cambio *tu* significa _____.

16. *Té* significa _____; en cambio *te* significa _____.

17. *Mí* significa _____; en cambio *mi* significa _____.

18. *Solo* sin acento es un adjetivo y la forma femenina es *sola*. En este caso significa _____. En cambio *sólo* es adverbio y significa _____ _____.

19. *Más* es un adverbio o adjetivo y significa _____. En cambio *mas* es una conjunción que significa _____. Actualmente se usan *pero* y *sino;* en el español clásico se usaba más la conjunción *mas*.

20. Los adverbios en -*mente* son las únicas palabras con dos golpes de voz: si el adjetivo lleva acento es necesario conservarlo en el adverbio. Por ejemplo, de *fácil* tenemos el adverbio _____.

21. Las palabras interrogativas necesitan acento lo mismo si la pregunta es directa o indirecta. ¿Está correcto *cuando* en *Me interesa saber cuando llegas*? _____.

22. ¿Las reglas del acento son las mismas para letras mayúsculas y minúsculas? _____.

EJERCICIOS   *(Respuestas, página 270)*

A.   Escriba los acentos que faltan en las oraciones siguientes.

1. Ella no queria comer mas porque tenia una dieta estricta.
2. ¿Quien te dio esos lapices tan interesantes?
3. A ti te conviene escribir los puntos sobre las *i*es.
4. El pie, el corazon, la nariz, el pulmon y el hombro son partes del cuerpo.
5. En este pais hay mas petroleo que en ese.
6. Ella creia que tu eras frances, y *si* (indeed) lo eres.
7. Este baul pesa mas que el mio.
8. ¡Que dia tan nublado! Angela no va a venir a vernos.
9. Esta mañana oi una noticia que me puso nerviosa.
10. Las raices del arbol rompieron el cemento de la acera.
11. Si me preguntas cuando es la fiesta, te digo que el miercoles.
12. Dificilmente puedo leer el italiano.

B.   ¿Puede oír usted el golpe de voz en las palabras? Hay personas que sí y personas que no. Para comprobarlo subraye la sílaba que lleva el golpe de voz.

1. salud	5. conocen	9. tocadiscos	13. cintura
2. ustedes	6. conocemos	10. diecinueve	14. libertad
3. comieron	7. conocieron	11. catorce	15. solamente
4. corrimos	8. conocer	12. hospital	16. claramente

C. Escriba el significado de estas palabras. ¡Cuidado con el acento!

1. más _____ 6. si _____

2. sólo _____ 7. mí _____

3. mi _____ 8. solo _____

4. tu _____ 9. aún _____

5. el _____ 10. mas _____

¡ATENCIÓN! *Preposiciones **de**, **a***

1. **De** *se usa para expresar:*
   a. Posesión: la luz *del* carro; la casa *de* tu amigo
   b. Origen: Somos *de* California; este avión viene *de* Miami.
   c. Materia: un reloj *de* oro; un vaso *de* cristal
   d. Contenido (content): un vaso *de* vino; un libro *de* historia
   e. Clase: zapatos *de* niño; ropa *de* señora
   f. Cantidad: una docena *de* huevos; un kilo *de* carne
   g. Expresiones idiomáticas:

de pie (standing)	**de ida y vuelta** (round trip)
de rodillas (kneeling)	**estar de** + **nombre** (be)
de repente (suddenly)	**trabajar de** + **nombre** (to work as)
estar de regreso (to be back)	**de verdad** (truly)

2. **A** se usa para expresar:
   a. Objeto directo de personas: Saludamos *a* la señora.
   b. Destino exacto: Se fue *a* Chicago. (También se usa *para*, pero el destino es aproximado: Se fue *para* Chicago.)
   c. Tiempo: Salió *a* las dos; llegó *a* tiempo.
   d. Dirección: Todos los verbos de movimiento necesitan *a* cuando se menciona el destino o propósito.
      Ej.: ir *a*, venir *a*, empezar *a*.
   e. Expresiones idiomáticas:

a la puerta (at the door)	**a tiempo** (on time)
a la mesa (at the table)	**a solas** (alone)
a lo loco (foolishly)	**a medias** (half done)
a pie (on foot)	**a la larga** (in the long run)
a caballo (on horseback)	**a lo largo de** (along)
¿ a cuánto? (for how much?)	**aprender a** (to learn how)
ponerse a (to start)	**al pie de la letra** (to the letter, exactly)

> **a más tardar** (at the latest)   **dar a** + **(lugar)** (to face)
> **a partir de** (beginning)   **a pesar de (que)** (in spite of,
>   although)
> **a fines de** (by the end of)   **a principios de** (at the beginning)
> **a punto de** (about to)   **a la vez** (at the same time)

D.   Traduzca las palabras o expresiones que están en paréntesis.

1. Ayer le compré unas flores _____ mi esposa. (for)

2. Estas naranjas no son _____ California sino _____ la Florida. (from)

3. Ella es millonaria; tiene _____ cinco millones _____ dólares. (more than)

4. Para mí es muy importante empezar el trabajo _____

   _____. (on time)

5. Don Severino tuvo un ataque al corazón _____. (suddenly)

6. _____ nevó ayer, no hace mucho frío. (although)

7. El tren está _____ salir para San Diego. (about to)

8. ¿Por qué quieres _____ esquiar? (to learn how)

9. Paco salió _____ San Francisco _____ Canadá. (from/toward)

10. No sabemos quién va a ganar _____. (in the long run)

11. El viaje se demora cinco horas _____. (at the latest)

12. ¿Me estás tomando el pelo o pasó eso _____? (truly)

13. Pensamos ir _____ porque está cerca. (on foot)

14. Creo que ella _____ maestra en Denver. (works as)

15. La computadora copió la carta _____. (to the letter)

16. ¿_____ venden este carro? (for how much?)

17. El nuevo millonario malgastó el dinero _____. (foolishly)

18. Van a subir los impuestos _____ enero. (beginning in)

19. Aún no terminé la tarea; está _____. (half done)

20. Vamos a pasear _____ la Quinta Avenida. (along)

Lección 18

EN LA CONSULTA DEL MÉDICO (At the Doctor's Office)

adelgazar	to lose weight	la inyección	shot (booster)
la alergia	allergy	mejorar	to improve
aliviar	to relieve	nacer	to be born
el asma (f)	asthma	la náusea	nausea
la balanza	scale	obeso, grueso	obese, fat
la cirugía	surgery	operar	to operate
el cirujano	surgeon	el pabellón	ward (hospital)
la cuna	cradle, crib	el/la paciente	patient
delgado, flaco	thin, skinny	pálido	pale
empeorar	to get worse	la pastilla, la píldora	tablet, pill
la enfermedad	illness, sickness	la pulmonía	pneumonia
el/la enfermero -a	nurse	la receta	prescription
engordar	to get fat	el resfriado, el	cold
el escalofrío	chill	catarro	
estar encinta,	to be pregnant	respirar	to breathe
embarazada		saludable	healthy
la fiebre	fever	la tensión	pressure
la gripe, gripa	flu	la tos	cough
el impermeable	raincoat	toser	to cough

PRACTIQUE EL VOCABULARIO   *(Respuestas, página 271)*

A.   Complete el diálogo entre el médico y la paciente.

1. Médico: ¡Hola, Maribel! ¡Qué _____ estás hoy! (pale)

2. Usted: Sí, tengo un _____ terrible. Ayer salimos al cine y se me olvidó el _____. (cold/raincoat)

3. Médico: Te voy a poner el termómetro a ver si tienes _____.

4. Usted: Ya tomé varias _____ de aspirina, pero todavía me duelen todos los _____.(tablets/bones)

5. Médico: Veo que tienes una temperatura demasiado alta. Voy a ponerte una _____ de antibióticos porque tienes una infección.

6. Usted: También me duele mucho la _____, y _____ mucho toda la noche. (throat/coughed)

7. Médico: Es mejor prevenir que curar. Todavía el virus está en su *etapa* (stage) inicial. Te voy a escribir una _____. (prescription)

8. Usted: ¿Cree usted que con esto voy a _____? (improve)

9. Médico: Por supuesto. Pero debes cuidarte, porque si el catarro empeora puede degenerar en _____. (pneumonia) Aquí tienes la receta.

10. Usted: La película me salió cara. Ahora siento _____. (chills)

11. Médico: Eso es debido a la fiebre. Si te cuidas te vas a _____. (relieve)

B.   Conteste verdadero o falso.

1. _____ Si usted tiene diabetes, es mejor comer postres con mucha azúcar.

2. _____ La vitamina C parece ser buena para prevenir los resfriados.

3. _____ Si usted desea adelgazar, debe comer menos y contar las calorías.

4. _____ Si usted padece de asma siente náuseas y escalofríos.

5. _____ La salud es más importante que el dinero porque las enfermedades son caras.

6. _____ Cuando un paciente tiene gripe es necesario operar rápidamente.

7. _____ El humo del cigarrilo puede mejorar los problemas de respiración
y cáncer.

8. _____ Los niños nacen en el pabellón de maternidad del hospital.

9. _____ Los cirujanos pueden operar el corazón y hacer trasplantes de
órganos.

10. _____ La balanza es muy importante para llenar algunas recetas en la
farmacia.

11. _____ Las madres *dan a luz* (give birth) a los bebés unos siete meses
después de estar encinta.

12. _____ Los pacientes obesos generalmente tienen la tensión más alta
que los delgados.

C. Subraye la selección correcta.

1. Los médicos escriben (pastillas, recetas, gripes, inyecciones) para llevarlas
a la farmacia.

2. Cuando nacen los bebés las enfermeras los ponen en el/la (operación, cirugía, respiración, cuna) cuando no están con la madre.

3. Lo contrario de adelgazar es (mejorar, empeorar, engordar, estar encinta).

4. La (alergia, pulmonía, tos, gripe) es un tipo de enfermedad poca conocida.

5. Las personas con asma tienen dificultad para (toser, respirar, engordar,
operarse).

6. Si usted tiene mucha fiebre probablemente siente (pulmonía, escalofríos,
náuseas, mucha tensión).

7. Lo contrario de mejorar es (toser, adelgazar, empeorar, nacer).

8. Parece que las personas que no fuman son más (delgadas, obesas, alérgicas,
saludables) que las que fuman.

9. Si usted tiene pulmonía es bueno (tomar antibióticos, comer bastante,
tomar aspirinas, respirar humo).

10. Algunas mujeres encinta *padecen* (suffer) de (fiebre, alergia, náuseas,
gripe).

GRAMÁTICA.   FUTURO Y CONDICIONAL

I.   Verbos Regulares

SUJETO	hablar	ser	estar	comer
yo	hablar é	ser é	estar ía	comer ía
nosotros	hablar emos	ser emos	estar íamos	comer íamos
tú	hablar ás	ser ás	estar ías	comer ías
él, ella, Ud.	hablar á	ser á	estar ía	comer ía
ellos, -as, Uds.	hablar án	ser án	estar ían	comer ían

1. La raíz de Futuro y del Condicional es el infinitivo completo: *ser → seré → sería*. Del verbo *ir* el Futuro es *iré* y el Condicional *iría*.
2. Los morfemas de persona son los mismo de siempre: *mos, s, n*. Observe que todas las personas tienen acento en el Futuro excepto la primera del plural: *veremos, seremos*, etc.
3. La terminación del Condicional es *-ía* para todos los verbos; es igual que el Imperfecto de los verbos terminados en *-ER, -IR*, pero la raíz es diferente; compare *comía* con *comería*, *veía* con *vería*.

II.   Verbos Irregulares y derivados

    A.   Hay solamente doce verbos irregulares en el Futuro y Condicional. Pierden la vocal *e* o la vocal *i* del infinitivo *-ER, -IR*. Algunos como *venir → vendré* ponen una *d* en lugar de la *i*. No decimos *saberé* sino *sabré*. Aquí está la lista:

saber → sabré/sabría	**querer → querré/querría**
poder → podré/podría	**venir → vendré/vendría**
poner → pondré/pondría	**salir → saldré/saldría**
caber → cabré/cabría	**valer → valdré/valdría**
haber → habré/habría	**decir → diré/diría**
tener → tendré/tendría	**hacer → haré/haría**

    B.   Observe que *hacer* y *decir* son los más irregulares: pierden una sílaba completa: de *decir → diré*; de *hacer → haré*. Compare *quería* (I wanted) con *querría* (I would want).

    C.   Los verbos compuestos y derivados de estos doce verbos tienen los mismos cambios que los verbos simples.

          Ej.: **mantener** → **mantendré** (I'll maintain)

               satisfacer → **satisfaré** (I'll satisfy)

               suponer → **supondré** (I'll suppose)

      Los compuestos de *decir* son regulares: necesitan el infinitivo completo.

          Ej.: **maldecir** → **maldeciré** (I'll curse)

               predecir → **prediciré** (I'll predict)

III. <u>Usos del Futuro y Condicional</u>

    A.   Las formas del Futuro indican una acción *posterior* al momento presente; las formas del Condicional indican una acción *posterior* a un pasado.

          Ej.: Te digo que *volveré* más tarde (I'm telling you I'll be back later)

               Te dije que *volvería* más tarde (I told you I'd be back later)

    B.   Tenemos tres formas diferentes de indicar una acción futura:

      1. *Presente de Indicativo: Salgo* mañana. (sin énfasis)

      2. *Ir a + verbo: Voy a salir* mañana. (enfático)

      3. *Formas del Futuro: Saldré* mañana. (más enfático)

      En realidad algunos dialectos hispanoamericanos usan poco las formas del Futuro. En España se usa el Futuro mucho más que en América.

    C.   *Futuro y Condicional de probabilidad*

      1. El Futuro se usa para indicar probabilidad de una acción en el *momento presente.*

          Ej.: José no *está* en clase. *Estará* enfermo. (Joe is not in class. He's probably sick.)

      2. El Condicional se usa para indicar probabilidad de una acción en *un momento pasado.*

          Ej.: Ayer José no vino a clase. *Estaría* enfermo (Joe didn't come to class yesterday. He was probably sick.)

    D.   Además de los usos del Condicional mencionados anteriormente, el Condicional se traduce como "would" y "should"; este empleo se estudiará en la Lección 26.

    E.   El Condicional se usa para indicar cortesía.

          Ej.: *Querría* hablar con María./¿Nos *podría* llevar al supermercado?

F. En inglés es frecuente usar "the conditional" para indicar una costumbre en el pasado. En español solamente usamos el Imperfecto, nunca el Condicional para una costumbre en el pasado.

> Ej.: Cuando yo estaba en Cuba, *fumábamos* buenos puros.
> (when I was in Cuba, *we would smoke* good cigars)

PRACTIQUE SU GRAMÁTICA

(Respuestas, página 271)

1. La raíz del Futuro y Condicional es el _____ completo; por ejemplo, la raíz de *comería* es _____ y la raíz de *iría* es _____.

2. Los morfemas de persona son siempre los mismos, por ejemplo *mos* de *veremos* repite la información del sujeto _____. Por esta razón es muy frecuente omitir el pronombre en español.

3. Todas las personas del Futuro tienen acento excepto una: _____ _____.

4. La terminación que significa *condicional* es la mismo que significa *imperfecto* en los verbos en *-ER, -IR:* es la terminación _____. Pero la diferencia está en la raíz. Para el Condicional la raíz es todo el _____ _____.

5. El uso regular o normal del Futuro es para indicar una acción posterior al momento _____. En cambio el Condicional indica una acción posterior a un momento _____.

6. El Futuro de *saber* no es *saberé* sino _____, y el Futuro de *poner* no es *poneré* sino _____.

7. El Condicional de *decir* no es *deciría* sino _____, y el Condicional de *hacer* no es *hacería* sino _____.

8. Para indicar probabilidad en el momento presente podemos usar las formas del _____. En cambio el Condicional se puede usar para indicar probabilidad en un momento _____.

9. Todos los verbos irregulares en el Futuro son también irregulares en el Condicional. Por ejemplo, *querer* → *querré* → _____. No lo confunda con *quería* (I wanted).

10. En inglés se puede usar el Condicional para indicar una costumbre en el pasado. En cambio en español una costumbre se indica con el _____ _____.

11. Si del verbo *hacer* decimos *haré,* de *satisfacer* diremos _____ _____.

12. Si del verbo *poner* decimos *pondré,* de *imponer* diremos _____ _____.

13. Si del verbo *salir* decimos *saldré,* de *sobresalir* diremos _____ _____.

14. Si del verbo *tener* decimos *tendré,* de *obtener* diremos _____ _____.

15. Los compuestos de *decir* son regulares en el Futuro y Condicional: necesitan todo el infinitivo. ¿Cómo se traduce "he will bless" (bendecir)? _____ _____.

16. ¿Cómo se dice con el Futuro de probabilidad *Hace calor en Hawai probablemente?* _____ *en Hawai.*

17. Si usted está *seguro* (sure) dice **Eran** *las 12:00,* pero si usted no lo sabe, y quiere indicar probabilidad, usted dice _____ *12:00.*

18. ¿Cuál es más enfático, **Iré** *más tarde* o **Voy** *más tarde?* _____ _____.

EJERCICIOS   *(Respuestas, página 271)*

A. Complete con las formas del Futuro o Condicional.

1. Si no llueve esta tarde, yo _____ al correo. (ir)
2. Te prometo que nosotros _____ mañana. (venir)
3. Después que escriba la carta, Carlitos la _____ en el buzón. (poner)
4. Mamá, te prometo que yo siempre _____ la verdad. (decir)
5. Si el peatón camina ahora, el guardia lo _____. (detener)
6. Mañana usted _____ mi cheque por correo. (recibir)

7. ¿Dónde está Anita hoy? No sé, _____ en el trabajo. (estar)

8. Ayer me dijiste que tú _____ al cine conmigo. (ir)

9. Si te casas con Carolina, creo que _____ muy feliz. (ser)

10. Ayer Pedro no vino al trabajo; él _____ enfermo. (estar)

11. Jorge me escribió que él _____ por avión. (llegar)

12. Esos peatones no _____ cruzar la calle con tanto tráfico. (poder)

13. ¿Está muy lejos el museo? No, _____ cuatro cuadras más o menos. (haber)

14. Si mañana sigues enfermo, _____ a verme otra vez. (venir)

15. Me imagino que en Texas _____ mucho calor en verano. (hacer)

16. ¿A qué hora llegaron ustedes? No sé, _____ las 3:00. (ser)

17. Si el senado pasa esa proposición, el presidente se _____. (oponer)

18. Si el criminal entra en la casa, la policía lo _____. (detener)

19. Oye, Jorge, si vas a 70 millas por hora, _____ un accidente. (tener)

20. Ese turista habla bien el inglés; _____ de Canadá. (ser)

21. _____ viajar a Sudamérica. (gustar: "I would like")

22. Para las preguntas en primera persona del tipo "Shall I come in?" no se usa el Futuro en español, sino el Presente de Indicativo. ¿Cómo se traduce "Shall we leave now?" ¿_____ *ahora*?

23. Para las *órdenes* y *mandamientos* (commandments) siempre se usa el Futuro en español y en inglés. ¿Cómo se traduce "You shall not kill"? (matar) _____.

24. *Caber* significa "to fit, to be room for". ¿Cómo se traduce "we won't fit in your car"? *No* _____ *en tu carro*.

25. Cuando nosotros vivíamos en San Diego, _____ a México muchas veces. (ir: "we would go")

B. Cambie del Presente o Pretérito al Futuro. Escriba solamente el verbo.

1. El paciente se mejoró con los antibióticos. _____

2. Nosotros adelgazamos veinte libras. _____

3. Tú engordas con tantos postres y tantas papas. _____

4. Ustedes no vinieron a mi fiesta de cumpleaños. _____

5. El padre mantiene a toda su familia. _____

6. Yo me alivié mucho con estas píldoras. _____

7. Todos los presentes dijeron que sí. _____

8. ¿Cómo se sintió Ud. en ese momento? _____

9. Hago la tarea en la biblioteca del colegio. _____

10. Yo sé muy bien el inglés y el español. _____

C. Practique el Condicional. Complete con la forma correcta del Condicional. *¿Qué haría usted con un millón de dólares?*

1. _____ una casa fantástica. (comprar)

2. _____ por todo el mundo. (viajar)

3. _____ la mitad a los pobres. (dar)

4. _____ muchas cosas con ese dinero. (hacer)

5. _____ un negocio muy grande. (poner)

6. _____ de vacaciones inmediatamente. (salir)

7. _____ mi vida ordinaria como todos los días. (seguir)

8. _____ más impuestos al tío Sam. (pagar)

¡ATENCIÓN!   *Algunas preposiciones poco usadas;* **ante, bajo, tras, so**

1.   *Ante* (before) solamente se usa en situaciones importantes, por ejemplo, *ante el juez* (before the judge), *ante el altar* (before the altar), *ante el senado* (before the senate), *ante Dios* (before God). En los casos ordinarios usamos *delante de* (in front of, before) con lugares, y *antes de* (before) con el tiempo.
      Ej.: La mesa está *delante de* las sillas.
      Llegaremos *antes del* lunes.

2.   *Bajo* (under) sólo se usa en situaciones especiales, por ejemplo, *bajo la ley* (under the law), *bajo el poder del rey* (under the king's rule), *bajo la influencia del alcohol* (under the influence of alcohol). En los casos ordinarios usamos *debajo de* (under, below) y también *abajo de* (under, below).
      Ej.: La maleta está *debajo de* la mesa.
      Se cayó *abajo de* la silla

3.   *Tras* (after) se usa con un nombre repetido, por ejemplo, *día tras día* (day after day), *papel tras papel* (paper after paper). En literatura se usa también para significar "after". En los casos ordinarios se usa *detrás de* (behind) con nombres de lugar, y *después de* (after) con nombres de lugar.
      Ej.: El árbol está *detrás de* la casa.
      Saldremos *después del* lunes.

4.   *So* (under) sólo se usa en expresiones idiomáticas, pero en español antiguo se usaba mucho.
      Ej.: *so pretexto* de médico (under the pretext of doctor)
      so capa de bueno (under the disguise of a good man)

D.   Traduzca las palabras y expresiones que están en paréntesis.

1. La policía detuvo al chofer por estar _____ la influencia del alcohol. (under)

2. El jardín de rosas está _____ la casa. (behind)

3. María no vino a clase _____ de que está enferma. (under the pretext)

4. Los novios se casaron _____ el altar de la iglesia. (before)

5. Los libros se cayeron _____ la mesa. (under)

6. Te prometo que llegaremos _____ lunes. (before)

7. El maestro explica la lección _____ la clase. (in front of)

8. Usted tiene que pagar impuestos _____. (under the law)

9. El asesino fue interrogado _____ un *jurado* (jury). (before)

10. Ella se pasaba _____ en la playa. (day after day)

11. Te aliviarás _____ tomar estas píldoras. (after)

12. El muchacho devoraba _____ de la novela romántica. (page after page)

Lección 19

EN LA FARMACIA
(At the Pharmacy)

el acero	steel	el jarabe	syrup
el alimento	food	la marca	trademark
alimentar	to feed	la mecedora	rocking chair
balancear	to balance	mecer	to rock
el calmante	sedative	el nervio	nerve
centavo	cent	nervioso	nervous
conseguir (i)	to obtain, get	padecer	to suffer
la crema dental	toothpaste	el pastel	cookie, cake
la droga	drug	la pastelería	pastry shop
la droguería	drugstore	preocuparse	to worry
durar	to last	reciente	recent
la farmacia de guardia	all-night pharmacy	tragar	to swallow
la frutería	fruit store	el trago	swallow, drink
la gota	drop	a través	across
gotear	to drip	la travesura	mischief
la hoja de afeitar	razor blade	la vacuna	vaccine, shot
inoxidable	rustproof	la verdulería	vegetable store
el jabón	soap	la verdura	vegetable, greens
		la zapatería	shoe store

PRACTIQUE EL VOCABULARIO   *(Respuestas, página 272)*

A.   Complete este diálogo entre el *farmacéutico* (pharmacist) y un cliente.

1. Farmacéutico: Buenos días, señora. ¿En _____ puedo servirle?

2. Cliente: Traigo dos recetas para que me las llene. La primera es un

   _____ para los nervios, y la segunda es para la garganta. (sedative)

3. Farmacéutico: ¿Desea el calmante en píldoras o en _____?
   (syrup)

4. Cliente: Mejor en jarabe. No me gusta _____ píldoras. (swallow)

5. Farmacéutico: ¿Necesita alguna _____ más? (drug)

6. Cliente: Sí, yo _____ de los ojos y algunos días los tengo muy irritados. (suffer)

7. Farmacéutico: Puede ponerse unas _____ de esta medicina y se aliviará. (drops)

8. Cliente: Mi esposo me encargó _____

   _____ y crema dental. (razor blades)

9. Farmacéutico: Tenemos hojas de _____ inoxidable. (steel)

10. Cliente: También necesito _____, pero veo que no tienen mucha selección. (soap)

11. Farmacéutico: Es cierto. Nuestra _____ es pequeña. (drugstore)

12. Cliente: ¿Cuánto le debo _____? (for everything)

13. Farmacéutico: Son seiscientos pesos y cuarenta _____

   _____. (cents)

B. **Complete las oraciones con una palabra o expresión de las siguientes. Haga los cambios necesarios.**

alimento	travesura	a través	conseguir
trago	pastel	embarazada	marca
gotear	mecer	vacuna	
balancear	mecedora	inoxidable	

1. Para no engordar es necesario _____ los diferentes alimentos.

2. Voy a _____ al bebé porque está llorando.

3. La _____ contra la polio salva muchas vidas.

4. Hay muchas _____ de carros: Ford, Chevrolet, Toyota, etc.

5. Aquí está el bar. Vamos a tomar unos _____ mientras esperamos.

6. La mejor ayuda a los pobres es _____, trabajo y educación.

7. ¿Cómo no vas a engordar si comes tantos _____?

8. Mi tía espera otro bebé. Hace cuatro meses que está _____.

9. ¿Dónde podría _____ una computadora barata?

10. Las hojas de afeitar son de acero _____.

11. El *tejado* (roof) ya es muy viejo; cuando llueve _____ en el garaje.

12. "Dennis the Menace" es famoso por sus muchas _____.

13. La farmacia que buscas está _____ de este parque.

14. En las regiones tropicales son típicas las _____ en los *portales* (porches) de las casas.

C. **Todas los idiomas tienen muchas palabras derivadas de palabras simples. Una de las maneras que tiene el español es la terminación -ería para indicar el lugar donde se hace o se vende o se arregla una cosa. Por ejemplo, en la *droguería* venden *drogas*. Escriba las palabras derivadas de los siguientes productos.**

1. fruta _____   9. pan _____

2. verdura _____   10. pelo _____

3. pastel _____   11. barba _____

4. zapato _____   12. joya _____

5. pescado _____   13. marisco _____

6. carne _____   14. taco _____

7. café _____   15. papel _____

8. libro _____   16. mueble _____

GRAMÁTICA.   FORMAS DEL PRESENTE DE SUBJUN-
TIVO

A.   Observe los esquemas de *hablar, comer, volver, perder, pedir:*

SUJETO	habl ar	com er	volv er	perd er	ped ir
yo	habl e	com a	vuelv a	pierd a	pid a
nosotros	habl emos	com amos	volv amos	perd amos	pid amos
tú	habl es	com as	vuelv as	pierd as	pid as
él, ella, Ud.	habl e	com a	vuelv a	pierd a	pid a
ellos, -as, Uds.	habl en	com an	vuelv an	pierd an	pid an

1. Los verbos en -*AR* tienen el morfema *e* en todas las personas del Subjuntivo. Los verbos en -*ER*, -*IR* toman el morfema *a* en el Presente de Subjuntivo.
    Ej.: *hablar* → *hable, vivir* → *viva, pedir* → *pida*
2. La mayoría de los verbos irregulares en Presente de *Indicativo* son también irregulares en Presente de *Subjuntivo,* con los mismos cambios:
    a. *Volver* diptonga *o* en *ue* por el acento fonético: *vuelvo* → *vuelva.*

    b. *Perder* diptonga *e* en *ie* por el acento fonético: *pierdes* →
    pierdas.

    c. *Pedir* cambia la *e* en *i* en *todas las personas: pedimos* →
    pidamos.

3. La lista de verbos como *volver* y *perder* es considerable (vea la página *56*). Los verbos como *pedir, vestir, seguir*, etc., están en la página *57*.

4. Recuerde los cambios ortográficos de consonantes en el Presente de Subjuntivo:

    a. *z* en *c: comenzar* → *comience* (start)

    b. *c* en *z:* conven**c**er → *convenza* (convince)

    c. *g* en *gu: pagar* → *pa**gu**e* (pay)

    d. *gu* en *g: seguir* → *si**g**a* (follow)

    e. *g* en *j: recoger* → *recoja* (pick up)

    f. *c* en *qu: practicar* → *practi**qu**e* (practice)

    g. *qu* en *c: delinquir* → *delinca* (break the law)

B.   Observe los esquemas de *dormir, sentir, salir, conocer, huir:*

SUJETO	dorm ir	sent ir	sal ir	conoc er	hu ir
yo	d**ue**rm a	s**ie**nt a	sal**g** a	conoz**c** a	hu**y** a
nosotros	d**u**rm amos	s**i**nt amos	sal**g** amos	conoz**c** amos	hu**y** amos
tú	d**ue**rm as	s**ie**nt as	sal**g** as	conoz**c** as	hu**y** as
él, ella, Ud.	d**ue**rm a	s**ie**nt a	sal**g** a	conoz**c** a	hu**y** a
ellos, -as, Uds.	d**ue**rm an	s**ie**nt an	sal**g** an	conoz**c** an	hu**y** an

1. *Dormir* y *morir* diptongan la *o* en *ue* en las sílabas con acento en la *o;* cambian la *o* en *u* en la primera persona del plural: *durmamos.*

2. *Sentir, divertir, mentir, sugerir* (y los verbos de -IR en la página *56*) diptongan la *e* en *ie*, o la cambian en *i* en la primera persona del plural. Recuerde que este cambio también ocurre en las terceras personas del Pretérito: *sentir* → s**ie**nto → s**ie**nta → s**i**ntamos → s**i**ntió → s**i**ntieron:

3. *Salir, tener, venir, valer* añaden una *g* a la raíz en todas las personas. En Presente de Indicativo solamente tiene *g* en la primera persona: *salir* → sal**g**o → sales → sal**g**as → sal**g**amos.

4. *Conocer* (y la mayoría de los verbos en *-cer, -cir*) añade una *c* a la raíz en todas las personas. En Presente de Indicativo solamente la primera persona añade la *c* con sonido de [k]: *conocer* → conoz**c**o → conoz**c**a.

5. *Huir* y todos los verbos terminados en *-uir* añaden una *y* a la raíz en todas las personas: *concluir* → conclu**y**o → conclu**y**a.

C. Más verbos irregulares en Presente de Subjuntivo

    1. La mayoría de los verbos irregulares en el Presente de Subjuntivo toman los mismos cambios del Presente de Indicativo en la primera persona.

decir → digo → diga	tener → tengo → tenga
hacer → hago → haga	venir → vengo → venga
traer → traigo → traiga	valer → valgo → valga
caer → caigo → caiga	huir → huyo → huya
oír → oigo → oiga	estar → estoy → esté
poner → pongo → ponga	ver → veo → vea

    2. Observe las formas del Presente de Subjuntivo de estos verbos irregulares: **haber → haya, saber → sepa, ser → sea, ir → vaya, dar → dé.**

PRACTIQUE SU GRAMÁTICA   *(Respuestas, página 272)*

1. En la forma *hables* la parte que lleva el mensaje del diccionario "talk" es

    _____. El morfema que significa tú (you) es _____, y el morfema del Presente de Subjuntivo es _____.

2. En *comas, vivas* el morfema que significa Presente de Subjuntivo es _____

    _____.

3. Del verbo *contar* (to count, to tell) decimos en Indicativo *yo cuento.* ¿Cuál es

    el Presente de Subjuntivo? _____. Vemos que diptonga la *o* en _____.

4. *Dormir* también diptonga la *o* en _____, pero solamente si la *o*

    tiene _____. En *durmamos* el acento está en la *a*, pero la forma es irregular por cambiar *o* en _____.

5. *Dormir* también cambia la *o* en *u* en las terceras personas del Pretérito.

    ¿Cómo decimos "he slept?" _____. ¿"They slept"?

    _____.

6. *Conozca, produzca* añaden una _____ a la raíz. Pero no todos los verbos en *-cer, -cir* son irregulares: *mecer* (to rock) → *meza* (cambio ortográfico de *c* en *z*).

7. De *huir* (to flee) decimos en Subjuntivo *huya:* es irregular porque añade _____ a la raíz. Lo mismo pasa con todos los verbos en *-uir: incluir* (to include) ____._____.

8. De *pagar* no escribimos ni decimos en Subjuntivo *page* sino _____ _____ porque escribimos *ga, go, gu,* pero *gue, gui.* Lo contrario pasa en *seguir:* la *gu* se cambia a _____ delante de la *a* del Subjuntivo. La forma correcta de *seguir* es _____.

9. De *empezar* decimos *empiezo* y *empecé,* con cambio de *z* en *c.* ¿Cómo se dice *empezar* en el Presente de Subjuntivo? _____.

10. De *coger* no escribimos *yo cogo* sino yo _____ (I catch). ¿Cuál es el Presente de Subjuntivo? _____.

11. *Pedir* cambia *ped-* en *pid-* en todas las personas del Subjuntivo. Por ejemplo, *nosotros* _____.

12. Si de *oír* decimos *oigo* en Presente de Indicativo, en Presente de Subjuntivo diremos *yo* _____ y *nosotros* _____.

13. Si de *decir* decimos *diga* en Subjuntivo, de *bendecir* (to bless) diremos *yo* _____.

14. De *tener* decimos *tenga,* de *detener* diremos _____.

15. De *hacer* decimos *haga,* de *satisfacer* diremos _____.

16. De *salir* decimos *salga,* de *sobresalir* diremos _____.

EJERCICIOS

(Respuestas, página 272)

A. **Complete con las formas correctas del Presente de Subjuntivo. La razón para usar el Subjuntivo se explicará en la Lección 20. Por ahora lo importante es practicar las formas correctas de los verbos regulares e irregulares.**

1. Mi amiga quiere que yo _____ esta carta en el buzón. (poner)

2. Es importante que usted _____ bien la dirección. (escribir)

3. Luisito desea que yo le _____ en español. (hablar)

4. Necesito que usted me _____ unos sellos. (vender)

5. Es mejor que nosotros _____ el giro postal (pagar)

6. Es peor que tu hermana _____ el coche. (conducir)

7. Es conveniente que tú _____ el paquete pronto. (mandar)

8. Espero que esta carta _____ antes del sábado. (llegar)

9. Es necesario que ustedes _____ la carta. (certificar)

10. Ojalá (hope that) que _____ buen tiempo mañana. (hacer)

11. Es mejor que usted _____ a la ventanilla siguiente. (ir)

12. Prefiero que el empleado me lo _____ personalmente. (decir)

13. Siento mucho que tú no _____ ir a la fiesta. (poder)

14. Mi padre quiere que yo _____ el paquete. (asegurar)

15. Ella me dice que yo _____ los asientos. (escoger)

16. Me gusta mucho que usted _____ a verme. (volver)

17. Carlos sugiere que nosotros _____ los libros. (pedir)

18. Es necesario que usted _____ mejor las noticias. (oír)

19. Espero que todos ustedes _____ hablar español. (saber)

20. Es fantástico que tú _____ a toda la familia. (mantener)

21. Insisto en que ella _____ dos días en el hospital. (estar)

22. El cartero espera que usted _____ amable con él. (ser)

23. Yo espero que el cartero no _____ atrasado. (llegar)

24. Es bueno que nosotros _____ seis horas al menos. (dormir)

25. Es una *lástima* (pity) que muchos niños _____ de hambre. (morir)

B. **Escriba el Presente de Subjuntivo de los siguientes verbos en primera persona del singular (yo). ¡Cuidado con la ortografía!**

1. comenzar _____

2. practicar _____

3. tragar _____

4. gotear _____

5. seguir _____

6. convencer _____

7. conocer _____

8. pagar _____

9. coger _____

10. conseguir _____

11. balancear _____

12. empezar _____

13. delinquir _____

14. vestir _____

15. perder _____

16. padecer _____

17. producir _____

18. decir _____

19. pensar _____

20. huir _____

21. ver _____

22. ir _____

23. estar _____

24. ser _____

¡ATENCIÓN!   *Palabras problemáticas: Expresiones idiomáticas con preposiciones*

Ud. ha encontrado en las lecciones anteriores algunas expresiones idiomáticas con preposiciones. Aquí tiene una lista más completa.

a cargo de (in charge of)
a causa de (because of)
a falta de (for lack of)
a favor de (in favor of)
a fin de (in order to)
a fuerza de (by means of)
a mediados de (in the middle of)
a propósito de (concerning)
acerca de (concerning)
además de (in addition to)
al lado de (beside, alongside of)
alrededor de (around, about)
con motivo de (with the purpose of)
conforme a (according to)
contrario a (contrary to)

debido a (due to)
dentro de (inside of, within)
en cuanto a (as for)
en frente de (in front of)
en lugar de (instead of)
en vez de (instead of)
encima de (over, on top of)
frente a (opposite)
fuera de (outside of, except)
junto a (next to)
por causa de (because of)
por razón de (by reason of)
respecto a (with respect to)
según (according to)
tocante a (in reference to)

C.   Complete las oraciones siguientes.

1. Estacioné mi carro ＿＿＿＿＿＿＿＿＿＿＿ tu casa. (alongside of)

2. Ellos no pudieron llegar a tiempo ＿＿＿＿＿＿＿＿＿＿ lluvia. (because of)

3. ¿Qué sabe usted ＿＿＿＿＿＿＿＿＿＿ esos negocios? (concerning)

4. Saldremos de vacaciones ＿＿＿＿＿＿＿＿＿＿junio. (in the middle of)

5. ＿＿＿＿＿＿＿＿＿＿ las ventajas, no tomaré este trabajo. (in spite of)

6. El farmacéutico estará en la farmacia ＿＿＿＿＿＿＿＿＿ una hora. (within)

7. Hay una pared ＿＿＿＿＿＿＿＿＿ del jardín. (around)

8. El jabón está ＿＿＿＿＿＿＿＿＿ lavabo. (on top of the)

9. No puedo hacer nada ＿＿＿＿＿＿＿＿＿ caso de tu amigo. (with respect to the)

10. Puedes tomar estas píldoras ＿＿＿＿＿＿＿＿＿jarabe. (for lack of)

11. ＿＿＿＿＿＿＿＿＿ tus nervios debes tomar este sedativo. (as for)

12. Nos pasaremos ＿＿＿＿＿＿＿＿＿ un mes en Puerto Vallarta. (about)

13. No puedes tomar antibióticos ＿＿＿＿＿＿＿＿＿ tu alergia. (due to)

14. Debes guardar cama ＿＿＿＿＿＿＿＿＿ tomar esta medicina. (in addition to)

15. ＿＿＿＿＿＿＿＿＿ tu resfriado, es mejor que no salgas. (in reference to)

16. Pudo terminar el libro ＿＿＿＿＿＿＿＿＿ mucho trabajo. (by means of)

17. El farmacéutico está ＿＿＿＿＿＿＿＿＿ la droguería. (in charge of)

18. ＿＿＿＿＿＿＿＿＿ lo que Ud. piensa, ella tiene razón. (contrary to)

Lección 20

EN LA CONSULTA DEL DENTISTA
(At the Dentist's Office)

aconsejar	to advise	gritar	to shout
la carie	cavity	el grito	shout
cepillarse, lavarse	to brush	impedir (i)	to prevent
el cepillo	brush	insistir en	to insist on
la corona	crown	inútil	useless
la dentadura	set of teeth, dentures	la muela	molar
el diente	tooth	la muela del juicio	wisdom tooth
el diente de leche	baby tooth	la novocaína	novocaine
echar el diente	to try hard	la pasta, crema	paste
tener buen	to be a hearty	rogar (ue)	to beg, request
diente	eater	sacar	to pull out
el dolor de muelas	toothache	el sacamuelas	bad dentist
empastar	to fill	ser preciso	to be necessary
el empaste	filling	suplicar	to beg, request
enderezar	to straighten	la súplica	petition
el esmalte	enamel	el taladro	drill
evidente	evident	temerse	to be afraid
los frenos	braces	útil	useful

PRACTIQUE EL VOCABULARIO   *(Respuestas, página 273)*

A. Complete el diálogo entre el dentista y la paciente.

1. Dentista: ¡Hola! Carolina, ¡ _____ varios meses que no te veía!

2. Carolina: Hace dos días que tengo un dolor terrible de _____

   _____.

3. Dentista: Vamos a ver. Abre bien la boca. Creo que veo una _____

   _____. en una muela. . . . (cavity) Efectivamente; y no es pequeña.

4. Carolina: Es lo que yo me temía. ¿Cree usted que podrá _____

   _____ en vez de tener que sacarla? (fill)

5. Dentista: Sí, pero tendré que limpiar la carie con el _____

   _____. (drill)

6. Carolina: ¡Detesto ese palabra! Póngame una inyección bien fuerte de

   _____ para anestesiarme la boca.

7. Dentista: Por supuesto. La carie es bastante grande y ya ha pasado del

   _____ de la muela. (enamel)

8. Carolina: Eso quiere decir que después tendrá que ponerme una _____

   _____, ¿no es cierto? (crown)

9. Dentista: Definitivamente. Pero, ¿no crees que es mejor que pongamos

   una corona en vez de _____? (pull it out)

10. Carolina: Tiene razón. Pero será peor para mi bolsillo que tiene que pagar

   la _____. (bill)

B. Subraye una de las cuatro opciones.

1. Para lavarnos los dientes usamos un/una (taladro, freno, cepillo, corona).

2. Para enderezar los dientes los ortodentistas usan (taladros, dentaduras, gritos, frenos).

3. Un sacamuelas es un dentista muy (útil, evidente, preciso, inútil).

4. Suplicar es lo mismo que (impedir, rogar, aconsejar, insistir).

5. La parte más blanca de los dientes es el/la (empaste, esmalte, dentadura, corona).

6. La primera dentadura de una persona son los/las (dientes de leche, muelas del juicio).

7. *Ser necesario* es lo mismo que ser (obvio, evidente, preciso, útil).

8. Para hacer una anestesia local se usa (morfina, novocaína, empaste, taladro).

9. Es mejor (impedir, insistir, enderezar, aconsejar) las caries que empastarlas.

C.   Use las siguientes palabras o expresiones para completar las oraciones. Recuerde que tiene que hacer los cambios necesarios.

muela del juicio	cepillarse	dentadura
echar el diente	gritar	empastar
tener buen diente	rogar	sacamuelas
ser preciso	obvio	aconsejar

1. A Carolina le gusta mucho comer; ella _____.

2. Si Ud. tiene una carie es mejor _____la muela para salvarla.

3. Los dentistas siempre _____ lavarse los dientes con crema.

4. El pobre paciente tuvo que _____ porque le dio un dolor terrible.

5. Una buena _____ no sólo es importante para comer sino también para hablar.

6. Ese trabajo es muy difícil. Nadie le quiere _____.

7. Ese _____ es malísimo. Todo lo soluciona sacando los dientes de sus pacientes.

8. El paciente le _____ al dentista que le ponga anestesia local.

9. Los primeros dientes son de leche; los últimos son _____

_____.

10. Es importante _____ los dientes después de las comidas.

11. Es _____ que el ortodentista es más
    caro que el dentista.

12. Para sacarte la muela _____ que el
    dentista te ponga anestesia local.

GRAMÁTICA.   CONTRASTE DE INDICATIVO/SUBJUNTIVO: INFORMACIÓN/INFLUENCIA

I.   Verbos de Información y Observación: Indicativo

   A.   Si unimos dos oraciones con la conjunción *que,* la primera es la
        oración *principal* (main clause). La segunda es la oración *subordinada* porque depende gramaticalmente de la oración principal.

   > Ej.: [Nosotros sabemos] [que Roberto es mejicano.]
   >   *Principal*   *Subordinada*

   B.   Si la oración principal tiene un verbo de información o de
        observación, el verbo de la oración subordinada está en Indicativo.

   > Ej.: Yo *declaro* que tú *estudias* español. (*estudias:* Indicativo)
   >   Todos *vemos* que tú *hablas* español. (*hablas:* Indicativo)

   C.   Estudie esta lista parcial de verbos y expresiones de *información* y de *observación:*

---

saber (know)	**referir** (tell)	**ver** (see)
conocer (know)	**reconocer** (recognize)	**oír** (hear)
informar (inform)	**es verdad** (it's true)	**sentir** (feel, sense)
declarar (declare)	**es cierto** (it's true)	**observar** (observe)
decir (say, tell)	**escribir** (write)	**es obvio** (it's obvious)
contar (tell)	**leer** (read)	**es evidente** (it's evident)

II. Verbos de Influencia: Subjuntivo

   A.   Los verbos que por el significado del diccionario indican alguna
        clase de *influencia* se completan con otro verbo en Subjuntivo
        en la oración subordinada.

   > Ej.: *Quiero* que usted *venga.* (I want you to come) *Quiero*
   >   es una influencia de *mi parte* para que *usted venga.*
   >   Hay diferentes clases de influencia: órdenes, mandatos, prohibición, permiso, deseo, petición, sugerencia (suggestion), consejo (advice), etc.

B.   Estudie esta lista parcial de verbos de *influencia:*

ordenar (order)	**escribir** (write)	**oponerse** (oppose)
mandar (order)	**insistir** (insist)	**impedir** (prevent)
querer (want)	**sugerir** (suggest)	**preferir** (prefer)
desear (wish)	**permitir** (allow)	**aconsejar** (advise)
pedir (request)	**dejar** (let, allow)	**rogar** (beg)
decir (tell, order)	**esperar** (hope)	**recomendar** (advise)
gritar (shout)	**prohibir** (forbid)	**suplicar** (beg)

C.   *Es necesario que* **pagues** *la cuenta.* (it's necessary that you pay the bill) *Pagues* es Subjuntivo porque la expresión impersonal *es necesario* indica una *influencia:* quiere decir que hay una razón para *pagar* la cuenta. La lista de expresiones impersonales con adjetivos es considerable:

es necesario (it's necessary)	**es bueno** (it's good)
es importante (it's important)	**es mejor** (it's better)
es preciso (it's necessary)	**es malo** (it's bad)
es recomendable (it's advisable)	**es peor** (it's worse)
es aconsejable (it's advisable)	**es útil** (it's useful)
es deseable (it's desirable)	**es inútil** (it's useless)

III.   <u>Verbos de Información e Influencia: Indicativo y Subjuntivo</u>

A.   Hay una lista de verbos con dos significados diferentes: uno de los significados indica una *influencia* y se completa con el Subjuntivo. Otro significado es de *información* y se completa en Indicativo.

   Ej.:   (1) José *dice* que María *viene* (Joe says that Mary is coming)

   (2) José *dice* que María *venga* (Joe tells Mary to come)

En el primer ejemplo se indica información (Indicativo: *viene*). En el segundo se indica influencia: una orden (Subjuntivo: *venga*).

B.   Los verbos ambivalentes (con dos significados) son pocos:

insistir (insist)	**contestar** (answer)
gritar (shout)	**responder** (answer)
escribir (write)	**recordar** (remember)

C. (1) María quiere que *vengas* aquí. (Mary wants you to come here)
    (2) María quiere *venir* aquí. (Mary wants to come here)

Vemos que en (2) *venir* es infinitivo porque *María* es el sujeto de *quiere* y de *venir*. En (1) *María* es el sujeto de *quiere* y *tú* es el sujeto de *vengas*. Cuando tenemos dos sujetos diferentes como en (1) no podemos usar el infinitivo: es necesario usar el Subjuntivo si es un verbo de influencia, y el Indicativo si es un verbo de información u observación.

PRACTIQUE SU GRAMÁTICA   *(Respuestas, página 273)*

1. El Subjuntivo nunca se usa en la oración principal; siempre está en una oración _____.

2. Indicativo y Subjuntivo no se llaman tiempos sino *modos* (moods). Los verbos de *información* en la oración principal, se completan con otro verbo en la oración subordinada en el modo _____.

3. Los verbos de *influencia* de la oración principal se completan en la subordinada en el modo _____.

4. Los verbos de *observación* se completan con una oración subordinada en el modo _____.

5. Una persona puede *influir* (influence) en otra persona de diferentes maneras; por ejemplo, yo puedo *permitir,* puedo *ordenar,* puedo *pedir,* etc. Todos estos verbos se completan en la oración subordinada en el modo

   _____.

6. *Ver, oír, observar, sentir* son verbos de _____. Se completan con Indicativo porque no indican una influencia. Ej.: *Ya veo que tú* _____ *español.* (hablar)

7. Cuando tu *jefe* (boss) te dice *Es necesario que **llegues** a tiempo,* la expresión *es necesario,* ¿es información, o es una orden para ti? _____.

8. Cuando decimos *Es mejor que **vayas** personalmente, vayas* no es Indicativo sino _____. La persona que te dice *es **mejor** que . . .* tiene una razón o influencia para *tú ir personalmente.*

9. Si usted *sabe* una cosa, usted pasa esa información, sin influir en otras personas; se completa en el modo _____.

10. *Escribir* tiene dos significados: (1) *informar* por escrito, y en este caso puede completarse en una oración subordinada en el modo _____ _____; (2) *ordenar* por escrito; en este caso se puede completar en el modo

_____.

11. La expresión *es obvio* y la expresión *es evidente* significan lo mismo: una cosa que todos *vemos* o todos *sabemos*. Por esta razón se completan en la oración subordinada en el modo _____.

12. Cuando ponemos dos acciones al mismo sujeto, no necesitamos ni el Indicativo ni el Subjuntivo para el segundo verbo; es suficiente el _____

_____.

Ej.: *Ella no desea* _____ *nada ahora.* (eat)

EJERCICIOS
(Respuestas, página 274)

A. Complete con el infinitivo o la forma correcta de Indicativo Subjuntivo.

1. La abuela quiere que el niño se _____ pronto. (dormir)

2. No es necesario que Carmina se _____ el abrigo. (poner)

3. Es verdad que nosotros _____ poca ropa en verano. (llevar)

4. Espero que ustedes _____ a tiempo. (llegar)

5. La mamá sugiere que Alfredo _____ con botas. (ir)

6. Es mejor que ustedes _____ pantalones buenos. (comprar)

7. Es cierto que Steve _____ calcetines multicolores. (llevar)

8. Ella se opone a que yo _____ más horas. (trabajar)

9. Todos reconocemos que Juan _____ inocente. (ser)

10. Es evidente que un buen traje _____ más caro que una chaqueta. (ser)

11. No permitas que tu hija _____ tan tarde de casa. (salir)

12. Mi esposa prefiere que yo me _____ un suéter rojo. (poner)

13. Te sugiero que (tú) _____ tu traje de baño. (traer)

14. No es aconsejable que él _____ tarde. (levantarse)

15. Jorge me cuenta en la carta que él _____ más dinero. (necesitar)

16. Es obvio que tu amiga _____ muy bien. (vestirse)

17. El cartero dice que usted _____ muchas cuentas. (recibir)

18. Ellos desean _____ en una buena universidad. (estudiar)

19. Es médico insiste en que el paciente _____ la medicina. (tomar)

20. Es inútil que usted _____ de mal humor. (ponerse)

21. Acabo de leer en el periódico que el presidente _____ cáncer. (tener)

22. Es mejor que usted _____ otro trabajo. (buscar)

23. Es verdad que Josefina _____ un vestido maravilloso. (llevar)

24. Acabo de oír que el director _____ enfermo. (estar)

25. Es muy importante que ustedes _____ en las vacaciones. (divertirse)

B.   ¿Qué cosas espera el maestro de sus estudiantes? Aquí tiene algunas ideas. *Maestro:* Quiero que mis estudiantes . . .

1. (llegar a tiempo) _____.

2. (hablar español en clase) _____.

3. (hacer sus tareas) _____.

4. (venir preparados a clase) _____.

5. (no dormirse en clase) _____.

6. (no fumar en clase) _____.

C.   **¿Qué esperan los estudiantes de su maestro? Aquí hay algunas ideas.** *Estudiantes:* **Esperamos que nuestro maestro . . .**

1. (preparar bien las clases) _____.

2. (estar siempre alegre) _____.

3. (tener mucha paciencia) _____.

4. (terminar siempre a la hora) _____.

5. (empezar a tiempo) _____.

6. (dar buenas notas a todos) _____.

7. (mantener la disciplina en la clase) _____.

¡ATENCIÓN!   *Imperativo: Mandatos con* **tú** *y* **usted**

1. Los mandatos con *usted* tienen la misma forma del Presente de Subjuntivo: **comer → coma Ud. → coman Uds.** Los pronombres de objeto directo e indirecto *(me, te, nos, se, lo, la, los, las, le, les)* se ponen detrás del verbo si el mandato es afirmativo, y delante del verbo si el mandato es negativo. Recuerde que el objeto indirecto siempre se pone delante del directo.

   Ej.: *Dígame* usted la verdad./ No *me diga* usted la verdad.
   Cómpremelo. (buy it for me) / No *me lo compre.*

2. Los mandatos afirmativos con *tú* tienen la misma forma de la tercera persona singular del Presente de Indicativo:
   hablar → habla tú; comer → come tú;
   escribir → escribe tú
   Hay seis verbos que son irregulares porque no toman la terminación.

salir → sal	**tener → ten**	**decir → di**
venir → ven	**poner → pon**	**hacer → haz**

3. Los mandatos negativos con *tú* tienen la misma forma que el Presente de Subjuntivo.

   Ej.: No me *hables* de eso. (don't talk to me about that)
   Nunca *comas* esas cosas. (never eat those things)

4. Los pronombres van detrás del verbo en los mandatos afirmativos, lo mismo con *tú* que con *usted.* Si el mandato es negativo los pronombres se ponen delante del verbo.

   Ej.: *Ponte* el sombrero./ No *te pongas* el sombrero.
   Págame la comida./ No *me pagues* la comida.
   Lávese Ud. las manos./ No *se lave* Ud. las manos.

D. Conteste las preguntas siguientes, primero en forma afirmativa, y después negativa. Use el pronombre formal *Ud.* o *Uds.* ¡Cuidado con los pronombres!

Modelo: ¿Compro esta camisa? *Sí, cómprela. No, no la compre.*

1. ¿Escribo la carta?

    Sí, _____. No, _____.

2. ¿Pido más café?

    Sí, _____. No, _____.

3. ¿Saco la muela?

    Sí, _____. No, _____.

4. ¿Me afeito ahora?

    Sí, _____. No, _____.

5. ¿Nos afeitamos?

    Sí, _____. No, _____.

6. ¿Le compro la soda al niño?

    Sí, _____.

    No, _____.

7. ¿Nos lavamos las manos aquí?

    Sí, _____.

    No, _____.

8. ¿Les digo la verdad a ellos?

    Sí, _____.

    No, _____.

E. Conteste las preguntas siguientes, afirmativa y negativamente. Use el pronombre familiar *tú.* ¡Cuidado con los pronombres!

Modelo: ¿Compro esta camisa? *Sí, cómprala. No, no la compres.*

1. ¿Contesto la llamada?

    Sí, _____. No, _____.

2. ¿Me lavo las manos aquí?

    Sí, _____. No. _____.

3. ¿Salgo de casa temprano?

   Sí, _____. No, _____.

4. ¿Vengo ahora mismo?

   Sí, _____. No, _____.

5. ¿Te pongo anestesia?

   Sí, _____.

   No, _____.

6. ¿Me tomo las pastillas?

   Sí, _____.

   No, _____.

7. ¿Les hago (a ellos) la tarea?

   Sí, _____.

   No, _____.

8. ¿Le digo la verdad a tu amiga?

   Sí, _____.

   No, _____.

9. ¿Me quito los zapatos?

   Sí, _____.

   No, _____.

REPASO DE GRAMÁTICA: LECCIONES 15–20

(Respuestas, página 275)

Trate de completar esta sección sin mirar las lecciones correspondientes, pero si tiene dudas puede consultar las lecciones anteriores.

1. No decimos *padre y hijo* sino *padre* _____ porque *hijo* empieza con el sonido [_____]. No decimos *siete o ocho* sino *siete* _____ *ocho* porque *ocho* empieza con el sonido [_____].

2. *Hielo* significa "ice". ¿Cómo se traduce "water and ice"? *Agua* _____ _____.

3. Para usar *sino* en vez de *pero* es necesario que la primera parte sea _____ _____. ¿Es correcto decir *Juan es alto sino gordo*? _____. Debe ser *pero*.

4. Las dos partes que contrastan con *sino* deben ser de la misma _____ _____ gramatical, y también deben tener _____ _____ paralelos o semejantes.

5. Los adverbios se forman con *-mente* después de la forma _____ _____ del adjetivo. Si el adjetivo tiene acento, ¿lo conserva el adverbio o no? _____.

6. ¿Cómo se traduce "a week ago"? _____.

7. Termine la oración *Te pagué* _____. (two days ago)

8. Después de una preposición no usamos el participio del verbo sino el _____ _____ del verbo. Por ejemplo, *Julia lleva dos meses sin* _____. (working)

9. En expresiones de *hacer + tiempo,* el Imperfecto *hacía + tiempo* sólo se puede completar con otro verbo en _____. Ej.: *Hacía una hora que* _____. (it was raining)

10. Las comparaciones con *tan, tanto, tantos,* etc., siempre se completan con la palabra _____, que traduce "as" del inglés.

11. Delante de números y cantidades no decimos *más que* sino _____
    _____. Ej.: *Cambié* _____ *200 dólares a pesos.* (more than)

12. ¿Cómo se traduce "less than" si detrás hay nombres, adjetivos, verbos?
    _____, pero si hay números se traduce por _____
    _____.

13. ¿Cómo se completa la oración *No duermo* _____
    _____ *tú?* (as much as)

14. Una manera enfática de decir que *Sólo tengo dos* es *No tengo* _____
    _____ dos. (but) También se puede usar _____
    _____ en vez de *más que.*

15. Otra manera de decir *más bueno* es _____, y otra
    manera de decir *más malo* es _____.

16. Si *mayor* significa "older", ¿cómo se dice "younger"? _____
    _____.

17. El Futuro del verbo *ir* es uno de los pocos tiempos regulares de este verbo;
    ¿cómo se dice "I will go"? _____. ¿Y el Condicional "I
    would go"? _____.

18. Usamos el Futuro para indicar una acción posterior al momento _____
    _____; en cambio el Condicional es una acción posterior a un
    momento _____.

19. El Futuro de *tener* no es *teneré* sino _____. El Con-
    dicional de *salir* no es *saliría* sino _____.

20. Los futuros de *hacer* y *decir* son los más irregulres: pierden una sílaba de la
    raíz; de *hacer* tenemos *yo* _____, y de *decir, yo* _____
    _____.

21. El Futuro se puede usar para indicar *probabilidad* no en un momento futuro
    sino _____. Paralelamente el Condicional se usa
    para indicar *probabilidad* en un momento _____.

22. El morfema que diferencia *hablamos* de *hablemos* es una _____
    _____. La segunda forma es el Presente de _____.

23. Los verbos que diptongan *o* en *ue* en Indicativo también diptongan *o* en *ue* en Subjuntivo. ¿Qué condición debe tener esa *o* para diptongar en *ue*? _____ _____.

24. El verbo *sentir* tiene diptongación de *e* en *ie* en el Presente de Indicativo. En el Pretérito (las terceras personas) y en el participio progresivo tiene cambio de *e* en *i*. ¿Cómo se dice "feeling"? _____.

25. *Sentamos* es del verbo *sentar* en Indicativo ("we sit"). ¿Cómo se dice "we feel" en el Presente de Subjuntivo? _____.

26. De *dormir* decimos *dormimos* en Presente de Indicativo, pero no decimos *dormamos* en Presente de Subjuntivo sino _____.

27. Si de hacer decimos *haga* en Presente de Subjuntivo, de *satisfacer (satis + facer)* diremos _____.

28. Si de *tener* decimos *tenga,* de *obtener* diremos _____ _____.

29. La preposición *de* no se escribe con acento; en cambio el Presente de Subjuntivo del verbo *dar* es yo _____, pero *ellos* _____ _____.

30. *Jugar* significa "to play a game", mientras que "to play music" es _____ _____. ¿Cómo se dice en español "to gamble"? _____ _____.

31. *Realizar* es obtener un resultado, completar una cosa. En inglés "to realize" es "to achieve", pero en muchos casos es tener conocimiento de algo, y en este caso se dice en español _____.

32. En español *ahorramos,* dinero, tiempo, energía, pero no *ahorramos* la vida de una persona, sino que _____ *la vida.*

33. "To look" puede tomar muchas preposiciones con diferentes significados: "to look for" es _____; "to look after" es _____ _____; "to look over" es _____; "to look out" es _____.

34. ¿Necesita acento *hablo*? Sí, y no. Si el golpe de voz está en *ha-* no se escribe el acento, pero si el golpe de voz está en *-bló* necesita acento. La regla es muy simple: termina en vocal y el golpe de voz está en la _____

_____ sílaba. ¿Qué significa *hablo*? _____; ¿y

habló? _____.

35. ¿Necesita acento *lapiz*? Sí, porque el golpe de voz está en la penúltima sílaba

y la última letra es una _____ que no es ni *s* ni *n*. Algunas familias hispanas escriben su apellido *Peres* y no necesita acento,

pero los que escriben *Perez* deben poner el acento y escribirlo _____

_____.

36. *Dígame* lleva acento por la misma razón que *árboles;* el golpe de voz está en

la _____ sílaba. ¿Necesita acento *bambu*?

_____.

37. *Oigo* no tiene acento, pero *oímos* sí. La razón está en que en *oigo* el golpe de

voz está en la *o*, en cambio en *oímos* está en la _____, y se rompe el

diptongo. ¿Necesita acento *oir*? _____. ¿Lleva acento *baul*? _____.

38. *Bajo* significa "under", pero la forma ordinaria para "under" es _____

_____. *Ante* significa "before", pero la forma ordinaria para

"before" es _____.

39. La formas de *Imperativo* (command) para el pronombre *usted* son iguales

que las formas del Presente de _____. Por ejemplo,

hablar → _____ Ud.

40. Los pronombres *me, te, la, lo,* etc., se ponen detrás del verbo en Imperativo si

el mandato es _____ pero se ponen delante si

es _____.

Ej.: *Dígamelo* es *diga+me+lo.* Negativamente decimos *No* _____

_____.

EXAMEN #3: LECCIONES 15–20

Parte I.   VOCABULARIO (41 puntos)   *(Respuestas, página 275)*

A.   Relacione las dos columnas. Haga los cambios necesarios.

1. _____ . . . de las acciones sube y baja todos los días.   A. cintura

2. _____ Los carros grandes . . . mucha gasolina.   B. talla

3. _____ Entre la mano y el brazo tenemos. . . .   C. maquillaje

4. _____ Es peligroso . . . a la ventanilla abierta del carro cuando va a toda velocidad.   D. echar de menos

5. _____ El padre y el hijo . . . como un frijol a otro frijol.   E. regatear

6. _____ ¿Qué . . . de pantalones usa usted?   F. apretar

7. _____ La parte de detrás del cuerpo se llama. . . .   G. en efectivo

8. _____ Las señoritas se ponen . . . en la cara y los ojos para aparecer más lindas.   H. cotización

9. _____ El director nunca está de acuerdo con los otros maestros. Él siempre . . . a las ideas de los demás.   I. presupuesto

10. _____ Aquí tenemos precios fijos; no se puede. . . .   J. parecerse

11. _____ Voy a pagar . . . porque ya tengo mucho en las tarjetas de crédito.   K. asomarse

12. _____ Se considera muy elegante que las muchachas lleven . . . muy estrecha.   L. malgastar

13. _____ No lo hizo con gusto; al contrario, lo hizo. . . .   M. espalda

14. _____ ¿Tiene Ud. . . . para los gastos de comida al mes?   N. poner peros

15. _____ Necesito un número más grande de zapatos porque éstos me . . . demasiado.   O. muñeca

16. _____ Mi perro murió hace un año, pero todavía lo . . .   P. de mala gana

B. Subraye la selección correcta.

17. Para proteger los ojos contra el polvo y otros materiales tenemos los/las (rodillas, cabellos, pestañas, huesos, orejas).

18. Podemos tocar con todo el cuerpo, pero el sentido del tacto está especialmente localizado en los/las (uñas, dedos, muñecas, tobillos, pies).

19. Después de mucho trabajo y tiempo realizó sus sueños. El trabajo siempre triunfa (de repente, a la larga, a pesar, a lo loco, a tiempo).

20. Una pulmonía es una clase de infección en los pulmones. Probablemente el mejor remedio es (fumar menos, ponerse una vacuna, tomar antibióticos, comer bien).

21. Cuando nacen los niños en el hospital, las enfermeras los ponen en un/una (muñeca, cuna, encinta, mecedora, operación) cuando no están con la madre.

22. Si sus ojos están irritados lo mejor es ponerse unos/unas (aspirinas, vacunas, jarabes, pasteles, gotas) antes de dormir.

23. Todos nos pusimos de acuerdo (en vez de, debido a, tocante a, a falta de, a fuerza de) la manera de preparar los exámenes.

24. El tejado de la casa ya es muy viejo. Cada vez que llueve (padece, gotea, respira, alivia, huele) en el garaje.

25. Si te aprietan esos zapatos debes comprar un/una (etiqueta, ganga, maquillaje, talla, bota) más grande.

C. Complete las oraciones con una de las palabras siguientes. Haga los cambios necesarios. Si son verbos, úselos en Presente de Indicativo.

suplicar	según	pabellón	sólo
taladro	a través	toser	solo
cepillo	travesura	a medias	codo
fuera de	tragar	a partir de	seno

26. Por favor, déjame estar _____; no quiero compañía en estos momentos.

27. Para lavarte los dientes necesitas crema dental y _____.

28. Tengo trabajo en doblar el brazo derecho porque me duele _____
_____.

29. Los niños recién nacidos están en _____ de maternidad.

30. El dentista tiene que usar _____ para limpiar las caries.

31. _____ el médico, tu enfermedad no es muy seria.

32. Yo te _____ que no me molestes, por favor.

33. Tú _____ las píldoras sin dificultad, pero yo no.

34. ¿Puedes ver las montañas _____ de los árboles?

35. Siempre que tengo dolor de garganta _____ muchísimo.

36. Los niños siempre hacen _____ cuando no tienen nada especial que hacer.

37. No pude terminar la carta; la tengo _____.

38. El crimen no ocurrió dentro sino _____ la iglesia.

39. Las señoras usan un sostén para cubrir _____.

40. Este carro no es caro; _____ cuesta cinco mil dólares.

41. Los precios de la gasolina van a subir _____ la primera semana de enero.

Parte II.　GRAMÁTICA (59 puntos)　　(Respuestas, página 276)

A. *Selección múltiple:* **Antes de escoger la respuesta, trate de contestar mentalmente, y luego busque la letra correcta.**

1. En realidad tu amigo no es gordo, . . . es bajito.
   A. pero　　　　　　　　C. también
   B. sino　　　　　　　　D. excepto

2. Aquí hay minas de plata, oro . . . hierro. (and)
   A. y　　　　　　　　　C. o
   B. e　　　　　　　　　D. i

3. Prefiero que ustedes . . . a dormir aquí esta noche.
   A. se quedan　　　　　C. se queden
   B. se quedarán　　　　D. se quedarían

4. Si la secretaria sigue trabajando . . ., se va a enfermar.
   A. tanta　　　　　　　C. tan mucho
   B. tan　　　　　　　　D. tanto

5. Reconozco que usted . . . toda la razón, y yo no.
   A. tiene　　　　　　　C. tendría
   B. tenga　　　　　　　D. tuviera

6. El verano pasado no fui a Guadalajara . . . volví a Acapulco.
   A. sino
   B. pero
   C. sino que
   D. pero que

7. Espero que este regalo te . . . mucho.
   A. gusta
   B. guste
   C. gustaría
   D. gustara

8. Es una ventaja que este banco no . . . préstamos.
   A. hace
   B. hará
   C. haría
   D. haga

9. Prefiero que tú . . . con botas y abrigo porque hace frío.
   A. vienes
   B. vengas
   C. vendrás
   D. vendrías

10. Si las señoras fueron de compras, no volverán en . . . una hora. (less than)
    A. menos que
    B. más que
    C. tanto que
    D. menos de

11. Yo siempre tenía . . . dinero . . . tú, pero ahora no tengo nada.
    A. tanto/que
    B. más/que
    C. más/como
    D. tan/como

12. Es muy importante que . . . ese vestido: es una ganga.
    A. compras
    B. comprarás
    C. compres
    D. compraste

13. Es verdad que Joselito . . . una cuenta corriente.
    A. abra
    B. abriría
    C. abría
    D. abrió

14. ¿No ve usted que nosotros . . . todos de Sudamérica?
    A. somos
    B. estamos
    C. seamos
    D. estemos

15. Esa familia debe tener . . . de dos carros, porque siempre hay tres a la puerta.
    A. más que
    B. tantos como
    C. más de
    D. tantos que

16. Ya llevo dos años . . . un solo cigarrillo.
    A. sin fumar
    B. sin fumando
    C. fumando
    D. fumar

17. Me parece que Margarita no es . . . alta . . . su hermana.
    A. tan/que
    B. más/que
    C. tan/como
    D. tanta/como

18. Aquí tienes un dólar; no me quedan . . . dos dólares para comer.
    A. más de
    B. menos que
    C. pero
    D. más que

19. Es muy extraño que tu amigo no te . . . por teléfono.
   A. llama   C. llame
   B. llamaría   D. llamó

20. Yo no recuerdo si fue Ulises . . . Homero el autor de la Odisea.
   A. u   C. o
   B. e   D. y

21. . . . nosotros visitamos la ciudad de Caracas.
   A. Hacía dos años que   C. Hacía dos años
   B. Hace dos años que   D. Hace dos años

22. Es necesario que el muchachito . . . ocho horas diarias.
   A. duerma   C. dormirá
   B. duerme   D. dormiría

23. Este señor desea que . . . la comida enseguida.
   A. le servirás   C. le sirvas
   B. lo sirvas   D. lo servirías

24. Si te desayunas más tarde, no te . . . hambre.
   A. daba   C. dio
   B. dará   D. daría

25. Cuando yo . . . en Bogotá, . . . muchos frijoles. (used to live . . .)
   A. viví/comería   C. vivo/comía
   B. vivía/comía   D. vivía/comería

26. Estudiaron para el examen . . . el profesor se imaginaba.
   A. más de como   C. más de lo que
   B. tanto como   D. tan mucho como

27. No tengo el reloj conmigo, pero creo que . . . las tres ahora.
   A. eran   C. fueron
   B. serían   D. serán

28. Lolita quiere que . . . la novela este fin de semana.
   A. le lees   C. le leas
   B. la lees   D. la leas

29. Este traje no es para ti . . . tu hermano.
   A. pero para   C. sino que
   B. sino para   D. pero que

30. Yo tenía exactamente 10 dólares y gasté $7.00 en una blusa. Ahora no me quedan . . . 3.00 dólares.
   A. menos de   C. más de
   B. pero   D. más que

31. Te recomiendo que . . . pantalón en vez de falda.
   A. lleves   C. llevarás
   B. llevas   D. llevarías

32. Los Pérez me contaron que . . . un verano fantástico el año pasado.
    A. tenían   C. tuvieron
    B. tendrán   D. tienen

33. El gerente espera que todos . . . a tiempo.
    A. llegaremos   C. llegamos
    B. llegaríamos   D. lleguemos

34. El senador habló . . . y concisamente.
    A. claramente   C. clara
    B. claromente   D. claro

35. Es evidente que el gerente del banco . . . de ayudarte.
    A. trata   C. trate
    B. trataría   D. tratara

B. Escriba los acentos necesarios.

36. Estaba lloviendo cuando llegue a la estacion del tren.

37. ¿A que hora se celebro la fiesta de tu cumpleaños?

38. Un avion es como un pajaro muy grande; los dos pueden volar.

39. Hay varias personas detras de la pared.

40. ¿Que dia llego su amigo, el sabado o el domingo?

C. Conteste las preguntas usando la forma *tú* de Imperativo, primero afirmativamente y luego negativamente. ¡Cuidado con los pronombres!

    Modelo: ¿Me lavo las manos? *Sí, lávatelas. No, no te las laves.*

41/42. ¿Abro la ventana?

    Sí, _____. No, _____.

43/44. ¿Pongo el libro aquí?

    Sí, _____. No, _____.

45/46. ¿Vengo mañana?

    Sí, _____. No, _____.

47/48. ¿Pago las cuentas?

    Sí, _____. No, _____.

49/50. ¿Le compro la soda a tu hijo?

    Sí, _____. No, _____.

D. Conteste las preguntas usando la forma formal de Imperativo (Ud./Uds.). Use los pronombres correctamente.

Modelo: ¿Me lavo las manos? *Sí, láveselas. No, no se las lave.*

51. ¿Me compro el carro azul?

    Sí, _____.

52. ¿Le hago la tarea a mi amiga?

    No, _____.

53. ¿Nos quitamos los zapatos en la casa?

    Sí, _____.

54. ¿Me pongo el abrigo ahora?

    No, _____.

55. ¿Le hablo a usted en español?

    Sí, _____.

56. ¿Les digo la verdad a ellos?

    No, _____.

57. ¿Le pido el carro a mi papá?

    Sí, _____.

58. ¿Me tomo las pastillas ahora?

    No, _____.

59. ¿Leemos esta novela para mañana?

    Sí, _____.

RESPUESTAS: LECCIONES 15–20

Lección 15

A.
1. servirle
2. falda
3. talla
4. apretada
5. probador
6. corta
7. llevan
8. etiqueta
9. ganga
10. regatear
11. botas
12. llevar
13. tallas

B.
1. echo de menos
2. aprietan
3. caja
4. etiqueta
5. regatea
6. camisa
7. pantalones
8. maquillaje
9. corbata
10. calcetines
11. abrigo
12. cintura
13. prueba
14. medias
15. Sin duda
16. sostén

Gramática

1. e/i, hi
2. y/y
3. u/o, ho
4. negativa
5. clase/significado
6. sino que
7. sino
8. femenina
9. Sí/rápidamente
10. último/femenina
11. hace una hora
12. Imperfecto/llovía
13. un año que vivimos (estamos) en Miami
14. comer
15. hablando

Ejercicios

A.
1. y/e
2. e
3. u
4. y
5. sino
6. u
7. sino
8. hace tres años
9. sino
10. sino que
11. sin dormir
12. tontamente
13. tristemente
14. fácilmente
15. fatalmente
16. pero
17. sino que
18. manejando (conduciendo)
19. Hace un mes que estoy aquí
20. Estoy aquí hace un mes
21. Llevo un mes aquí
22. sino
23. Hacía
24. hace una hora
25. sino que

B.
1. Hace dos meses que estudio español
2. Hacía una hora que esperaba el autobús
3. Hace dos años que ella visitó Madrid
4. Hacía media hora que corrías por el parque
5. Hace 25 años que mis padres se casaron
6. Hace un minuto que José se prueba el suéter

7. Hacía una hora que José se probaba suéteres
8. Hacía un rato que Lola regateaba el precio
9. Hace un día que tus padres se fueron
10. Hace varios días que te echo de menos

C.   1. me di cuenta   4. realizó (logró)   6. jugaste   8. desempeñó
      2. tocó   5. jugaron   7. dejaste   9. se marchó (salió)
      3. dejó de

Lección 16

Vocabulario

A.   1. puedo   7. al contado (en efectivo)/corriente
      2. cambiar   8. cartera/cobran
      3. divisas   9. vale la pena
      4. cotización   10. caja fuerte
      5. subió   11. abonar (pagar)
      6. bolsa/acciones

B.   1. hipoteca   7. lujoso   13. presupuesto
      2. factura (cuenta)   8. débil   14. a plazos
      3. sueldo   9. endosarlo   15. vale la pena
      4. al contado   10. despacho   16. cómicos
      5. ahorrarlo   11. bromas   17. ganancias/pérdidas
      6. impuestos   12. préstamo

Gramática

1. como/como   10. sino
2. nombre/tantas   11. dos
3. adverbios/tan   12. de/el mejor
4. "as much"/"much"   13. el peor (el más malo) del
5. "as many"/"many"   14. "older"/menor (más joven)
6. adverbios/de/de   15. lo más tarde
7. cantidad/de   16. muy linda
8. más de   17. lo mejor/lo óptimo)
9. sólo (solamente)/"but"   18. lo peor (lo pésimo)

Ejercicios

A. 1. mejor que
    2. más . . . que
    3. tanto . . . como
    4. tantas . . . como
    5. tan . . . como
    6. más . . . que
    7. más de
    8. menos de
    9. más alto de
    10. menor que
        (más joven que)

    11. mayor que
        (más viejo que)
    12. más de
    13. tanta . . . como
    14. lo más pronto
    15. mayores que
    16. más que (sino)
    17. más de
    18. tanto como

    19. más que
    20. grandísimo
    21. suavísimo
    22. más . . . de
    23. peor que
    24. tantos . . . como
    25. tanto . . . como

B. 1. fuertísimo (fortísimo)
    2. bellísimo
    3. felicísimo
    4. riquísimo

    5. lujosísimo
    6. malísimo
    7. simpatiquísimo
    8. comiquísimo

    9. facilísimo
    10. debilísimo
    11. nuevísimo (novísimo)
    12. baratísimo.

C. 1. Mis abuelos tienen más dinero que mis padres.
    2. Carlos no tiene tan buenas notas como Lola
    3. A mí me gusta el pollo más que la carne de vaca.
    4. Ella oye más de diez discos todos los días.
    5. Marta es la muchacha más alta de la clase.

D. 1. salvó
    2. malgastó
    3. cuidó

    4. examinó
    5. ahorré
    6. buscaron

    7. se parece
    8. se asomó
    9. guardó

    10. Cuidado
    11. Miraron
    12. pareció

Lección 17

Vocabulario

A. 1. dedos
    2. la rodilla
    3. la nariz
    4. el cuello
    5. el hueso

    6. los pulmones
    7. las manos
    8. la muñeca
    9. la rodilla

    10. los huesos
    11. el tobillo
    12. las uñas
    13. las pestañas

B. 1. olfato
    2. cabello/pelo
    3. pecho
    4. nariz
    5. dedos
    6. corazón

    7. sangre
    8. uña
    9. brazos
    10. garganta
    11. oreja

    12. oído
    13. muslo
    14. codo
    15. pelo (cabello)
    16. pestañas

C.   1. abracé   4. de mala gana   7. huelen
        2. cortarte el cabello   5. dolió la garganta   8. da la lata
        3. pone peros   6. rompió el tobillo

Gramática

1. un/mé
2. última
3. s/No
4. última sílaba
5. penúltima/última
6. s/Sí (veintidós)
7. antepenúltima
8. dos/Sí (área)
9. í/Sí (oímos)
10. i, u/Sí (baúl)
11. Sí (balompié)
12. Sí (adiós)
13. "he"/"the"
14. "I know" ("be")/ "him/her/themselves"
15. "you"/"your"
16. "tea/"you (yourself)"
17. "me"/"my"
18. "alone"/"only"
19. "more"/"but"
20. fácilmente
21. No/cuándo
22. Sí

Ejercicios

A.   1. quería/más/tenía   7. baúl/más/mío
      2. Quién/lápices   8. Qué/día/Ángela
      3. íes   9. oí
      4. corazón/pulmón   10. raíces/árbol
      5. país/más/pétroleo/ése   11. cuándo/miércoles
      6. creía/tú/francés/sí   12. Difícilmente

B.   1. lud   5. no   8. cer   11. tor   14. tad
      2. te   6. ce   9. dis   12. tal   15. so/men
      3. mie   7. cie   10. nue   13. tu   16. cla/men
      4. rri

C.   1. more   4. your   7. me   9. yet
      2. only   5. the   8. alone   10. but
      3. my   6. if

D.   1. a   8. aprender a   15. al pie de la letra
      2. de/de   9. de/para   16. ¿A cuánto
      3. más de/de   10. a la larga   17. a lo loco
      4. a tiempo   11. a más tardar   18. a partir de
      5. de repente   12. de verdad   19. a medias
      6. A pesar de que   13. a pie   20. a lo largo de (por)
      7. a punto de (para)   14. trabaja de

Lección 18

Vocabulario

A. 1. pálida
    2. resfriado (catarro)/
       impermeable
    3. fiebre
    4. pastillas (píldoras)/
       huesos
    5. inyección

    6. garganta/tosí
    7. receta
    8. mejorar (me)
    9. pulmonía
    10. escalofríos
    11. aliviar

B. 1. F   3. V   5. V   7. F   9. V   11. F
    2. V   4. F   6. F   8. V   10. V   12. F

C. 1. recetas   4. alergia   7. empeorar   9. tomar antibióticos
    2. la cuna   5. respirar   8. saludables   10. náuseas
    3. engordar   6. escalofríos

Gramática

1. infinitivo/comer/ir
2. nosotros ("we")
3. primera del plural (nosotros)
4. ía/infinitivo
5. presente/pasado
6. sabré/pondré
7. diría/haría
8. Futuro/pasado
9. querría
10. Imperfecto
11. satisfaré
12. impondré
13. sobresaldré
14. obtendré
15. bendecirá
16. Hará calor
17. Serían las
18. iré más tarde

Ejercicios

A. 1. iré
    2. vendremos
    3. pondrá
    4. diré
    5. detendrá
    6. recibirá
    7. estará

    8. irías
    9. serás
    10. estaría
    11. llegaría
    12. podrán
    13. habrá

    14. vendrás
    15. hará
    16. serían
    17. opondrá
    18. detendrá
    19. tendrás

    20. será
    21. Me gustaría
    22. Salimos
    23. No matarás
    24. cabremos
    25. íbamos

B. 1. se mejorará
    2. adelgazaremos
    3. engordarás

    4. vendrán
    5. mantendrá
    6. aliviaré

    7. dirán
    8. sentirá

    9. haré
    10. sabré

C. 1. Compraría   3. Daría   5. Pondría   7. Seguiría
    2. Viajaría   4. Haría   6. Saldría   8. Pagaría.

D. 1. bajo
  2. detrás de
  3. so pretexto
  4. ante (enfrente del)

  5. debajo de (abajo de)
  6. antes del
  7. frente a
  8. bajo la ley

  9. ante
  10. día tras día
  11. después de
  12. página tras página

Lección 19

Vocabulario

A. 1. qué
  2. calmante
  3. jarabe
  4. tragar
  5. droga (medicina)

  6. padezco
  7. gotas
  8. hojas de afeitar
  9. acero

  10. jabón
  11. droguería
  12. por todo
  13. centavos

B. 1. balancear
  2. mecer
  3. vacuna
  4. marcas
  5. tragos

  6. alimento
  7. pasteles
  8. embarazada (encinta)
  9. conseguir
  10. inoxidable

  11. gotea
  12. travesuras
  13. a través
  14. mecedoras

C. 1. frutería
  2. verdulería
  3. pastelería
  4. zapatería

  5. pescadería
  6. carnicería
  7. cafetería
  8. librería

  9. panadería
  10. peluquería
  11. barbería
  12. joyería

  13. marisquería
  14. taquería
  15. papelería
  16. mueblería

Gramática

1. habl/s/e
2. a
3. cuente/ue
4. ue/acento/u
5. durmió/durmieron
6. c

7. y/incluya
8. pague/g/siga
9. empiece
10. cojo/coja
11. pidamos

12. oiga/oigamos
13. bendiga
14. detenga
15. satisfaga
16. sobresalga

Ejercicios

A. 1. ponga
  2. escriba
  3. hable
  4. venda
  5. paguemos
  6. conduzca
  7. mandes

  8. llegue
  9. certifiquen
  10. haga
  11. vaya
  12. diga
  13. puedas

  14. asegure
  15. escoja
  16. vuelva
  17. pidamos
  18. oiga
  19. sepan

  20. mantengas
  21. esté
  22. sea
  23. llegue
  24. durmamos
  25. mueran

B. 1. comience   7. conozca   13. delinca   19. piense
    2. practique   8. pague   14. vista   20. huya
    3. trague   9. coja   15. pierda   21. vea
    4. gotee   10. consiga   16. padezca   22. vaya
    5. siga   11. balancee   17. produzca   23. esté
    6. convenza   12. empiece   18. diga   24. sea.

C. 1. al lado de   7. alrededor   14. además de
    2. a causa de   8. encima del   15. Tocante a
    3. acerca de   9. respecto al   (En cuanto a)
       (a propósito de)   10. a falta de   16. a fuerza de
    4. a mediados de   11. En cuanto a   17. a cargo de
    5. A pesar de   12. alrededor de   18. Contrario a
    6. dentro de   13. debido a

Lección 20

Vocabulario

A. 1. hacía   4. empastarla   7. esmalte   9. sacarla (extraerla)
    2. muelas   5. taladro   8. corona   10. cuenta (factura)
    3. carie   6. novocaína

B. 1. un cepillo   4. rogar   7. preciso
    2. frenos   5. el esmalte   8. novocaína
    3. inútil   6. los dientes de leche   9. impedir

C. 1. tiene buen diente   5. dentadura   9. las muelas del juicio
    2. empastar   6. echar el diente   10. cepillarse
    3. aconsejan   7. sacamuelas   11. obvio
    4. gritar   8. ruega   12. es preciso

Gramática

1. subordinada   5. Subjuntivo   9. Indicativo
2. Indicativo   6. observación/hablas   10. Indicativo/Subjuntivo
3. Subjuntivo   7. una orden   11. Indicativo
4. Indicativo   8. Subjuntivo   12. infinitivo/comer

Ejercicios

A. 1. duerma   8. trabaje   14. se levante   20. se ponga
    2. ponga   9. es   15. necesita   21. tiene
    3. llevamos   10. es   16. se viste   22. busque
    4. lleguen   11. salga   17. recibe   23. lleva
    5. vaya   12. ponga   18. estudiar   24. está
    6. compren   13. traigas   19. tome   25. se diviertan
    7. lleva

B. 1. lleguen a tiempo   4. vengan preparados a clase
    2. hablen español en clase   5. no se duerman en clase
    3. hagan sus tareas   6. no fumen en clase

C. 1. prepare bien las clases   5. empiece a tiempo
    2. esté siempre alegre   6. dé buenas notas a todos
    3. tenga mucha paciencia   7. mantenga la disciplina en la clase
    4. termine siempre a la hora

D. 1. escríbala/no la escriba   5. aféitense/no se afeiten
    2. pídalo/no lo pida   6. comprésela/no se la compre
    3. sáquela/no la saque   7. lavénselas/no se las laven
    4. aféitese/no se afeita   8. dígasela/no se la diga

E. 1. contéstala/no la contestes   6. tómatelas/no te las tomes
    2. lávatelas/no te las laves   7. házsela/no se la hagas
    3. sal/no salgas   8. dísela/no se la digas
    4. ven/no vengas   9. quítatelos/no te los quites
    5. pónmela/no me la pongas

REPASO DE GRAMÁTICA

1. e hijo/i/u/o
2. y hielo
3. negativa/No
4. clase/significados
5. femenina/Sí
6. hace una semana
7. hace dos días
8. infinitivo/trabajar
9. Imperfecto/llovía
10. como
11. más de/más de
12. menos que/menos de
13. tanto como
14. más que (sino)
15. mejor/peor
16. menor
17. iré/iría
18. presente/pasado
19. tendré/saldría
20. haré/diré

21. presente/pasado
22. vocal a-e/Subjuntivo
23. acento fonético
24. sintiendo
25. sintamos
26. durmamos
27. satisfaga
28. obtenga
29. dé/den
30. tocar/jugar dinero
31. darse cuenta
32. salvamos
33. buscar/cuidar/examinar (estudiar)/asomarse
34. última/"I'm speaking"/"he spoke"
35. consonante/Pérez
36. antepenúltima/Sí (bambú)
37. í/sí (oír)/sí (baúl)
38. debajo de/antes de
39. Subjuntivo/hable Ud.
40. afirmativo/negativo/me lo diga

EXAMEN #3

Vocabulario

A.
1. H (La cotización)
2. L (malgastan)
3. O (la muñeca)
4. K
5. J (se parecen)
6. B
7. M (la espalda)
8. C
9. N (pone peros)
10. E
11. G
12. A (la cintura)
13. P
14. I
15. F (aprietan)
16. D (echo de menos)

B.
17. las pestañas
18. los dedos
19. a la larga
20. tomar antibióticos
21. una cuna
22. unas gotas
23. tocante a
24. gotea
25. una talla
26. solo (sola)
27. cepillo
28. el codo
29. el pabellón
30. el (un) taladro
31. Según
32. suplico
33. tragas
34. a través
35. toso
36. travesuras
37. a medias
38. fuera de
39. los senos
40. sólo
41. a partir de

Gramática

A. 1. A   7. A   13. D   19. C   25. B   31. A
    2. A   8. D   14. A   20. A   26. C   32. C
    3. C   9. B   15. C   21. D   27. D   33. D
    4. D   10. D   16. A   22. A   28. C   34. C
    5. A   11. B   17. C   23. C   29. B   35. A
    6. C   12. C   18. D   24. B   30. D

B. 36. llegué/estación   38. avión/pájaro   40. qué/día/llegó/sábado
    37. qué/celebró   39. detrás

C. 41. ábrela   45. ven   49. cómprasela
    42. no la abras   46. no vengas   50. no se la compres
    43. ponlo   47. págalas
    44. no lo pongas   48. no las pagues

D. 51. cómpreselo   54. no se lo ponga   57. pídaselo
    52. no se la haga   55. hábleme   58. no se las tome
    53. quítenselos   56. no se la diga   59. léanla

Lección 21

CINE Y TEATRO
(Movies and Theater)

el actor	actor	**el escenario**	stage
la actriz	actress	**la estrella de cine**	movie star
aplaudir	to applaud	**estrenar**	to show for the
el aplauso	applause		first time
bailar	to dance	**la ficción**	fiction
el baile	dance	**filmar**	to film
el balcón	balcony	**la función**	show
la butaca	seat, armchair	**el misterio**	mystery
el cine, cinema	movie(s),	**la obra de teatro**	play
	movie theater	**el oeste**	west
la comedia	comedy	**la pantalla**	screen
comediante	comedian	**la película**	film, movie
el chaperón,	chaperone	**reír (i)**	to laugh
la chaperona		**la risa**	laugh
la discoteca	discotheque	**sonreír (i)**	to smile
el drama	play, drama	**la sonrisa**	smile
dramático	dramatic	**tal vez, quizás**	perhaps,
el dramaturgo	playwright		maybe
ensayar	to rehearse	**el telón**	curtain
la entrada	ticket	**el vaquero**	cowboy

PRACTIQUE EL VOCABULARIO   *(Respuestas, página 348)*

**A. Complete el diálogo entre un joven norteamericano
y su amiga española.**

1. Johnny: ¡Hola, Manoli! ¿Quieres ir al _____ conmigo esta
noche? (movies)

2. Manoli: Sí, me gustaría. Parece que en el cine Estrella están poniendo una
_____ muy buena.

3. Johnny: ¿Es de ficción o de _____? (cowboys)

4. Manoli: Ni de uno ni de otro. Es de _____, pero a
la vez es romántica. (mystery)

5. Johnny: Está bien. ¿Tiene que acompañarte un _____
_____? (chaperone)

6. Manoli: ¡Qué horror! Eso se terminó ya _____ muchos años.

7. Johnny: Después del cine podemos ir a bailar a una _____
_____, y tomamos unos tragos, ¿verdad?

8. Manoli: Me encantaría, pero tengo que estar de regreso a las doce y media, o
_____ a la una de la mañana a más tar-
dar. (perhaps)

9. Johnny: Si vamos a la _____ de las nueve nos
quedará más tiempo para bailar. (show)

10. Manoli: Pero te olvidas que en mi casa se cena a las nueve y media. Por otra
parte creo que puedo _____ a la cena
para perder peso, ¿no? (miss)

11. Johnny: Excelente idea. Pasaré _____ ti a las ocho y media.

B. ¿Sabe mucho de cine y teatro? Conteste verdadero o falso.

1. _____ John Wayne trabajó en muchas películas de ficción.

2. _____ Las diferentes películas sobre Drácula son musicales y románticas.

3. _____ Siempre se dice que la meca o capital del cine americano es Holly-
wood.

4. _____ Sofía Loren es una gran estrella del cine italiano.

5. _____ Si quieres comprar discos y casettes tienes que ir a una discoteca.

6. _____ Los artistas de teatro actúan en el escenario.

7. _____ "Hello, Dolly!" es una gran película de misterio.

8. _____ Miguel de Cervantes escribió una famosa obra de teatro: *Don Quijote de la Mancha.*

9. _____ Una entrada de teatro es más cara que una entrada de cine en Estados Unidos.

10. _____ Para comprar las entradas Ud. se dirige a la taquilla.

11. _____ El público recibe muchos aplausos de los artistas cuando son buenos.

12. _____ Una gran película de ficción se tradujo al español como *Guerra de las Galaxias.*

13. _____ Bob Hope trabajó con Bing Crosby en muchas películas cómicas.

14. _____ Cuando termina la función de teatro se sube el telón.

C. Use las siguientes palabras para completar las oraciones. Haga los cambios necesarios.

estrenar	balcón	pantalla	telón
sonreír	aplaudir	filmar	bailar
butaca	ensayar	actriz	estrella

1. Cuando terminó la obra, el público _____ a los artistas.

2. Los actores y actrices necesitan _____ la obra antes de representarla para el público.

3. La _____ más importante para la tierra es el sol.

4. La secretaria simpática siempre les _____ a los clientes.

5. "Lawrence of Arabia" no se _____ en Arabia sino en España.

6. Las casas tradicionales de España tenían _____ en las ventanas.

7. Los asientos del teatro no se llaman *sillas* sino _____.

8. Quiero ver esa película de la que han hablado tanto. ¿Cuándo la _____ _____?

9. Vemos la televisión y el cine en una _____.

10. Al final de una obra de teatro se baja _____.

11. Sofía Loren y Jane Fonda son _____ de cine.

12. Para _____ flamenco hay que mover rápidamente los pies.

GRAMÁTICA.   PARTICIPIO Y FORMA PROGRESIVA

I.   Participios Progresivos

    A. El participio progresivo se forma con la terminación -*ndo* en español y "-ing" en inglés:
hablar → **hablando, comer** → **comiendo**.

    B. *Participios irregulares:* Los verbos que cambian la *o* en *u* (dormir) y la *e* en *i* (pedir) en las terceras personas del Pretérito, también tienen ese cambio en el participio progresivo, y también en el Presente de Subjuntivo:
        dormir → *durmió* → *durmamos* → *durmiendo* (sleeping)
        vestir → *vistió* → *vistamos* → *vistiendo* (dressing)

    C. Estudie esta lista parcial de verbos irregulares en el participio progresivo:

dormir → **durmiendo (durmió)**	**seguir** → **siguiendo (siguió)**
morir → **muriendo (murió)**	**sugerir** → **sugiriendo**
pedir → **pidiendo (pidió)**	**(sugirió)**
vestir → **vistiendo (vistió)**	**repetir** → **repitiendo (repitió)**
poder → **pudiendo (pudo)**	**divertir** → **divirtiendo**
venir → **viniendo (vino)**	**(divirtió)**
decir → **diciendo (dijo)**	**corregir** → **corrigiendo**
reír → **riendo (rió)**	**(corrigió)**
mentir → **mintiendo (mintió)**	**servir** → **sirviendo (sirvió)**
	sentir → **sintiendo (sintió)**

    D. Los verbos que tienen una *i* sin acento entre dos vocales, cambian la *i* en *y*. Esto ocurre también en las terceras personas del Pretérito.
        Ej.: *caer* → *cayendo* (por *caiendo*) → *cayó* (por *caió*)
            leer → *leyendo* (por *leiendo*) → *leyó* (por *leió*)
    El verbo *ir* (to go) también cambia la *i* en *y: yendo* (por *iendo*).

II.   Forma Progresiva: Forma y Usos

    A. Formamos los tiempos Progresivos con el verbo *estar* y el participio progresivo: en inglés "to be + -ing".
        Ej.: *estoy hablando* con María. (I'm talking to Mary)

B. En inglés es obligatorio usar la forma progresiva con acciones dinámicas que están en progreso o desarrollo actual; en español podemos usar el presente Simple o el Presente Progresivo.

Ej.: He is writing a letter now   Él *escribe* una carta ahora. Él *está escribiendo* una carta ahora.

La forma progresiva pone más énfasis en el progreso de la acción.

C. En inglés se usa el Presente Progresivo para poner intención en una acción futura; en español nunca usamos el Presente Progresivo para el futuro.

Ej.: *Salgo/saldré* mañana. (I am leaving tomorrow)

D. Recuerde que tenemos tres formas de indicar una acción futura en español, pero ninguna de ellas es la forma progresiva:
1) Presente Simple: *Salimos* mañana.
2) *ir a + verbo: Vamos a salir* mañana. (énfasis)
3) Futuro Simple: *Saldremos* mañana. (más énfasis)

La frecuencia de cada una de las tres formas depende bastante de cada dialecto.

III. Otros usos del Participio Progresivo

A. El participio funciona de adverbio en español cuando no es el verbo principal de la oración con el verbo *estar* de auxiliar:
Ej.: Te vi *saliendo* del cine. (I saw you leaving the theater)

B. El participio progresivo en inglés se usa mucho más que en español por varias razones:
1) *Acción dinámica en progreso:* "He's walking fast now".
2) *Adverbio:* "I saw you *leaving* the house."
3) *Nombre: Swimming* is good exercise.
4) *Adjetivo:* a *swimming* pool (una piscina)

En español solamente tenemos (1) y (2), pero nunca usamos el participio como *nombre* ni como *adjetivo*. Solamente el infinitivo se usa como nombre, con o sin artículo: *El **correr** es muy popular* (jogging is very popular).

PRACTIQUE SU GRAMÁTICA   *(Respuestas, página 348)*

1. Todos los participios progresivos del español terminan en _____.

   En inglés terminan en _____.

2. El verbo auxiliar de la forma progresiva en español es _____.

3. Los participios irregulares tienen cambios en la raíz; por ejemplo, el participio de *seguir* es _____; cambia la *e* en _____.

4. *Reír* y *freír* (fry) también tienen el cambio de *e* en *i* en Presente de Indicati-
   vo, en Pretérito, en Subjuntivo y en el participio. ¿Cómo se traduce "I fry"?
   _____. "I laugh"? _____. ¿"Frying"? _____
   ____. ¿"Laughing"? _____.

5. *Sonreír* (to smile) es un compuesto de *reír*. ¿Cómo se dice "smiling"? _____
   _____.

6. *Decir* tiene el participio con cambio de *e* en *i:* _____.
   ¿Cuál es el participio de *bendecir*? _____.

7. En inglés es obligatorio usar la forma progresiva para una acción en desarrollo o progreso actual. ¿Es obligatoria la forma progresiva en español?
   _____.

8. "I'm talking" tiene dos traducciones: (1) el Presente simple _____
   _____, y (2) el Presente Progresivo _____.

9. ¿Cuál da más énfasis al progreso de la acción, *hablo* o *estoy hablando*?
   _____.

10. El participio de *creer* no es *creiendo* sino _____, y el partici-
    pio de *oír* no es *oiendo* sino _____. ¿Cuál es el participio del
    verbo *ir*? _____.

11. ¿Se usa en español el Presente Progresivo para una acción futura? _____
    ____. ¿Y en inglés? _____.

12. ¿Se usa en español el Presente Simple para una acción futura? _____.
    También se usa el verbo *ir* con la preposición _____ y el verbo principal.

13. ¿Cuál pone más determinación (énfasis) en la acción futura, el Presente
    Simple o las formas exclusivas del Futuro? _____
    _____.

14. En una oración como *Te encontré comiendo,* ¿cuál es la función gramatical
    de *comiendo*? _____.

15. En una oración como "Traveling will help you to . . .", ¿cómo se traduce el
    participio en español? _____.

16. La forma progresiva también se usa en el pasado, y como el presente, no es obligatoria en español, pero sí en inglés, si es una acción dinámica. "You were talking when I got in" tiene dos traducciones: (1) *Usted* **estaba hablando** (énfasis) *cuando yo entré,* y (2) *Usted* _____ *cuando yo entré.*

EJERCICIOS

(Respuestas, página 348)

A. Complete las oraciones siguientes en Presente Progresivo.

1. Creo que Juanito le _____ a su madre. (mentir)

2. Muchas personas se _____ de hambre. (morir)

3. Lolita _____ una novela de Borges. (leer)

4. Los alumnos _____ al profesor. (sonreír)

5. El comprador y el vendedor _____. (regatear)

6. Anita se _____ una blusa nueva. (probar)

7. Ella sale en un momento; _____ ahora. (vestirse)

8. No me gusta lo que tú _____. (decir)

9. ¿Quién _____ la comida hoy? (hacer)

10. En estos momentos Julia _____ a la mesa. (sentarse)

11. En estos días ella no _____ bien. (sentirse)

12. Juanita _____ en la caja. (pagar)

13. Hace ya dos horas que _____. (llover)

14. El *cura* (priest) _____ a los cristianos. (bendecir)

15. Mi esposa _____ el maquillaje.
    (ponerse)

16. Yo _____ la carta porque hice
    errores. (repetir)

17. ¿Cuál es la mejor traducción de "I am leaving tomorrow"? _____

    _____.

18. ¿Cómo se traduce al inglés *Te vi comiendo?* _____.
    Hay dos traducciones para "They are practicing tennis now"

19. _____. (menos enfática)

20. _____. (más enfática)

21. ¿Cómo se traduce "eating" en "Eating cookies makes you fat"? _____

    _____.

22. ¿Cómo se completa la oración, *Ya llevo dos días sin* _____

    _____? (eating)

23. ¿Cómo se completa *Ya llevo dos horas* _____?
    (waiting)
    Hay dos traducciones para "They were practicing tennis when I got there"

24. _____. (menos énfasis en el
    desarrollo de la acción)

25. _____. (más énfasis en el
    progreso de la acción)

B. Escriba el participio progresivo de los siguientes verbos.

1. ensayar _____	10. morir _____
2. servir _____	11. ir _____
3. reír _____	12. leer _____
4. oír _____	13. bailar _____
5. ser _____	14. ver _____
6. mentir _____	15. divertir _____
7. seguir _____	16. impedir _____
8. poder _____	17. dormir _____
9. decir _____	18. incluir _____

¡ATENCIÓN! *Mandatos indirectos y Sugerencias*

1. Hay dos maneras de indicar una *sugerencia* (suggestion) equivalente al inglés "Let's + verb":
   a) *Vamos a + verbo: Vamos a comer.* (let's eat)
   b) *Presente de Subjuntivo: Comamos* (let's eat); *salgamos* (let's leave)

   Una expresión como *vamos a comer* puede significar dos cosas: "let's eat" y "we are going to eat". Solamente el contexto decide el significado.

2. Los pronombres átonos (*me, te, se,* etc.) se ponen detrás del verbo en un mandato afirmativo, y detrás del verbo en un mandato negativo.
   Ej.: *Comámoslo.* (let's eat it) / *No lo comamos.*
   Veámosla. (let's see it) / *No la veamos.*

   Con los verbos reflexivos se pierde de *s* final del verbo al poner el pronombre *nos.* Esto sólo pasa en el mandato afirmativo.
   Ej.: levantemos + nos → levantemo + nos → *levantémonos*
   vamos + nos → vamo + nos → *vámonos*

3. Para mandatos indirectos de tercera persona se usan las formas del Presente de Subjuntivo con la conjunción *que* delante de la oración. Los pronombres átonos siempre van delante del verbo.
   Ej.: *Que lo haga* Juan. (let John do it)
   Que me lo diga ella. (let her tell it to me)
   Que se vayan los niños. (let the boys go away)

   Este tipo de construcción se usa mucho para *desear* cosas buenas a otras personas. De aquí vienen algunas expresiones muy viejas como éstas:
   ¡Que aproveche! (al empezar a comer: "Good appetite!")
   ¡Que te vaya bien! (May everything go well with you!)
   ¡Que tengas suerte! (Good luck to you!)

C. **Cambie de una forma de mandato a otra según el modelo. Escriba solamente los verbos. (¡Cuidado con los pronombres!)**

Modelo: Vamos a llamarla. *Llamémosla.*

1. Vamos a salir ahora. _____.

2. Vamos a sentarnos aquí. _____.

3. Vamos a comprarlos. _____.

4. Vamos a decirle la verdad. _____.
   (s + s = s)

5. Vamos a dormir. _____.

6. Vamos a acostarnos. _____.

7. Vamos a bañarnos. _____.

8. Vamos a comprarle un helado. _____.
   $(s + s = s)$

9. Vamos a hacer la tarea. _____.

10. Vamos a ver la película. _____.

11. Vamos a pedir café. _____.

12. Vamos a pasear. _____.

D.   Traduzca las siguientes oraciones.

1. Let Mary do it.

   _____.

2. Let him play.

   _____.

3. Let them say it.

   _____.

4. Let them say it to us.

   _____.

5. Let her work.

   _____.

6. Let him come in.

   _____.

7. Let her sleep.

   _____.

8. Good appetite!

   _____.

9. Good luck to you!

   _____.

10. Good trip to you!

    _____.

Lección 22

BUSCANDO EMPLEO
(Looking for a Job)

el/la abogado -a	lawyer	**la entrevista**	interview
agradecer	to thank	**entusiasmar**	to enrapture
anual	annual	**el ingeniero**	engineer
el banquero	banker	**el juez**	judge
los bienes inmuebles,	real estate	**la lástima**	pity
los bienes raíces		**el/la mecanógrafo -a**	typist
el bufete	law office	**la pena**	penalty; sorrow
brindar por	make a toast to	**a duras penas**	barely
el/la cantinero -a	bartender	**el pluriempleo**	moonlighting
la carrera	career	**el profesorado**	faculty
el/la computista	computer operator	**el puesto, el trabajo**	job, position
el/la corredor -a	broker	**semanal**	weekly
charlar	to chat	**la solicitud**	application
el chiste	joke	**sorprendente**	surprising
emplear	to employ	**sorprender**	to surprise
el empleo	employment	**la sorpresa**	surprise
enojarse	to get angry	**la tertulia**	social gathering

PRACTIQUE EL VOCABULARIO   *(Respuestas, página 349)*

A. Subraye la selección correcta.

1. Los abogados trabajan en un/una (consulta, pluriempleo, bufete, tertulia).

2. Si Ud. sabe escribir bien a máquina, Ud. es un/una (mecanógrafo -a, corredor -a, banquero -a, ingeniero -a).

3. La noche del 31 de diciembre todos (sorprendemos, charlamos, brindamos, agradecemos) por el Año Nuevo.

4. Si Ud. da clase en la universidad, Ud. es parte del (profesorado, pluriempleo, bufete, empleo).

5. El (abogado, corredor, ingeniero, juez) trabaja siempre en la corte judicial.

6. Una tertulia es buena para (emplear, sorprender, entusiasmar, charlar) con los amigos.

7. Una de las carreras más modernas es la de (ingeniero, banquero, computista, corredor).

8. Ud. trabaja en un bar porque es (abogado, cantinero, corredor, maletero).

9. Antes de conseguir un empleo probablemente tendrás un/una (puesto, entrevista, pluriempleo, chiste).

10. En algunos estados de la unión americana existe el/la (tertulia, pena, abogado, juez) capital.

11. Antes de firmar el/la (puesto, tertulia, solicitud, pena) hay que llenarlo/la.

12. Lo contrario de calmarse es (agradecer, entusiasmar, enojarse, sorprender).

B. Complete las oraciones con la profesión correspondiente.

1. Prepara bebidas, como martinis, margaritas, etc.: _____

2. Construye puentes, edificios, escuelas, etc.: _____

3. Sabe mucho de cuentas, ahorros, préstamos, intereses: _____

4. Sabe escribir bien a máquina: _____

5. Ayuda a sus clientes ante la corte y ante el jurado: _____

6. Sirve comidas y bebidas en un restaurante: _____

7. Sirve comidas y bebidas en un _____
   avión:

8. Decide la sentencia en la corte des- _____
   pués de un juicio:

9. Sabe mucho de compra y venta de _____
   bienes raíces:

10. Trabaja con computadoras: _____

11. Maneja un coche, un autobús, un _____
    camión:

12. Maneja un avión: _____

C.   Complete las oraciones siguientes con una palabra correcta.

1. El papel que Ud. llena para pedir un trabajo es una _____

   _____.

2. Una _____ es una reunión social para charlar, comer, beber, etc.

3. Otra expresión para decir *bienes raíces* es _____.

4. Una persona que dice muchos _____ nos
   hace reír.

5. Todos los maestros de una escuela o colegio forman el _____

   _____.

6. Banquero proviene de banco. Cantinero proviene de _____

   _____.

7. Semanal es de una semana. Anual es de un _____

   _____, y mensual es de un _____.

8. Para celebrar el Año Nuevo es costumbre _____

   _____ con champán.

9. Consiguió una A en el último examen _____.
   (barely)

10. El médico trabaja en su consulta. El abogado trabaja en su _____

    _____.

11. Una de las causas del desempleo en España es el _____

    _____. (moonlighting)

12. Muchas personas que se dedican a vender casas son también _____

     _____.

13. De *entusiasmar* tenemos la palabra *entusiasmo*. De *enojar* tenemos _____

     _____.

14. De *estudiar* tenemos la palabra *estudiante*. De *sorprender* tenemos _____

     _____.

GRAMÁTICA.   SUBJUNTIVO DE EMOCIÓN Y DESCONOCIMIENTO

I.   Subjuntivo de Emoción

    A.   Por el significado del diccionario hay verbos de *información* que toman el Indicativo en la oración subordinada. Hay verbos de *observación* que también toman el Indicativo. Hay otros verbos que significan alguna clase de *influencia* de una persona sobre otra: estos verbos se completan en el modo Subjuntivo.

        Ej.: Usted *quiere* que yo *abra* una cuenta corriente.

    B.   Hay una lista de verbos que significan diferentes *emociones* (sadness, happiness, like, dislike, etc.). Si estos verbos están en la oración principal se completan en la subordinada en el modo Subjuntivo.

        Ej.: Me *alegro*/Me *gusta*/Me *sorprende* que *venga* tu amigo.

        (I'm glad / I like / it surprises me that your friend is coming)

    C.   Estudie esta lista parcial de verbos y expresiones de *emoción:*

temer (to be afraid)	**ponerse furioso** (to get angry)
gustar (to like)	**enojarse** (to get angry)
agradar (to like)	**tener miedo (de)** (to be afraid)
alegrarse de (to be happy)	**es triste** (it's sad)
sorprender (to surprise)	**es una pena** (it's sad)
molestar (to bother)	**es (una) lástima** (it's a pity)
satisfacer (to satisfy)	**es extraño** (it's strange)
entusiasmar (to be glad)	**es sorprendente** (it's surprising)
agradecer (to thank)	**sentir** (to be sorry, not "to sense")

D. *Sentir* significa dos cosas diferentes: (1) "to feel", "to sense" y entonces toma el modo Indicativo porque es un verbo de *observación;* (2) "to be sorry", una *emoción:* toma el Subjuntivo.

Ej.: Siento mucho que no *vengas* a la fiesta. (emoción)
Siento que Juanito *viene* por el corredor. (observación)

E. *Ojalá* significa "hope that" y toma el Subjuntivo porque es una *emoción.* Puede tomar la conjunción *que* o no: la tendencia moderna es omitirla.

Ej.: Ojalá *que* no *llueva* mañana. / Ojalá no *llueva* mañana.

Algunos dialectos del español usan el modo Indicativo con verbos de emoción, pero la mayoría de los dialectos usa el Subjuntivo.

II. Subjuntivo de Desconocimiento

A. Compare estos dos ejemplos:
(1) Tengo una *casa* que *es* pequeña. (Indicativo)
(2) Busco una *casa* que *sea* pequeña. (Subjuntivo)

En (1) la casa es *conocida* por el hablante: Indicativo.
En (2) la casa es *desconocida* por el hablante: Subjuntivo.

B. Un verbo que explica un nombre *conocido* para el hablante va en Indicativo. Un verbo que explica un nombre *desconocido* para el hablante va en Subjuntivo. Observe usted que en todos los casos anteriores de Subjuntivo/Indicativo, el uso dependía del significado del verbo en el diccionario: *influencia* y *emoción* toman Subjuntivo, *información* y *observación* toman Indicativo. Ahora el uso Indicativo/Subjuntivo depende del nombre en la oración: puede ser *conocido* o *desconocido* del hablante.

C. Compare estos dos ejemplos:
(1) Hay una *chica* que *sabe* hablar chino.
(2) No hay *ninguna chica* que *sepa* hablar chino.

En (1) la *existencia* de la chica supone su *conocimiento* por parte del hablante: Indicativo. En (2) la *inexistencia* de la chica implica su *desconocimiento* y por eso toma el Subjuntivo.

D. El uso del artículo definido *(el, la, los, las)* o indefinido *(un, una)* no implica o no supone *conocimiento* o *desconocimiento.* Son dos cosas diferentes. Observe estos ejemplos:
(1) Busco *una casa* que *tenga* dos pisos. (Subjuntivo)
(2) Busco *una casa* que *tiene* dos pisos. (Indicativo)

En (1) la casa es *desconocida* y es posible que no exista en esa sección. En (2) la casa es *conocida* para mí, yo la conozco, pero no sé dónde está exactamente. Más ejemplos:

(3) Mi padre dio el auto *al hermano* que lo *pidió* primero. (Indicativo)

(4) Mi padre dará el auto *al hermano* que lo *pida* primero. (Subjuntivo)

En (3) el padre sabe cuál de sus hijos *pidió* primero el auto; en (4) el padre no sabe porque todavía no ha ocurrido. En los dos ejemplos decimos *al,* con el artículo definido *el.*

PRACTIQUE SU GRAMÁTICA   *(Respuestas, página 349)*

1. *Asegurar* es "to insure" y también "to assure"; en este caso es un verbo de *información;* se completa con un verbo en modo _____.

2. Los verbos de *emoción* se completan con un verbo en modo _____

   _____.

   Ej.: *Me **gusta** mucho que tú* _____ *conmigo.* (ir)

3. Cuando estudiamos *gustar* dijimos que en *Me gusta el libro,* el *libro* es un estímulo y *yo* (me) recibo o experimento ese estímulo. En otras palabras, *el libro* tiene una *influencia* en mí. En realidad podemos considerar los verbos de *emoción* como un tipo de verbos de *influencia.* Por eso se completan en el

   modo _____.

4. *Sorprender* (to be surprised) es una *emoción,* y toma un objeto indirecto como *gustar.* ¿Cómo se completa *Nos sorprende que el banco* _____

   _____ *cerrado?* (estar)

5. *Agradecer* (to thank) es una emoción de *gratitud.* ¿Cómo se completa la oración *Le agradezco mucho que usted me* _____? (ayudar)

6. *Es una pena* (it's a pity) es una emoción de *tristeza* (sadness). Complete *Es una pena que tu amiga no* _____ *venir.* (poder)

7. *Gustar* es una emoción de "liking". ¿Cómo se completa *A Juan le gusta que su esposa* _____ *espaguetis?* (cocinar)

8. *Molestar* no significa "to molest" sino "to bother"; es una emoción contraria a *gustar.* Complete *¿Te molesta que yo* _____ *el radio?* (poner)

9. Los adjetivos sirven para completar y explicar a los nombres. Si ponemos una oración en vez de un adjetivo, esta oración será subordinada adjetiva y depende del nombre; si el nombre es *conocido*, el verbo de la oración va en modo _____. Si el nombre es *desconocido* va en _____ _____.

10. Si usted tiene un perro es obvio que Ud. conoce ese perro. ¿Cómo se completa la oración *Ud. tiene un perro que* _____ *mucho*? (comer)

11. Si yo necesito un perro, es obvio que no conozco el perro. ¿Cómo se completa *Yo necesito un perro que* _____ *poco*? (comer)

12. Cuando una persona dice *Hay un libro que . . .* es obvio que esa persona conoce ese libro. Complete *Hay un libro que* _____ *300 años*. (tener)

13. Es lógico que nadie conoce las cosas o personas que no existen. Complete *No hay ningún banco en el pueblo que* _____ *dólares*. (cambiar)

14. Si hacemos una pregunta para pedir información sobre un nombre, es porque no conocemos ese nombre. Complete la pregunta: *¿Hay en este banco algún empleado que* _____ *italiano*? (hablar)

EJERCICIOS   *(Respuestas, página 350)*

A.   Complete con el Presente de Indicativo o de Subjuntivo.

1. En el patio tenemos un canario que _____ muy bien. (cantar)

2. Es una lástima que tu padre no nos _____ el carro. (dar)

3. Conozco un parque nacional que _____ un lago muy lindo. (tener)

4. Me sorprende que tu amigo no _____ vino ni cerveza. (beber)

5. La semana pasada compré una casa que me _____ mucho. (gustar)

6. Todos buscamos una felicidad que _____ mucho tiempo. (durar: "last")

7. Es verdad que Luisa no _____ de México sino de Chile. (ser)

8. No hay muchos españoles que _____ italiano. (saber)

9. ¿Tienen ustedes un amigo que _____ en Nueva York? (vivir)

10. Me satisface mucho que _____ un banco en este pueblecito. (haber)

11. En Estados Unidos hay 15 millones de personas que _____ español. (hablar)

12. Quiero comprar una casa que _____ grande, amplia. (ser)

13. Ojalá que esa cajera te _____ porque es muy linda. (sonreír)

14. Aquí no hay bancos que _____ dinero sin crédito. (prestar)

15. Me molesta mucho que mi hija _____ el radio alto. (poner)

16. Es muy cierto que en La Florida _____ mucho en otoño. (llover)

17. ¿Por qué temes que tu carro _____ antes de llegar? (romper se)

18. A Anita le pone furiosa que la gente _____ en público. (fumar)

19. Ya veo que el gerente del banco _____ un despacho enorme. (tener)

20. Es necesario que usted _____ al contado. (pagar)

21. Es mejor que usted _____ este cheque en su banco. (cobrar)

22. Sentimos mucho que usted _____ tarde, pero no hacemos excepciones. (llegar)

23. Conozco un banco que _____ dinero a los extranjeros. (prestar)

24. Es una pena que tu novia _____ enferma. (estar)

25. Hijo, es importante que _____ un poco de dinero. (ahorrar)

B. Combine las dos oraciones en una con la conjunción *que*. Haga los cambios necesarios y use el Presente de Indicativo o de Subjuntivo.

Modelo: Te gusta mucho. Yo salgo contigo.
   Te gusta mucho que yo salga contigo.

1. Me alegro mucho. Usted ya tiene empleo.

_____

2. Ella se enoja mucho (de). Usted maneja demasiado rápido.

_____

3. Es muy obvio. Ella busca un puesto de maestra.

_____

4. Es sorprendente. Rosaura trabaja de banquera.

_____

5. Es evidente. Nosotros necesitamos una mecanógrafa.

_____

C. Repita las oraciones de acuerdo con el modelo y las *claves* (cues).

Modelo: Tienen un empleo bueno. (buscar)
   Buscan un empleo que sea bueno.

1. Tenemos un profesor que nunca llega tarde. (querer)

_____

2. Hay alguien aquí que es computista. (no hay nadie aquí)

_____

3. Conocemos una chica que escribe a máquina. (necesitamos)

_____

4. Hay un empleado que sabe de computadoras. (no hay ningún empleado)

_____

5. Hay una muchacha aquí que es bilingüe. (¿Hay alguna muchacha aquí . . .?)

_____

¡ATENCIÓN!   *Subjuntivo para el futuro*
1. Observe estos dos ejemplos:
   (1) Te *vi* vuando *saliste* de clase.
   (2) Te *veré* cuando *salgas* de clase.
En el primer ejemplo tenemos dos acciones reales, ya experimenta-das, y por esta razón los dos verbos están en Indicativo (Pretérito). En el segundo ejemplo tenemos dos acciones futuras, todavía no son una realidad. En la oración principal tenemos un Futuro *(veré)* y en la subordinada tenemos un Presente de Subjuntivo *(salgas)*.
2. Una *costumbre* es una acción que se repite, y por eso es real. Ya se realizó antes del momento presente y se volverá a repetir. Por eso usamos el Indicativo en las dos partes de la oración.

Ej.: Juan se *siente* mejor cuando *toma* aspirina. (John feels better when he takes aspirin)

Recuerde que el Presente de Indicativo se usa mucho para una acción futura. En este caso la oración subordinada está en Subjuntivo.

Ej.: Te *veo* mañana cuando *vaya* a tu casa. (I will see you tomorrow when I go to your house)

3. Los adverbios-conjunciones que toman Indicativo o Subjuntivo son los siguientes:

cuando (when)	**mientras que** (while)	**siempre que** (whenever)
donde (where)	**luego que** (after)	**tan pronto como** (as soon as)
aunque (although)	**después que** (after)	**en cuanto** (as soon as)
como (as)	**hasta que** (until)	**enseguida que** (as soon as)

4. *Antes que* (before) siempre necesita Subjuntivo. La preposición *de* en *antes de que* y *después de que* se omite mucho en español moderno. También la conjunción *que* en *mientras que* se puede omitir.

Ej.: Te llamo todos los días *antes de que* tu esposa *llegue.*
Tú estudiarás mientras yo *haga* la comida.

D. Complete las oraciones con el Presente de Subjuntivo o con un tiempo de Indicativo.

1. Hablaremos de eso después que mi abogado _____.
    (llegar)

2. Me gusta comer algo siempre que _____ hambre.
    (tener)

3. Vamos a hablar con el enfermo luego que _____ un calmante. (tomar)

4. Llámame por teléfono tan pronto como _____ a casa.
    (volver)

5. Después que Rosita _____, me casaré yo. (casarse)

6. Siempre que me _____ la cabeza, tomo aspirina.
    (doler)

7. Mientras yo _____ el periódico, tú preparas la comida. (leer)

8. Ven a verme enseguida que _____ tu trabajo. (hacer)

9. Buscaré empleo por todas partes hasta que lo _____. (encontrar)

10. José buscó trabajo hasta que lo _____. (encontrar)

11. Ella todos los días esperaba hasta que él _____. (llegar)

12. Vaya usted a trabajar donde _____. (gustarle)

13. Carolina siempre lo hace como a ella _____. (gustarle)

14. Sí, lo haré en cuanto _____ tiempo. (tener)

15. Mañana nos vemos después que ella _____. (irse)

Lección 23

DEPORTES (Sports)

el ajedrez	chess	**el fútbol**	football, soccer
el/la atleta	athlete	**el gol**	goal, point
el balompié	soccer	**el jonrón**	home run
el baloncesto	basketball	**la jugada**	play
la bandera	flag	**la medalla**	medal
la banderilla	dart with banner	**el partido, la partida**	game, set
el béisbol	baseball	**patear**	to kick
el campeón, la campeona	champion	**la pelota**	ball
el campeonato	championship	**la plaza de toros**	bullring
la canasta	basket	**el portero**	goalkeeper; doorman
la cancha	court, field	**la portería**	goalpost
la capa, el capote	cape	**la raqueta**	racket
la corrida de toros	bullfight	**la raya**	line
las damas	checkers	**la red**	net
el equipo	team; equipment	**el tenis**	tennis
la espada	sword	**torear**	to fight bulls
la faena	task, chore	**el toreo**	bullfighting
el frontón	fronton, wall	**el torero, el matador**	bullfighter

PRACTIQUE EL VOCABULARIO   *(Respuestas, página 350)*

A. ¿Sabe algo de deportes? Identifique estos deportes.

1. Se juega con una raqueta, una pelota y una red: _____

2. Se juega en una mesa, con rey, reina, torre, etc.: _____

3. Se juega con cinco jugadores en cada equipo y una canasta: _____
   _____

4. Se juega solamente con el pie y la cabeza y un balón: _____
   _____

5. Se juega con un toro, banderillas, una capa y espada: _____
   _____

6. Se juega en una mesa, más sencillo que el ajedrez: _____

7. Se lleva el balón con las manos hasta pasar la raya final: _____
   _____

8. Se juega con una pelota dura, bate y guantes: _____

9. ¿En qué deporte se esquía sobre la nieve? _____

10. ¿En qué deportes se necesitan once jugadores? _____

11. ¿En que deporte se necesitan nueve jugadores en cada equipo? _____
    _____

12. ¿En qué deportes se meten goles (puntos)? _____

B. Subraye la palabra o expresión correcta.

1. La pelota vasca o jai alai se juega en un/una (canasta, jugada, frontón, red).

2. El baloncesto se juega con un/una (portería, gol, canasta, red).

3. El torero usa el/la (banderilla, capote, espada, faena) para matar el toro.

4. Los ganadores en los juegos olímpicos reciben (banderas, capas, raquetas, medallas).

5. Un gol es un punto en (baloncesto, béisbol, ajedrez, balompié).

6. Solamente se juega uno contra uno o dos contra dos: (ajedrez, damas, frontón, tenis).

7. Para jugar baloncesto se usa una cancha de (cemento, tierra, madera, hielo).

8. El torero usa un/una (raqueta, pelota, capa, red) para torear.

9. El jonrón es un punto en (baloncesto, béisbol, fútbol, tenis).

10. El equipo de (baloncesto, fútbol, balompié, frontón) tiene cuatro jugadas para adelantar diez yardas.

C. Conteste verdadero o falso.

1. _____ El ajedrez es un juego difícil porque tiene muchas piezas diferentes.

2. _____ Cuando la pelota toca la red en tenis la jugada todavía es buena.

3. _____ En baloncesto se permite a los jugadores patear el balón.

4. _____ Cuando un torero hace buena faena el público grita ¡Olé!

5. _____ Un partido de tenis es más largo que uno de béisbol.

6. _____ La bandera americana es roja, blanca y amarilla.

7. _____ La pelota de béisbol es blanca y la de tenis es amarilla o verde.

8. _____ Los juegos olímpicos se juegan cada cuatro años.

9. _____ El toro ataca la capa del torero porque es de color rojo.

10. _____ El béisbol y el fútbol son los deportes favoritos de Estados Unidos.

D. Relacione palabras que Ud. conoce. De *puerta* tenemos *portero*, pero de *juego* tenemos *jugador*. No hay reglas fijas para derivar palabras nuevas. Trate de buscar un verbo relacionado con estos nombres o adjetivos.

Modelo: pata → *patear*

1. toro _____

2. gol _____

3. raya _____

4. equipo _____

5. gracias _____

6. enojo _____

7. empleo _____

8. sorpresa _____

9. entusiasmo _____

10. solicitud _____

11. temor _____

12. alegría _____

13. brindis _____

14. lástima _____

15. entrevista _____

16. charla _____

GRAMÁTICA. PARTICIPIO PASADO Y TIEMPOS PER-
FECTOS

I. Participios Pasados

A. Los participios pasados regulares terminan en *-do: hablar* →
hablado. Los verbos en *-AR* conservan la *a,* pero los verbos en
-ER toman una *i* en vez de *e: comer* → *comido.* Los verbos en *-IR*
conservan la *i: vivir* → *vivido.*

B. Hay un grupo de participios irregulares que no terminan en *-do*
sino en *-to.* También tienen cambios en la raíz. Dos verbos
terminan en *-cho,* y son *decir* → *dicho* y *hacer* → *hecho.*
Estudie esta lista parcial de participios pasados irregulares:

morir → **muerto** (died)	**devolver** → **devuelto** (returned)
volver → **vuelto** (returned)	**envolver** → **envuelto** (wrapped)
romper → **roto** (broken)	**componer** → **compuesto**
abrir → **abierto** (opened)	(composed)
decir → **dicho** (told)	**freír** → **frito** (fried)
hacer → **hecho** (made)	**deshacer** → **deshecho** (melted,
poner → **puesto** (put)	undone)
ver → **visto** (seen)	**satisfacer** → **satisfecho**
escribir → **escrito** (written)	(satisfied)
	resolver → **resuelto** (resolved)

C. El verbo *freír* tiene dos participios pasados: *freído* y *frito.* El
participio regular *freído* se usa en los tiempos Perfectos o compuestos: *he freído* (I have fried). El participio irregular *frito* se
usa como adjetivo.
Ej.: Me gustan las papas *fritas.* (I like French fries).

D. Los participios pasados tienen dos usos importantes: (1) como
verbos en los tiempos Perfectos o compuestos: *Hemos hablado*
con él (we have spoken with him); (2) como *adjetivos* descriptivos, lo mismo en inglés que en español.
Ej.: La lengua *hablada* es diferente de la lengua *escrita.*
(spoken language is different from written language).

E. Algunos participios pasados son también *nombres:* un *hecho* (a
fact), un *dicho* (a saying), la *entrada* (the entrance), la *salida*
(the exit), la *comida* (the food), la *herida* (the wound), un *puesto*
(a job or a stand).

II.   Tiempos Perfectos o Compuestos

A.   Los tiempos Perfectos se forman con el auxiliar *haber* (to have) y el participio pasado. El auxiliar cambia para las distintas personas y tiempos, pero el participio no cambia. Vea el esquema de algunos tiempos:

SUJETO	Presente Perfecto (I have eaten)		Pluscuam- perfecto (I had eaten)		Futuro Perfecto (I will have eaten)	
yo	h e		hab ía		habr é	
nosotros	h emos		hab íamos		habr emos	
tú	h as	comido	hab ías	comido	habr ás	comido
él, ella, Ud.	h a		hab ía		habr á	
ellos-as, Uds.	h an		hab ían		habr án	

B.   Observe que el verbo *haber* es muy irregular en el Presente: *he, hemos,* etc. La forma *hay* (there is/are) es la tercera persona *ha* con una *y.* El Imperfecto es regular; *había,* y el Futuro pierde una *e:* no es *haberé* sino *habré.* Para traducir "there will be" decimos *habrá.*

III.   Usos de los Tiempos Perfectos

A.   *Presente Perfecto*   (*he comido:* I have eaten): Indica una acción ya terminada, pero importante o relevante para el momento presente. Ésta es una diferencia con el Pretérito que indica una acción pasada pero sin relevancia en el presente. El uso es bastante paralelo en inglés y en español, aunque hay diferencias que aprenderás a nivel más avanzado.

Ej.   No voy a comer contigo porque ya *he comido.*
(I'm not going to eat with you because I've already eaten)

B.   *Pluscuamperfecto*   (*había comido:* I had eaten): Indica una acción anterior a un momento pasado. Es frecuente usar el Pretérito en lugar del Pluscuamperfecto.

Ej.:   Cuando llegaste los niños *se habían ido* a dormir.
(when you arrived the kids had gone to sleep)

C.   *Futuro Perfecto*   (*habré comido:* I will have eaten): Indica una acción anterior a un momento futuro y posterior al momento presente. Es frecuente sustituirlo por el Futuro Simple.

Ej.:   Ya *habré comido* antes que tú llegues.
(I'll have already eaten before you arrive)

> D. *Condicional Perfecto* (*habría comido:* I would have eaten):
> Indica una acción posterior a un momento pasado, pero anterior
> a otro momento. Es frecuente sustituirlo con el Condicional
> Simple, o con el Imperfecto de Indicativo.
> Ej.: Te dije que *habríamos salido* antes de las 5:00.
> (I told you we would have left before 5:00)

PRACTIQUE SU GRAMÁTICA   *(Respuestas, página 351)*

1. Todos los participios pasados regulares terminan en _____; los irregulares terminan en _____ y dos muy irregulares terminan en _____
   (hacer, decir).

2. *Dicho* es el participio pasado del verbo _____, y *hecho* es el participio de _____.

3. Si de *escribir* decimos *escrito*, de *transcribir* diremos _____
   _____.

4. Si de *ver* decimos *visto*, de *prever* diremos _____.

5. El idioma inglés ha tomado "frito" del español. Originalmente *frito* es el
   participio irregular del verbo _____.

6. El idioma inglés ha tomado "tostada" del español; el verbo original para
   decir "to toast" en español es _____.

7. Los tiempos Perfectos necesitan en inglés el auxiliar "to have"; en español
   se usa de auxiliar el verbo _____. Este mismo verbo se usa para
   las expresiones "there is", "there are", "there was". ¿Cómo se dice "there
   were"? _____.

8. En los tiempos Perfectos, ¿cambia o no cambia el participio? _____.
   Cuando el participio se usa como adjetivo, ¿cambia para el femenino y para
   el plural? _____.

9. No decimos en español *Yo he ya comido* sino *Yo* _____.

10. No es correcto decir ¿*Has tú ido a México*? Debe ser ¿ _____ *a*
    México?

11. Por los ejemplos anteriores usted ve que en español nunca separamos el
    auxiliar y el participio. ¿Cómo se traduce "he has already seen"? _____
    _____.

12. El Presente Perfecto indica una acción terminada y a la vez importante o relevante para el momento _____. En cambio una acción pasada que terminó pero no es relevante en el momento presente va en tiempo _____.

13. El *Pluscuamperfecto* (past perfect) indica una acción anterior a un momento _____. Tanto en inglés como en español es frecuente sustituir esta forma compuesta por la forma simple del _____: *comí* por *había comido*.

14. El Futuro Perfecto indica una acción posterior al presente, pero anterior a un momento _____. Es frecuente usar el Futuro Simple por el Futuro Perfecto. Ej.: *Habremos terminado antes del domingo* → _____ *antes del domingo*.

15. El Condicional Perfecto (I would have talked) indica una acción posterior a un momento pasado, pero anterior al momento _____. Es frecuente usar el Condicional Simple por el compuesto, y también el _____ de Indicativo: Te prometí que *habríamos comido/comeríamos/comíamos* antes de las 8:00.

EJERCICIOS   *(Respuestas, página 351)*

A. Complete las oraciones siguientes.

1. Ellos todavía no _____ su tarea. (have written)

2. Nosotros nunca _____ a la república de China. (have gone)

3. ¿Quién _____ la ventana. (has broken)

4. José no puede caminar; _____ la pierna. (has broken: *romperse*)

5. Muchos millones _____ en las guerras civiles. (have died)

6. Tú _____ bien los huevos, pero no me gustan los huevos _____. (have fried/fried)

7. Salí de Cuba hace 20 años y nunca _____. (have returned)

8. Los dos candidatos _____ cosas interesantes. (have said)

9. Nunca _____ en San Diego hasta hoy. (has snowed)

10. Con la boca _____ podemos respirar mejor. (open)

11. El peatón _____ los pies en la acera. (has put)

12. Cuando llegué, mi hijo ya _____ por dos horas. (had slept)

13. Ella no puede hablar porque _____ mala la garganta. (has had)

14. Muchas lenguas del mundo todavía no tienen un sistema _____ _____. (written)

15. Antes del domingo ella _____ el trabajo. (will have finished)

16. Cuando llegué a casa mi esposa _____ la comida. (had made)

17. Marcos _____ un accidente anteriormente. (had had)

18. Mi mamá está muy _____ con la operación de la nariz. (satisfied)

19. ¿Quién _____ las noticias del periódico? (has read)

20. Nosotros _____ unos rumores interesantes. (have heard)

21. Esta sinfonía fue _____ por Bethoven. (composed)

22. Carlitos, ¿dónde _____ los dedos? (have put)

23. Antes del verano que viene, ella _____ el español. (will have learned)

24. Éste es un trabajo _____. (well done)

25. El criminal fue _____ por la policía. (arrested: *detener*)

B. Conteste las preguntas en Presente Perfecto de Indicativo. Use los pronombres *me, te, se, lo, la, los, las, le, les* cuando sean necesarios.

Modelos: ¿Quieres comer conmigo? *No, ya he comido.*
¿Vas a hacer la tarea? *No, ya la he hecho.*

1. ¿Vas a lavarte las manos?

   No, _____.

2. ¿Deseas comprar el libro?

   No, _____.

3. ¿Quieres desayunarte?

   No, _____.

4. ¿Vas a decir la verdad?

   No, _____.

5. ¿Vas a escribir la carta?

   No, _____.

6. ¿Quieres resolver el problema?

   No, _____.

7. ¿Vas a leer esa novela?

   No, _____.

8. ¿Vas a decirle la verdad a Jorge?

   No, _____.

¡ATENCIÓN!   *Pronombres relativos:* **que/cual/quien/cuyo**

1. *Quien* (who, whom) sólo se usa para personas. Necesita una preposición delante, o bien una coma, y en este caso tiene carácter explicativo. El plural es *quienes*.
   Ej.: La señora *de quien* te hablé es mi madre.
   Hablé con el gerente, *quien* parece estar enfermo.

2. *Que* (that, which, who, whom) se puede usar siempre, con preposiciones y sin ellas, y puede tomar los artículos *el/la/los/las*. Se usa con personas o cosas. No cambia para el plural.
   Ej.: La señora *de que* te hablé es mi madre.
   La señora *que* entró es mi tía.
   La casa *de la que* te hablé es mía.

3. *Cual* (which, who, whom) se usa con personas y cosas, pero necesita siempre uno de los artículos *el/la/los/las*. También se necesita una preposición delante o bien una coma. El plural es *cuales*.

    Ej.: La señora *de la cual* te hablé es mi madre.

    El coche *en el cual* estamos es mío.

    Saludé al director, *el cual* tiene resfriado.

4. *Cuyo* (whose) cambia de género y número: *cuyo -a, -os -as*. Indica posesión y concuerda en género y número con el nombre poseído.

    Ej.: El niño *cuya madre* conociste es Mario.

    El señor *cuyas llaves* encontraste es Don Miguel.

    Recuerde que en las preguntas no usamos *cuyo* sino *¿de quién?*

    Ej.: *¿De quién* es este libro? (whose is this book?)

C. Traduzca las palabras que están en paréntesis.

1. ¿Para _____ es esa raqueta de tenis? (whom)

2. El atleta _____ ganó dos medallas es cubano. (who)

3. Lolita es la muchacha _____ yo estudié en México. (with whom)

4. Un proverbio antiguo dice: _____ mal empieza, mal acaba. (he who)

5. El caballero _____ casa tanto admiras es Don Quijote. (whose)

6. Te doy el televisor _____ me he divertido mucho. (with which)

7. Te presento al director _____ yo trabajo. (for whom)

8. La enferma _____ corazón fue operado ya se ha mejorado. (whose)

9. Hablamos con el campeón, _____ está muy contento. (who)

10. ¿_____ son estas raquetas de tenis? (whose?)

11. La persona _____ te quiere ver es el gerente. (who)

12. Ellos compraron una casa grande, _____ tiene dos pisos. (which)

13. No entiendo _____ me estás hablando. (about whom)

14. El baloncesto es un deporte _____ pide mucho movimiento. (that)

Lección 24

BARBERÍA Y PELUQUERÍA (Barbershop and Beauty Parlor)

a los costados	on the sides	**el moño**	bun, topknot
a menos que	unless	**la patilla**	sideburn
acaso, tal vez	perhaps, maybe	**el peinado**	hairdo
apostar (ue)	to bet, to be sure	**peinarse**	to comb the hair
la barbería	barbershop	**el peine**	comb
el barbero	barber	**el peluca**	wig
el bigote	moustache	**la peluquera**	hairdresser
la caspa	dandruff	**la peluquería**	beauty parlor
la certeza	sureness	**puede ser que**	maybe
la coleta	pigtail	**recortar**	to trim
con tal que	provided that	**rizar**	to curl
el corte del pelo	haircut	**el rizador**	curler
el champú	shampoo	**el secador**	dryer
estar de moda	to be in style	**secar**	to dry
hacer la vista gorda	to overlook	**el salón de belleza**	beauty parlor
hacerse el tonto	to play dumb	**la(s) tijera(s)**	scissors
hacerse tarde	to get late	**la trenza**	braid
		trenzar	to braid

PRACTIQUE EL VOCABULARIO   *(Respuestas, página 352)*

A.   Complete el diálogo siguiente entre Eduardo y su barbero.

1. Barbero: ¡Hola, Eduardo! Siéntate y dime cómo quieres _____
   _____ hoy. (haircut)

2. Eduardo: Como de costumbre; largo _____
   y un poco corto arriba y detrás. (on the sides)

3. Barbero: ¿Te dejo las _____ largas o cortas? (sideburns)

4. Eduardo: Cortas. Ya no _____ las
   patillas largas. (to be in style)

5. Barbero: Como tú digas. ¿Te lo corto con la máquina eléctrica o con
   las _____? (scissors)

6. Eduardo: Mejor con las tijeras. También me _____
   _____ un poco el bigote. (trim)

7. Barbero: Está bien. ¿Quieres también un lavado de pelo y _____
   _____? (shampoo)

8. Eduardo: No, pero quiero que me recomiendes algo bueno contra la
   _____, porque he notado algo
   últimamente. (dandruff)

9. Barbero: ¡Cómo no! Tengo un champú especial que te lo quitará
   _____ lo uses una vez por sema-
   na. (provided that)

**B.   Complete las oraciones con una palabra o expresión
siguiente. Haga los cambios necesarios.**

trenza	peinado	apostar	hacerse el tonto	hacerse tarde
secar	recortar	a menos que	hacer la vista gorda	puede ser que
peine	secador	certeza	estar de moda	tijeras

1. No iré a la peluquería _____ tú vayas conmigo.

2. Para cortar el pelo se usa una máquina eléctrica o unas _____
   _____.

3. Después de bañarme me _____ el agua con una toalla.

4. Esa señorita lleva unas _____ muy lindas en el pelo.

5. La minifalda _____ otra vez, pero no tan corta como hace varios años.

6. Vamos para casa porque ya _____.

7. Está muy nublado hoy. _____ llueva.

8. Necesito usar el _____ porque tengo el pelo *mojado* (wet).

9. Yo sé con _____ que tu amigo va a llamarte esta tarde.

10. Tú sabes muy bien cocinar paella. No te _____.

11. Esa señora lleva un _____ muy elegante.

12. Tienes el pelo en desorden; aquí tienes un _____ _____ para arreglarlo.

13. Nos interesa ese problema; no debemos _____ _____.

14. No me deje el pelo muy corto; sólo quiero que lo _____ _____ un poco.

15. Yo sé que es verdad. Te _____ que tú estás equivocado.

C. Conteste verdadero o falso.

1. _____ Una persona *calva* (bald) puede usar pelucas que parecen pelo real.

2. _____ En algunos estados de este país es legal apostar a las carreras de caballos.

3. _____ La caspa se ve muy fea en una persona porque es de color negro.

4. _____ Algunos hombres se dejan crecer un bigote en la barba.

5. _____ Es más común llevar coletas en las chicas jóvenes que en las señoras maduras.

6. _____ Es más común llevar moños en las muchachas que en las señoras mayores.

7. _____ Generalmente las personas negras tienen el pelo más rizado que los blancos.

8. _____ Una peluquera se dedica exclusivamente a hacer pelucas.

9. _____ En realidad un champú es un tipo de jabón líquido.

GRAMÁTICA.   SUBJUNTIVO DE DUDA Y DE CAUSA

I.   Subjuntivo de Duda/Indicativo de Certeza

A.   Un verbo que tiene significado de *certeza* (sureness or certainty) se completa con una oración subordinada en Indicativo. Es lo mismo que *información*.

Ej.: Yo *sé/creo/pienso* que Rosa *está* enferma. (Indicativo)

B.   Un verbo o expresión que tiene significado de *duda* se completa en Subjuntivo en la oración subordinada. *Duda* es lo contrario de *certeza*.

Ej.: Yo *dudo/no estoy seguro/es posible* que Rosa *esté* enferma.

C.   Hay verbos y expresiones que tienen un significado ambiguo: (1) *duda* y (2) *certeza*. En otras palabras, entre los dos extremos hay una escala difícil de determinar. Pueden tomar el Indicativo y el Subjuntivo, y no es posible dar reglas exactas. La mayoría de los nativos siguen estas dos reglas:

1. Use el Indicativo con la forma *afirmativa* de:

creer (believe)	**tener por seguro** (be sure)
es que (the fact is)	**estar convencido (de)**
es cierto (it's certain)	(be convinced)
es verdad (it's true)	**no dudar** (not doubt)
es seguro (it's sure)	**no hay duda (de)** (there's no
apostar (bet)	doubt)
suponer (suppose)	**es claro** (it's clear)
parecer (seem)	**está claro** (it's clear)
pensar (think)	**imaginarse** (imagine)

2. Use el Subjuntivo con estos verbos y expresiones:

dudar (doubt)	**no pensar** (not think)
es dudoso (it's doubtful)	**no parecer** (not seem)
es probable	**no es que** (the fact
(it's probable)	is not)
es posible (it's possible)	**no es cierto** (it's not sure)
hay duda (de)	**no es seguro** (it's not sure)
(there's doubt)	**no es verdad** (it's not true)
es imposible	**no imaginarse** (not imagine)
(it's impossible)	**no suponer** (not suppose)
no es claro (it's not clear)	**no estar convencido**
no está claro	(not be convinced)
(it's not clear)	**no creer** (not believe)

D. Los adverbios de duda *quizás, tal vez, acaso, puede ser que* (perhaps, maybe) toman el Indicativo y el Subjuntivo según el grado de duda o certeza.

Ej.: Tal vez *ganó* mucho dinero en Las Vegas. (maybe he won a lot of money)

Tal vez *gane* mucho dinero en Las Vega. (maybe he'll win a lot of money)

II. Subjuntivo de Causa → Efecto

A. Observe estos ejemplos:

(1) Carlos trabaja *para comprar* un carro.

(2) Carlos trabaja *para que* su esposa *compre* un carro.

En (1) *trabaja* y *comprar* tienen el mismo sujeto: *Carlos*. Se usa el infinitivo. En (2) *Carlos* es el sujeto de *trabaja* y *su esposa* el sujeto de *compre*. Esta forma es Subjuntivo porque la acción de *trabajar* es la *causa* que va a producir el efecto de *comprar* el carro (con el dinero ahorrado).

Podemos comparar estas oraciones a los verbos de *influencia* como *pedir, ordenar, querer*. En este caso la palabra que lleva el significado de *causa* → *efecto* no es el verbo sino la conjunción *para que*.

b. Estudie la lista de conjunciones que indican *causa* → *efecto*. Siempre necesitan el Subjuntivo como los verbos de *influencia*:

para que (in order to)	**de manera que** (so that)
a menos que (unless)	**con tal que** (provided that)
sin que (without)	**a fin de que** (in order to)
de modo que (so that)	**en caso de que** (in case that)

> Ejemplos: Yo no iré *sin que* usted *vaya* conmigo.
> (I won't go unless you go with me)
> Yo iré *con tal* que usted *vaya* conmigo.
> (I'll go provided that . . .)

PRACTIQUE SU GRAMÁTICA   *(Respuestas, página 352)*

1. Los verbos y expresiones que significan *duda* se completan con el _____
_____. Ejemplo: *Es posible que usted* _____
fiebre. (tener)

2. Los verbos y expresiones que significan *certeza* o *seguridad* (sureness) se
completan con el modo _____. Ej.: *Me parece que*
_____ *fiebre.* (tener)

3. Un hecho interesante es que algunos verbos significan *certeza* en la forma
afirmativa y *duda* en la forma negativa. Ej.: *creer/no creer.* Complete las
oraciones: *Creo que Pancho* _____ *mexicano. No creo que Pepe* _____
mexicano. (is)

4. Cuando decimos *es posible que . . .,* ¿tenemos duda o certeza? _____
_____. Complete *Es posible que* _____ *a mi abuelo.* (operar)

5. *Suponer* (to suppose) indica alguna *duda,* pero indica más *certeza* que duda
porque lo completamos con el Indicativo. Complete *Suponemos que él* _____
_____ *gripe.* (tener)

6. Los adverbios de *duda* como *quizás* (perhaps), ¿se pueden completar con
Indicativo o con Subjuntivo? _____. En realidad usar
más uno que otro parece depender más de los dialectos que del significado.

7. Una manera de dar énfasis a un *hecho* (fact) es poner delante la expresión *Es
que* (the fact is that). La oración que sigue, ¿toma Indicativo o Subjuntivo?
_____.

8. Otra manera de dar énfasis a la negación de un hecho es empezar con *No es
que* con la oración en Subjuntivo y la reacción en Indicativo.
Ej.: *No es que Pepito* _____ *enfermo* (estar), *sino que él no*
_____ *ir a la escuela.* (querer)

9. Para *apostar* (to bet) un hecho es necesario estar seguro; por eso se completa
con una oración subordinada con el verbo en el modo _____
_____.

10. *Para que* implica que hay una razón, una causa, entre dos acciones; una influye en la otra; por esto el verbo que va detrás de *para que* toma el modo _____.

11. Lo contrario de *para que* es *sin que*. Complete la oración: *No abro la ventana sin que los mosquitos* _____. (entrar)

12. *A fin de que* es tal vez más enfático que *para que,* pero es la misma idea. Complete la oración *Iremos a Colombia a fin de que mi hijo* _____ *a hablar español.* (aprender)

13. Cuando nos *imaginamos* una cosa no estamos completamente seguros, pero tenemos bastante *certeza* para usar el modo _____.

14. *De manera que* (so that) parece implicar una consecuencia o efecto de la acción que va delante; por esta razón se completa con el modo _____ _____. Ejemplo: *Trabajaré de manera que mis hijos* _____ _____ *estudiar.* (poder)

15. *A menos que* (unless) tiene la misma idea de *sin que* (without). Complete la oración: *No volveremos a menos que usted* _____ *de la gripe.* (mejorar)

EJERCICIOS   *(Respuestas, página 352)*

A.   Complete con el Presente de Indicativo o Subjuntivo.

1. Yo pienso que mis padres _____ en casa ahora. (estar)

2. Te apuesto que Josefina no _____ con Roberto. (casarse)

3. Usted no cree que yo _____ un resfriado. (tener)

4. Estoy tomando aspirina para que la fiebre me _____. (bajar)

5. Estoy seguro que mi perro _____ bien la casa. (defender: *ie*)

6. No hay duda que Marcos _____ una cita con Julia. (tener)

7. Ella se imagina que nosotros _____ llevarla en el carro. (poder)

8. Marta no está convencida de que tú la _____. (querer)

9. Yo iré contigo con tal que tú me _____ el viaje. (pagar)

10. Nosotros suponemos que la salud de papá _____ buena. (ser)

11. No es que yo _____ toda la verdad, pero es que usted

siempre _____ tener razón. (decir/querer)

12. Es imposible que tú _____ sed después de beberte una cerveza. (tener)

13. Me parece que tú _____ demasiado para tus pulmones. (fumar)

14. Puede ser que mi balanza no _____ el peso exacto. (indicar)

15. ¿Por qué dudas que yo te _____? (abandonar)

16. Hace frío hoy. Tal vez _____ esta tarde. (llover)

17. El médico piensa que el enfermo _____ mucho descanso. (necesitar)

18. La verdad es que su padre _____ diabetes. (tener)

19. Es dudoso que tu amiga _____ a jugar tenis. (ir)

20. Es muy probable que yo _____ una A en el curso. (obtener)

21. No hay duda de que ellos _____ de aprender. (tratar)

22. No puedo fumar sin que me _____ asma. (dar)

23. Estamos seguros que el médico _____ la verdad. (decir)

24. Compraremos una casa nueva a menos que _____ muy cara. (ser)

B. Combine las dos oraciones en una según el modelo. Use el Indicativo o Subjuntivo según sea necesario.

Modelo: Ese champú no es caro. (Dudo)
Dudo que ese champú sea caro.

1. La peluquera trabaja muy bien. (Suponemos)

Suponemos que la peluquera _____.

2. Eduardo se va a dejar el bigote. (Puede ser que)

Puede ser que Eduardo se _____.

3. Carmina se pone furiosa. (Es probable)

Es probable que Carmina se _____.

4. Tú te haces un peinado elegante. (Estamos seguras)

Estamos seguras que tú te _____.

5. Esa señora lleva una peluca. (No estoy convencido de)

No estoy convencido de que esa señora _____.

6. Las dos hermanas se rizan el pelo. (Es dudoso)

Es dudoso que las dos hermanas se _____.

¡ATENCIÓN!   *Nombres contables y no contables*
(count nouns and mass nouns)

1. Podemos contar *libros, niños, países,* etc., pero no podemos contar *agua, arena* (sand), *leche, paciencia,* etc. Estas dos clases de nombres existen en inglés y en español, pero no siempre son los mismos nombres en los dos idiomas. Por ejemplo, en español decimos *tres muebles,* pero en inglés no se dice *three furnitures* sino *three pieces of furniture.* De este contraste pueden nacer errores.

2. Estudie la siguiente lista de palabras contables en español y no contables en inglés:

mueble (furniture)	**jabón** (soap)
relámpago (lightning)	**tiza** (chalk)
trueno (thunder)	**lechuga** (lettuce)
dulce (candy)	**chicle** (chewing gum)
helado (ice cream)	**aplauso** (applause)
consejo (advice)	**equipaje** (baggage)
noticia (news)	**locura** (madness)
tontería (nonsense)	**risa** (laughter)
equipo (equipment)	**negocio** (business)
joya (jewelry)	**suerte** (luck)

3. Compare estos dos ejemplos:
   (1) Necesito lápiz. (I need a pencil)
   (2) Quiero pan. (I want some bread)
   En la primera oración se usa "a" en inglés porque "pencil" es contable. En la segunda se usa "some" porque "bread" no es contable. Observe que en español no se usa ningún artículo en este caso.

4. *Juan es maestro* (John is a teacher). No usamos el artículo indefinido *un/una* en español excepto para dar énfasis o contrastar, por ejemplo, *Juan no es un secretario; es un maestro.* También se necesita el artículo cuando el nombre tiene un adjetivo o expresión.
   Ej.: Juan es *un* maestro excelente.

5. En español decimos ¡*Qué día!* (What a day!) sin usar el artículo indefinido como en inglés. Si ponemos un adjetivo le damos énfasis con *tan* o *más* que no se traducen al inglés.

Ej. ¡Qué libro *tan/más* interesante! (What an interesting book!)

"*Such a . . .*" se traduce en español por *tal* sin artículo indefinido.

Ej.: *Tal* novela es buena. (such a novel is a good one)

C. Traduzca las siguientes oraciones del inglés al español. Recuerde los signos de admiración (¡ . . . !) y de interrogación (¿ . . .?).

1. We bought two heads of lettuce.

_____.

2. What a nice day!

_____.

3. I will give you two bits of advice.

_____.

4. Caroline is a hairdresser.

_____.

5. Give me a piece of candy.

_____.

6. She has a pen.

_____.

7. I have four pieces of furniture.

_____.

8. Did you hear a clap of thunder?

_____.

9. She is a great teacher.

_____.

Lección 25

LA CASA (The House)

la alcoba	bedroom	**mojado**	wet
la recámara		**mojar**	to wet,
la alfombra	carpet, rug		dampen
alquilar	to rent	**la mudanza**	moving
el alquiler	rent	**mudarse**	to move
amueblar	to furnish	**mullir**	to soften
el armario	closet	**el polvo**	dust
la azotea, la terraza	terrace	**los polvos**	powder
barrer	to sweep	**polvoriento**	dusty
bullir	to boil; bustle	**reñir (i)**	to scold
la cómoda	chest	**sacudir**	to shake
el condominio	condominium	**sacudir el polvo**	to dust
el corredor, el pasillo	hall	**el sótano**	basement
de dónde diablos	where in the world	**tañer**	to play music
de pared a pared	wall-to-wall	**el techo**	ceiling
la escoba	broom	**el tejado**	roof
el estante	bookcase	**teñir (i)**	to dye
el inquilino	tenant	**zambullir**	to dive

PRACTIQUE EL VOCABULARIO   *(Respuestas, página 353)*

A.   Un señor visita una agencia de bienes raíces y habla con el corredor de la agencia sobre la compra de una casa.

1. Corredor: Buenas tardes, señor. ¡Bienvenido a nuestra agencia! ¿Está interesado en comprar o en _____ _____ una casa? (sell)

2. Cliente: Tal vez en las dos cosas. Mi esposa y yo tenemos una casa demasiado grande para nosotros dos. Quisiéramos _____ _____ por una pequeña. (change it)

3. Corredor: Un condominio no les iría mal. ¿Cuántos años hace que están pagando la _____ de esa casa? (mortgage)

4. Cliente: Como 25 años. Estamos pensando en una casa con dos _____ y dos baños. (bedrooms)

5. Corredor: También pueden _____ la casa grande y a la vez comprar una nueva. (rent)

6. Cliente: No queremos problemas de _____. (tenants)

7. Corredor: Aquí está la foto de una casa en venta, con _____ _____ de pared a pared en las dos recámaras. (carpet)

8. Cliente: ¿Tiene _____ grandes? (closets) ¡Mi esposa tiene más ropa que una tienda!

9. Corredor: Lo mejor será visitar varias casas para que Uds. _____ _____. Pero antes tiene que llenar esta planilla sobre su propia casa. (decide)

B.   Complete las oraciones siguientes con una palabra correcta.

1. Usamos una escoba para _____ el piso.

2. Ponemos los libros de la casa en un _____.

3. Si Ud. alquila una casa tiene que pagar el _____ mensual.

4. La parte más alta de la casa es el _____.

5. Guardamos la ropa en los armarios y _____.

6. Usamos el baño para ducharnos, y la _____ para dormir.

7. La parte más baja de la casa es el _____, pero no todas las casas lo tienen.

8. Para _____ la casa necesitamos mesas, sillas, camas, etc.

9. Cuando el piso está _____ hay que caminar con cuidado.

10. Cuando uno cambia de casa es necesario _____ todas las cosas.

11. Hay que _____ los muebles cuando tienen polvo.

12. Las señoras están en el cuarto de baño poniéndose _____

_____. (powder)

C. Use los siguientes verbos en Presente de Indicativo para completar las oraciones.

tañer	barrer	mudarse	teñir
alquilar	bullir	mullir	sacudir
amueblar	mojar	reñir	zambullirse

1. Hace tres años que nosotros _____ esta casa. (rent)

2. La mamá _____ a su hijo porque está haciendo demasiado ruido.

3. Yo mismo _____ el piso de mi apartamento todas las semanas.

4. Carlitos se _____ todos los días en la piscina.

5. Angelina _____ la guitarra y el arpa.

6. Siempre que Julita se baña _____ el piso del baño.

7. ¿Por qué tú _____ el suéter de rojo? Me gusta más rosado.

8. Mi tía _____ el polvo de los muebles todas las semanas.

9. Algunos estudiantes _____ de apartamento todos los años.

10. La acera está llena de personas; la gente _____ como *hormigas* (ants).

11. No tengo que pagar los muebles; mi compañía _____ la oficina.

12. Mi mujer _____ las *almohadas* (pillows) y se ponen suaves.

GRAMÁTICA.   EL IMPERFECTO DE SUBJUNTIVO

I.   Verbos Regulares

SUJETOS	habl ar		com er		d ar
yo	habl ara	habl ase	com iera	com iese	d iera
nosotros	habl áramos	habl ásemos	com iéramos	com iésemos	d iéramos
tú	habl aras	habl ases	com ieras	com ieses	d ieras
él, ella, Ud.	habl ara	habl ase	com iera	com iese	d iera
ellos-as, Uds.	habl aran	habl asen	com ieran	com iesen	d ieran

A. La forma más paralela y relacionada con el Imperfecto de Subjuntivo es el Pretérito de Indicativo en la tercera persona del plural. La única diferencia son las vocales *o* y *a*, para verbos regulares e irregulares.

Ej.: *hablaron → hablaran   escribieron → escribieran*
comieron → comieran   dieron → dieran

B. Observe en el esquema que hay dos formas diferentes en este tiempo: la forma en *-ara* y la forma en *-ase* para los verbos en *-AR*, y las formas *-iera* y *-iese* para los verbos en *-ER, -IR*. Las dos formas tienen casi los mismos usos, y no vamos a discutir aquí las pocas diferencias.

> En Hispanoamérica se usa mucho más la forma-*ra* que la forma-*se*.
> En España se usa las dos formas, pero se usa un poco más la forma-*se*.

C. La única persona con acento escrito es la primera del plural: *habláramos, diéramos,* etc. Observe que la única diferencia con el Futuro en los verbos en *-AR* es el acento.

Ej. hablarás (you will talk)
     hablaras (you mighc talk)
     hablarán (they will talk)
     hablaran (they might talk)

D. Todos los verbos con una *i* entre dos vocales, cambian la *i* en *y:* *leer → leiera → leyera; oír → oiera → oyera,* etc.

II. Verbos Irregulares

SUJETOS	quer er	dec ir	ir/ser	reñ ir	ped ir
yo	quis iera	dij *era*	fu era	r*ñ era*	p*i*d iera
nosotros	quis iéramos	dij *éramos*	fu éramos	r*ñ éramos*	p*i*d iéramos
tú	quis ieras	dij *eras*	fu eras	r*ñ eras*	p*i*d ieras
él, ella, Ud.	quis iera	dij *era*	fu era	r*ñ era*	p*i*d iera
ellos-as, Uds.	quis ieran	dij *eran*	fu eran	r*ñ eran*	p*i*d ieran

A. Todos los verbos irregulares en el Pretérito son irregulares en el Imperfecto de Subjuntivo, con los mismos cambios en la raíz de la tercera persona del plural. La única diferencia es el cambio de *o* en *a: dijeron → dijeran.*

B. Los verbos con las letras *j, ñ, ll* al final de la raíz pierden la *i* de *-iera, -iese,* lo mismo que en el Pretérito no es *-ieron* sino *-eron.* Pero los verbos con *j* en el infinitivo toman el morfema completo *-iera: tejer* (knit) → *tejiera.*
La lista de verbos con *ñ* y *ll* es pequeña y no son verbos muy frecuentes:

> **reñir** (scold) → **riñ*era*/riñ*ese***
> **tañer** (play music) → **tañ*era*/tañ*ese***
> **teñir** (dye) → **tiñ*era*/tiñ*ese***
> **bullir** (boil) → **bull*era*/*ese***
> **mullir** (soften) → **mull*era*/*ese***
> **zambullir** (dive) → **zambull*era*/*ese***

C. *Pedir* cambia la *e* en *i* como en las terceras personas del Pretérito, en el Presente de Subjuntivo y en el participio progresivo. *Dormir* y *morir* cambian la *o* en *u* en los mismos tiempos:

Ej.: pedir → p*i*dió → p*i*damos → p*i*diendo → p*i*diera
     morir → m*u*rió → m*u*ramos → m*u*riendo → m*u*riera

D. El verbo *dar* es irregular por tomar los morfemas *-iera/-iese* propios de los verbos en *-ER* en vez de *-ara/-ase* de los verbos en *-AR*. Los verbos *ir* y *ser* tienen las mismas formas en el Imperfecto de Subjuntivo: el contexto nos ayudará a interpretar el significado.

E. Recuerde que hay un grupo de verbos muy usados que tienen cambios drásticos en el Pretérito. Aquí tiene la lista para que repase estos verbos:

decir → dije / dijera	caber → cupe / cupiera
hacer → hice / hiciera	haber → hube / hubiera
poner → puse / pusiera	estar → estuve / estuviera
tener → tuve /tuviera	andar → anduve / anduviera
querer → quise / quisiera	poder → pude / pudiera
ir / ser → fui / fuera	saber → supe / supiera
traer → traje / trajera	producir → produje / produjera

III. Usos del Imperfecto de Subjuntivo

Los usos del Imperfecto de Subjuntivo son paralelos al Presente de Subjuntivo. Si la oración principal está en el pasado (de Indicativo), la oración subordinada estará en Imperfecto de Subjuntivo. Hay algunos usos especiales del Imperfecto de Subjuntivo que no tiene el Presente. Los veremos en la próxima lección.

PRACTIQUE SU GRAMÁTICA   *(Respuestas, página 353)*

1. El Imperfecto de Subjuntivo tiene _____ formas diferentes, pero las dos tienen casi los mismos usos. Las dos formas de *hablar* son _____

   _____.

2. En Hispanoamérica se usa mucho más la forma _____ que la forma

   _____. En España se usan las dos, pero se usa un poco más la forma

   _____.

3. *Dar* es un verbo del grupo *-AR*, pero no decimos *dara* sino _____, y

   no decimos *dase* sino _____.

4. Todos los Imperfectos de Subjuntivo se forman de la tercera persona plural

   del _____, después de cambiar *o* en *a*.

5. No hay tiempo Pretérito en Subjuntivo, sólo hay Imperfecto. Esto quiere decir que no hay diferencia de *aspecto* como en Indicativo, en otras palabras no diferenciamos entre el principio, el medio y el _____ de una acción.

6. Del verbo *decir* tenemos *dijera* en Imperfecto de Subjuntivo: hay un cambio de raíz de *dec-* a _____, y el morfema de Imperfecto no es *-iera* sino _____.

7. Los verbos como *leer, caer* con dos vocales juntas en el infinitivo, no tienen el morfema *iera* sino _____, porque la *i* entre dos vocales se cambia en _____.

8. La forma *tañiera* (to play music) no es correcta porque la *ñ* de la raíz *se come* la vocal *i:* la forma correcta es _____.

9. Del verbo *zambullir* (to dive) no decimos *zambulliera* sino _____ _____, porque la *ll* se come la *i* de *iera*.

10. De *pedir* no decimos *pedió* sino _____. Lo mismo pasa en el Imperfecto de Subjuntivo: no decimos *pediera* sino _____.

11. Del verbo *andar* no decimos *andé* en el Pretérito sino _____ _____. Por lo tanto el Imperfecto de Subjuntivo será _____ _____.

12. La única diferencia entre *hablarás* y *hablaras* es el acento (fonético y escrito). ¿Cuál de los dos significa "you will talk"? _____.

13. *Divertir* es como *pedir:* no decimos *divertiera* sino _____.

14. Los verbos compuestos y derivados tienen los mismos cambios de los verbos simples. Si de *hacer* decimos *hiciera,* de *deshacer* diremos _____ _____.

15. El Imperfecto de *producir* no es *produciera* sino _____ _____, y el Imperfecto de *conducir* no es *conduciera* sino _____ _____.

16. Del verbo *componer* (to fix, compose) no decimos *componiera* sino _____ _____.

17. Del verbo *mantener* (maintain) no decimos *manteniera* sino _____ _____.

18. Los usos del Imperfecto de Subjuntivo son paralelos a los del _____ _____ de Subjuntivo cuando *trasladamos* (back shift) todo al pasado.

EJERCICIOS
(Respuestas, página 353)

A. Complete las oraciones con el Imperfecto de Subjuntivo.

1. El gerente te pidió que (tú) no _____ tarde. (llegar)

2. Fue necesario que el dentista me _____ una muela. (sacar)

3. Me alegré mucho de que usted me _____ el libro. (dar)

4. Era probable que Margarita _____ enferma ese día. (estar)

5. Te traje la novela para que (tú) la _____ pronto. (leer)

6. Yo tenía mucho miedo antes que el dentista me _____ el taladro. (poner)

7. Abrí la ventana para que _____ aire fresco. (entrar)

8. Fue una lástima que tu tío _____ tan joven. (morir)

9. Todos pedimos a María que _____ el *arpa* (harp). (tañer)

10. El muchachito se fue antes que su mamá lo _____. (reñir)

11. Era necesario que el médico _____ otra receta. (escribir)

12. Manolita se fue antes que _____ la reunión. (concluir)

13. Mi padre no permitió que nosotros _____ su carro. (usar)

14. Recomendaron que la novia _____ de blanco. (vestirse)

15. Yo nunca me imaginaba que usted _____ hablar ruso. (saber)

16. Fue mucho mejor que ella _____ al consultorio. (ir)

17. El profesor de natación me pidió que (yo) me _____. (zambullirse)

18. Yo no pensaba que el esmalte de los dientes _____ tan importante. (ser)

19. Me puso mucha novocaína para que no me _____ el diente. (doler)

20. Ella nunca iba a la playa a menos que yo _____ con ella. (ir)

21. Yo dudaba que los seis muchachos _____ en el carrito. (caber)

22. Pedro sugirió que tú _____ el automóvil. (conducir)

23. Fue más conveniente que el dentista te _____ la muela. (empastar)

24. Tuve que tomar un calmante para que la muela no me _____
_____. (molestar)

25. La mamá insistió en que Carlos se _____ los dientes. (cepillar)

B.　Repase el Pretérito y el Imperfecto de Subjuntivo. Escriba la tercera persona del plural de los verbos siguientes en esos dos tiempos.

Modelo:　comer / *comieron* / *comieran*

1. decir　　　/ _____　　　/ _____

2. producir　/ _____　　　/ _____

3. saber　　　/ _____　　　/ _____

4. creer　　　/ _____　　　/ _____

5. reñir　　　/ _____　　　/ _____

6. morir　　　/ _____　　　/ _____

7. divertir　　/ _____　　　/ _____

8. zambullir　/ _____　　　/ _____

9. mantener　/ _____　　　/ _____

10. suponer　/ _____　　　/ _____

11. prevenir　/ _____　　　/ _____

12. teñir　　　/ _____　　　/ _____

13. maldecir　/ _____　　　/ _____

14. estar   / _____   / _____

15. ir/ser   / _____   / _____

¡ATENCIÓN!   *Pronombres con preposiciones*

SUJETOS	según, entre excepto	con	Otras preposiciones
yo	excepto *yo*	*conmigo*	a/para/por/de . . . *mí*
tú	según *tú*	*contigo*	a/para/por/de . . . *ti*
usted	excepto *usted*	con *usted*	a/para/por/de . . . *usted*
él	entre *él* y *yo*	con *él*	a/para/por/de . . . *él*
ella	según *ella*	con *ella*	a/para/por/de . . . *ella*
ellos	entre *ellos*	con *ellos*	a/para/por/de . . . *ellos*
nosotros	según *nosotros*	con *nosotros*	a/para/por/de . . . *nosotros*

1. Observe en el cuadro que hay tres preposiciones que siempre toman las formas del sujeto: *excepto, entre* y *según* (according to).
   Ej.: *Entre ella y yo* lo hicimos todo.

2. La preposición *con* forma contracciones: *conmigo* y *contigo*. También se usa *consigo* (with himself/herself/themselves/yourself) cuando la construcción es reflexiva.
   Ej.: Ella habla *consigo* misma. (she talks to herself)

3. El pronombre *sí* no está en el cuadro. Siempre es reflexivo, pero no es obligatorio. Se usan mucho *él, ella, usted,* etc.
   Ej.: Ella se vio a *sí* misma./ Ella se vio a *ella* misma. Ud. trabaja para *sí* mismo./ Ud. trabaja para *Ud.* mismo.

4. *Mí, ti, sí* son los únicos pronombres diferentes del sujeto. Si tenemos dos pronombres consecutivos es necesario repetir la preposición con cada uno. En inglés no se repite la preposición.
   Ej.: Esto es *para ti* y *para mí*. (this is for you and me)

5. Los pronombres con preposición pueden repetir otro pronombre de la misma oración para poner énfasis en la función de objeto directo/indirecto.
   Ej.: *Lo* mataron *a él*. (enfático) / *Lo* mataron.
   Me lo dieron *a mí*. (enfático) / *Me* lo dieron.

C. Traduzca las palabras y expresiones que están en paréntesis.

1. Terminamos el trabajo _____. (between you and me)

2. Prefiero ir con ella que ir _____. (with you: familiar)

3. _____ es mejor comprar una casa que alquilarla. (according to him)

4. Todos tuvieron problemas con la hipoteca, _____. (except you: familiar)

5. Ese hombre parece loco. Está hablando _____ _____ mismo. (to himself)

6. Estos tacos son _____. (for you and me: familiar)

7. Entre José y _____ hemos barrido toda la casa. (me)

8. Toda la casa está alfombrada, pero _____ me gustan más los pisos de madera. (to me)

9. Este carro no es _____ sino _____. (his/hers)

10. Si tú no puedes lavar el coche, yo lo lavo _____. (for you)

11. A Luis no le gustan las enchiladas; tampoco _____ _____. (neither do I)

12. Compramos dos alfombras iguales _____. (for him and her)

13. Todos se zambulleron en la piscina _____. (except her and me)

14. No sólo te vi a ti sino que también _____ vi _____. (her)

15. Ellos tienen su propio negocio. Trabajan _____ mismos. (for themselves)

Lección 26

LA FAMILIA (The Family)

el ahijado	godchild	**el marido**	husband
el bautismo	baptism	**el padrastro**	stepfather
bautizar	to baptize	**los padres**	parents
la bisabuela	great-grandmother	**el padrino**	godfather
la bisnieta	great-grandchild	**los parientes**	relatives
(biznieta)		**perezoso**	lazy
divorciarse	to divorce	**el/la primo -a**	cousin
el divorcio	divorce	**la sobrina**	niece
enviudar	become a widow(er)	**el sobrino**	nephew
joven	young, youngster	**soltero**	single
la juventud	youth	**la solterona**	old maid
listo	smart	**la suegra**	mother-in-law
la nieta	granddaughter	**el suegro**	father-in-law
la niñez	childhood	**la vejez**	old age
la nuera	daughter-in-law	**la/el viuda -o**	widow/widower
la madrastra	stepmother	**la viudez**	widowhood
la madrina	godchild	**el yerno**	son-in-law
la madurez	adulthood		

PRACTIQUE EL VOCABULARIO   *(Respuestas, página 354)*

A.   Complete las oraciones con una palabra del vocabulario.

1. Mi padre y mi madre son mis _____.

2. Mis tíos, primos, sobrinos, abuelos, suegros son mis _____.

3. La hija de mis tíos es mi _____, y la hija de mi hermano es mi _____.

4. Los padres de mi esposa (mujer) son mis _____.

5. Los hijos de mis hijos son mis _____.

6. Los padres de mis padres son mis _____.

7. La madre de mi mujer es mi _____, y el padre de mi mujer es mi _____.

8. Mi esposa tuvo un hijo antes de casarse conmigo. Yo soy el _____ _____ de ese hijo de mi esposa.

9. Un hombre que es el responsable de un niño en el bautismo es el _____ _____ de ese niño. A la vez ese niño es el _____ _____ del padrino.

10. Mi hija está casada con un joven. Este joven es mi _____.

11. Mi _____ es la esposa de mi hijo.

12. Los hijos de mis hijos de mis hijos son mis _____.

13. Cuando muere el esposo de una señora, esta señora se queda _____ _____.

B.   *Niñez* se deriva de *niño*, y *juventud*, de *joven*. Trate de buscar una palabra derivada de las siguientes. Use el diccionario si es necesario.

1. maduro _____	6. dulce _____
2. viudo _____	7. feliz _____
3. viejo _____	8. blanco _____
4. bello _____	9. verde _____
5. perezoso _____	10. bueno _____

11. malo _____

12. pesado _____

13. delgado _____

14. escaso _____

15. pálido _____

16. negro _____

C. Muchos verbos son derivados de nombres o adjetivos, por ejemplo, *bautizar de bautismo, enviudar* de *viudo*. Trate de buscar verbos derivados de las siguientes palabras. Use el diccionario si es necesario.

1. maduro _____

2. viejo _____

3. divorcio _____

4. casa _____

5. mueble _____

6. alfombra _____

7. alquiler _____

8. venta _____

9. sorpresa _____

10. dulce _____

11. rojo _____

12. dolor _____

13. delgado _____

14. escaso _____

15. padrino _____

16. pálido _____

17. risa _____

18. sonrisa _____

19. techo _____

20. tierra _____

21. seco _____

22. trenza _____

23. peine _____

24. almuerzo _____

GRAMÁTICA. USOS DEL PRESENTE Y DEL IMPERFECTO DE SUBJUNTIVO

I. Usos del Imperfecto de Subjuntivo

    A. Observe este contraste:

        (1) Si *tengo* dinero mañana, *compraré* el carro.

        (2) Si *tuviera* dinero ahora, *compraría* el carro.

En (1) tenemos una *condición real:* "If I have the money, I'll buy the car". Los dos verbos están en Indicativo, Presente y Futuro, en inglés y en español. En (2) tenemos una *condición irreal,* contraria a la realidad (contrary-to-fact) porque *Si tuviera dinero,* significa que *ahora no lo tengo.* La traducción es "If I had the money (but I don't have it), I would buy the car". Los tiempos verbales son Imperfecto de Subjuntivo y Condicional Simple. La misma oración se puede aplicar al futuro, no solamente al presente.

Ej.: Si *tuviera* el dinero mañana, *compraría* el carro. (if I had the money tomorrow, I would buy the car)

B. Observe este contraste:
    (1) Si *tenía* dinero, *compraba* libros.
    (2) Si *hubiera tenido* dinero, *habría comprado* libros.
    En (1) tenemos una *condición real:* "If I had money, I used to buy books". Los dos verbos están en Indicativo: el Imperfecto; son acciones *realizadas.* En (2) la condición es *irreal,* contraria a la realidad, (contrary-to-fact), porque quiere decir que *"yo no tenía dinero"* en un momento pasado: "If I had had the money, I would have bought books". Los tiempos son Pluscuamperfecto de Subjuntivo y Condicional Perfecto.

C. Con la expresión *como si* (as if) también se indica una acción contraria a la realidad: siempre se completa con el Imperfecto de Subjuntivo.
    Ej.: Esa chica habla como si *fuera* mexicana. (that girl talks as if she were Mexican)
        Él se viste como si *tuviera* millones. (he dresses as if he had millions)

II. <u>Repaso del Contraste: Indicativo/Subjuntivo</u>

A. Los verbos de *influencia* necesitan el Subjuntivo en la oración subordinada. Si el verbo principal está en Presente de Indicativo, el verbo subordinado está en Presente de Subjuntivo. Si está en un tiempo pasado de Indicativo, se completa con el Imperfecto de Subjuntivo.
    Ej. *Quiero* que *vayas* conmigo./*Quería* que *fueras* conmigo.
        Es mejor que *vayas* conmigo./*Fue* mejor que *fueras* conmigo.

B. Los verbos que significan o tienen el mensaje de *información* y *observación* se completan en Indicativo, con la misma *concordancia de tiempos* (tense agreement) presente con presente, y pasado con pasado.
    Ej. Te *digo* que hoy *es* lunes./Te *dije* que ayer *fue* lunes.
        Ya *veo* que tú *hablas* francés./Ayer *vi* que *hablabas* francés.

    En muchos casos es posible combinar el presente con el pasado si tiene sentido (if it makes sense): no es estricta la concordancia de tiempos.
    Ej.: Ayer *supe* que *hablas* francés. (pasado con presente)

C. Los verbos que indican *emociones* necesitan el modo subjuntivo. También hay concordancia de tiempos, presente con presente, etc., pero no es estricta: **ES** *una lástima que* **muriera** *tu tío.*

> Ej.: *Siento* mucho que no *vayas* conmigo./*Sentí* mucho que no *fueras* conmigo.
>
> Me *gusta* que *vayas* conmigo./Me gustó que *fueras* conmigo.

Algunos hablantes nativos usan el Indicativo con las *emociones,* pero la mayoría usa el Subjuntivo.

D. Los verbos y expresiones de *duda* se completan en Subjuntivo. Los verbos de *certeza* se completan en Indicativo, presente con presente, pasado con pasado, pero no hay concordancia estricta. Recuerde que muchos verbos implican *certeza* en su forma afirmativa, pero *duda* en forma negativa.

> Ej. Yo *creo* que tú *eres* chileno./Yo *creía* que tú *eras* chileno.
>
> Yo *no creo* que tú *seas* chileno./Yo *no creía* que tú *fueras* chileno.

E. Los nombres *conocidos* se completan con una oración con el verbo en Indicativo. Los nombres *desconocidos* o *inexistentes* (non-existent) se explican con una oración subordinada con el verbo en modo Subjuntivo.

> Ej.: *Tengo* una casa que *es* grande./*Tenía* una casa que *era* grande.
>
> *Busco* una casa que *sea* grande./*Buscaba* una casa que *fuera* grande.

F. Las acciones que *causan* un *efecto,* una acción sobre otra acción, se completan siempre con el Subjuntivo. Las conjunciones que llevan el mensaje de *causa* son *para que, a fin de que, a menos que, sin que, de manera que, con tal que.*

> Ej. *Trabajo* para que mis hijos *coman.*/*Trabajé* para que mis hijos *comieran.*

G. Los adverbios-conjunciones de tiempo, lugar y modo, *cuando, mientras, donde,* etc, se completan con el Subjuntivo cuando la acción es futura o anticipada, pero cuando la acción ocurre en el pasado ya está realizada y toma el Indicativo. Hay un adverbio que siempre toma Subjuntivo: *antes que.*

> Ej.: Te *saludé* cuando te *vi.* (I greeted you when I saw you)
>
> Te *saludo* cuando te *veo.* (I always greet you when I see you)
>
> Te *saludaré* cuando te *vea.* (I'll greet you when I see you)

*Te **escribí** antes que me **llamaras.**/Te **escribiré** antes que me **llames**.* (I wrote you before you called me) (I'll write you before you call me)

PRACTIQUE SU GRAMÁTICA   *(Respuestas, página 354)*

1. Cuando decimos *Si yo* **fuera** *presidente,* en realidad estamos diciendo que *yo*
   _____ *presidente.* Por esta razón estas condiciones se llaman
   contrarias a la realidad, y en inglés se llaman _____
   _____.

2. ¿Qué tiempo verbal es *fuera* en *Si yo fuera . . .?* _____
   _____. La parte final se completa con el Condicional.

3. *Si tengo dinero* es una condición *real*; se puede completar la segunda parte
   con un verbo en Indicativo, en el tiempo _____
   _____.

4. *Si yo* **hubiera tenido** *dinero . . .* en realidad quiere decir que *yo no tenía
   dinero.* También es una condición irreal, contraria a la realidad. La segunda
   parte de la condición se completa con el tiempo _____
   _____.

5. Los verbos que significan *influencia* de una persona sobre otra, se completan en el modo _____.

6. Con la expresión *antes que* siempre se necesita el modo _____
   _____, pero con *después que* se puede usar _____
   _____.

7. Una acción que *causa* otra acción se completa con el segundo verbo en modo
   _____
   Ej.: *Vengo para que tú me* _____. (ayudar)

8. *Ojalá* es un deseo, tal vez una emoción; en los dos casos se completa con el
   modo _____. Si hablamos de un momento pasado
   usaremos el Pluscuamperfecto de Subjuntivo.
   Ej.: *Ojalá que yo* _____ *llegado ayer.* (haber)

9. Los verbos de *observación* e *información* se completan en el modo _____
   _____. Por ejemplo, *Ayer supe que usted* _____
   _____ *francés.* (saber)

10. Si hay *certeza* de parte del hablante usamos el modo _____
    _____, y si hay *duda* usamos el modo _____.

11. *Compré una casa que me* **gustó**: *gustó* es Indicativo porque *la casa* es un nombre _____ para el hablante.

12. *Paco necesitaba una casa que* **estuviera** *cerca del trabajo: estuviera* es modo _____ porque *casa* es un nombre _____ _____ para Paco.

13. *Te vi cuando* **salías** *de la cantina: salías* es modo _____ porque la acción de *salir* es una realidad experimentada, vivida.

14. *Te veré cuando* **llegues**:: *llegues* es Presente de _____ _____ porque es una acción que todavía no ha ocurrido; es una acción anticipada.

EJERCICIOS

(Respuestas, página 355)

A. Complete con las formas de Indicativo o Subjuntivo. (Use la forma *-ra* del Imperfecto de Subjuntivo)

1. Si Pepito estudiara más, _____ buenas notas. (tener)

2. Fue necesario que el doctor le _____ el pie. (cortar)

3. Observé que tu amiga no _____ alcohol en la fiesta. (beber)

4. Yo esperaba que Ud. _____ buenas relaciones con todos. (mantener)

5. La actriz siempre sonreía después que la gente _____. (aplaudir)

6. Es cierto que Roberto _____ enfermo ayer. (estar)

7. No entiendo por qué él _____ a Chicago. (irse)

8. No pudimos entrar hasta que Mario _____ con la llave. (llegar)

9. Yo pensaba que ustedes _____. (fumar)

10. Si usted _____ al teatro, me vería actuar. (ir)

11. Si hubiera tenido bastante dinero, _____ la casa. (comprar)

12. Si los artistas trabajan bien, el público _____. (aplaudir)

13. Terminé todo el trabajo sin que nadie me _____.
    (ayudar)

14. Cómpreme dos entradas si usted _____ a la taquilla.
    (ir)

15. No hables más hasta que _____ el telón. (bajar:
    "they")

16. Antes que usted me _____, ya había comprado los
    boletos. (llamar)

17. No había en la clase ni un alumno que _____
    japonés. (hablar)

18. En Atenas conocí a un actor que _____ cinco
    idiomas. (hablar)

19. Llegué tarde. Ojalá que _____ a tiempo. (llegar)

20. En Roma había una diosa que _____ Venus. (lla-
    marse)

21. Si el balcón ya está lleno, nosotros _____ el entre-
    suelo. (tomar)

22. Tu teléfono estaba ocupado cuando yo te _____.
    (llamar)

23. Hay una comedia de Cervantes que me _____
    mucho. (gustar)

24. El taquillero dice que ya no _____ más entradas.
    (tener)

25. Si usted tuviera más cuidado, no _____ este
    accidente. (tener)

B. Complete las oraciones con el Pretérito o el Imperfecto de Subjuntivo de los verbos que están en paréntesis.

1. Ya yo sabía que ustedes _____ el verano en Miami.
   (pasar)

2. Mis padres querían que yo _____ a mi hermana.
   (acompañar)

3. Hablé con tu suegra antes que tú _____. (llegar)

4. Es muy cierto que nosotros _____ esa novela. (leer)

5. Trabajé mucho para que mi hijo _____ una carrera.
   (estudiar)

6. Buscábamos unos pantalones que nos _____ bien. (quedar)

7. Ayer me dijeron que Ud. _____ buena suerte en Las Vegas. (tener)

8. Fue una lástima que el escritor _____ tan joven. (morir)

9. Hablamos con tu prima después que tú _____. (irse)

10. Teresa nunca salía de compras sin que yo _____ con ella. (salir)

11. El Presidente declaró que la reunión _____ muy productiva. (ser)

12. Mi tía me pidió que la _____ de compras. (llevar)

13. Es muy probable que el criminal _____ de la prisión. (huir)

14. No había nadie en la clase que _____ italiano. (hablar)

15. Yo reconozco que el accidente se _____ por mi culpa. (producir)

¡ATENCIÓN!   *Oraciones condicionales: Indicativo/Subjuntivo*

1. Para indicar una *condición real* usamos los tiempos del Indicativo.
   Ej. Si *tengo* dinero, *viajaré* a Colombia. (If I have ..., I will ...)
   Si *tuvo* dinero, lo *gastó* todo. (if he had money, he spent it all)
   Si *tenía* dinero, lo *gastaba*. (if he had money, he used to spend it)

2. Para indicar una *condición irreal*, es decir, contraria a la realidad, usamos el Imperfecto de Subjuntivo en la oración con *si*, y el Condicional en la otra oración. Esta construcción se aplica para el presente o el futuro.
   Ej. Juan no tiene dinero. Si lo *tuviera*, *compraría* un carro.
   (John has no money. If he had it, he would buy a car)
   Si *tuviera* dinero el verano próximo, *viajaría* mucho.
   (if I had money next summer, I would travel a lot)

3. Para indicar una *condición irreal* en el pasado se usa el Pluscuamperfecto de Subjuntivo en la oración con *si*, y el Condicional Perfecto en la otra oración.
   Ej. Juan no tenía dinero. Si lo *hubiera tenido*, *habría viajado*.
   (John had no money. If he had it, he would have traveled)

4. *Como si* (as if) siempre indica una condición contraria a la realidad.
    Siempre necesita el Imperfecto o Pluscuamperfecto de Subjuntivo.
    Ej. Ella habla español como si *fuera* mexicana. (she speaks
    Spanish as if she were Mexican) Ella camina como si
    hubiera estado enferma. (she walks as if she had been sick)

C. Complete las oraciones con el Imperfecto de Subjuntivo.

Yo **haría** *muchas cosas si . . .*

1. (tener tiempo y dinero) _____.

2. (poder hacerlas) _____.

3. (ser presidente) _____.

4. (otros ayudarle) _____.

5. (estar saludable) _____.

6. (querer hacerlas) _____.

D. Complete las oraciones con Indicativo o Subjuntivo según sea necesario. Posiblemente hay varias alternativas correctas en el Indicativo, pero no en el Subjuntivo.

1. Si hacía calor, nosotros _____ a la playa. (ir)

2. Si hiciera calor, nosotros _____ a la playa. (ir)

3. Si hubiera hecho calor nosotros _____ a la playa. (ir)

4. Si hace calor, nosotros _____ a la playa. (ir)

5. Jorge parece pálido como si _____ enfermo. (estar)

6. Si usted _____ español, se divertiría en México.
    (hablar)

7. Si usted _____ español, debe hablarlo en clase.
    (saber)

8. Si usted _____ el español, lo aprenderá. (practicar)

9. Si usted _____ español en la escuela pri-
    maria, lo habría aprendido a pronunciar bien. (estudiar)

10. Esa secretaria habla como si _____ todos los idiomas
    del mundo. (saber)

11. Compraré el carro si mis padres _____ la mitad. (pagar)

12. No puedo terminar el trabajo si tú no me _____. (ayudar)

REPASO DE GRAMÁTICA: LECCIONES 21–26

(Respuestas, página 355)

1. Los participios se llaman así porque *participan* (share) de dos o más categorías sintácticas. Por ejemplo, *hablado* es un verbo en *yo he hablado,* pero en *la lengua* **hablada** no funciona de verbo sino de _____.

2. Los participios pasados regulares terminan en _____, y los irregulares en _____ y en _____. Ejemplo: *hacer* → _____.

3. La forma *ha hablado* es Presente Perfecto de Indicativo, y la forma *haya hablado* es Presente Perfecto de _____.

4. Después de preposiciones como *de, a, para,* etc., no se usan los sujetos *yo* y *tú* sino _____. Ej.: *No hables contra* _____. (me)

5. No es correcto decir *entre ti y mí.* Debe ser _____.

6. Tampoco es correcto decir *según mí* (according to me). Debe ser _____ _____.

7. En inglés se dice "except me"; en español se dice _____.

8. *Es posible que* es una expresión que implica *duda.* Necesita completarse con el modo _____. Ej.: *Es posible que yo* _____ *la lotería.* (ganar)

9. Cuando digo *Te veré esta noche,* la acción todavía no está realizada sino que está anticipada. ¿Cómo se completa *Te veré esta noche después que* _____ _____ *la clase?* (terminar)

10. Un mandato se realiza en un momento *posterior* al momento de decirlo; en realidad es futuro y por esta razón es anticipado. Complete *Escríbame usted tan pronto como* _____ *tiempo para hacerlo.* (tener)

11. Una acción puede ser la *causa* de otra acción, tanto en el pasado como en el futuro. El verbo subordinado va en modo _____. Ej.: *Te compré esta calculadora para que (tú)* _____ *la tarea.* (hacer)

12. El significado de *imaginarse* implica bastante *certeza* cuando lo usamos afirmativamente, y por esto se completa con el modo _____ _____, pero la forma negativa significa más *duda* que certeza: se completa en _____.

13. Para traducir la expresión "let's" hay dos maneras: (1) las formas de Subjuntivo del pronombre *nosotros*, y (2) _____ + *a* + *infinitivo del verbo*.

14. Los mandatos afirmativos de *tú* tienen la misma forma de la tercera persona del Presente de _____. En cambio la forma negativa tiene la misma forma que *tú* en el Presente de _____.

15. En un mandato afirmativo, ¿dónde se ponen los pronombres *lo, la, me, te*, delante o detrás del verbo? _____. Si el mandato es negativo, ¿pone usted los pronombres delante o detrás del verbo? _____.

16. El pronombre reflexivo para *nosotros* es _____. *Sentarse* es reflexivo; ¿cómo se dice "let's sit down"? _____.

17. No es lo mismo *hablarán* que *hablaran*. ¿Cuál de los dos es Futuro? _____
    _____.

18. El Imperfecto de Subjuntivo tiene dos morfemas diferentes de tiempo, que nos dan dos formas distintas. De *hablar* tenemos *hablara* o _____
    _____; de *comer* tenemos *comiera* o _____.

19. De *pedir* no decimos *pediera* sino _____; cambia la *e* en _____.

20. Del verbo *andar* no decimos *andara* sino _____, y también del verbo *estar* no decimos *estara* sino _____.

21. La forma *dijiera* no es correcta porque tiene una i extra; debe ser _____
    _____.

22. ¿Cuál es el infinitivo del verbo *supiera*? _____. ¿Y de la forma *cupiera* (to fit in)? _____.

23. Recuerde que los verbos compuestos son tan irregulares como los verbos simples. ¿Cuál es el infinitivo de *impusiera*? _____.

24. ¿Cuál es el infinitivo de la forma *fuéramos*? _____. ¿Y de la forma *satisficiera*? _____.

25. Una oración condicional tiene la conjunción *si* (if). Si la condición es *real* se completa con el modo _____, pero si la condición es contraria a la realidad se completa con el modo _____.

26. *Si yo **pudiera** ir a México (ahora o más tarde), **iría** con mi esposa.* La condición contraria a la realidad es presente o futura; si la condición es irreal también, pero en el pasado se usan las formas del _____ _____ de Subjuntivo.

27. Todos los verbos que significan *influencia, duda, emoción, causa,* se completan con el modo _____.

28. Todos los verbos que significan *información, observación, certeza* se completan con el modo _____.

29. La expresión *como si* (as if) siempre indica algo contrario a la realidad; por eso se completa con el modo _____.
    Ej.: *José trabaja como si no* _____ *cansado.* (estar)

30. Para explicar un *nombre conocido* podemos usar un adjetivo, o una oración. Si usamos una oración, el verbo estará en modo _____.

31. Un nombre que no existe no puede conocerse; por eso el verbo que comente sobre ese nombre toma el modo _____.
    Ej.: *No había ninguna secretaria que* _____ *usar la calculadora.* (saber)

32. Hay un adverbio-conjunción de *tiempo* que siempre toma el subjuntivo: _____.

33. Los participios progresivos en español terminan en _____. En inglés terminan en _____.

34. *Moriendo* no es correcto. Debe ser _____. *Pediendo* tampoco es correcto. Debe ser _____.

35. Del verbo *ir* no escribimos *iendo* sino _____; paralelamente no escribimos *traiendo* sino _____.

36. La forma progresiva, como *estoy hablando,* ¿se usa más en inglés o en español? _____. ¿Se usa la forma progresiva del presente para una acción futura en español? _____. ¿Y en inglés? _____.

37. *Muebles* no se traduce por "furnitures" sino _____. Esto se debe a que en español *mueble* es contable; "furniture" no es _____.

38. ¿Cómo se traduce *dos lechugas*? _____ _____. ¿Cómo decimos en español "What a boy!"? _____ _____. ¿Qué palabra no se traduce en "Mary is a teacher"? _____.

EXAMEN #4: LECCIONES 21–26

Parte I.   VOCABULARIO (37 puntos)

(Respuestas, página 356)

A.   Relacione las dos columnas. Haga los cambios necesarios.

1. _____ Esta semana no puedo tomar vacaciones. Tengo mucha. . . .   A. ensayar

2. _____ No iré a la fiesta . . . tú me lleves en tu carro.   B. estrenar

3. _____ Necesitas un champú especial contra. . . .   C. bailar

4. _____ Mi alcoba tiene . . . de pared a pared.   D. agradecer

5. _____ Los actores tienen que . . . mucho antes de representar la obra.   E. a duras penas

6. _____ Debemos irnos para casa porque ya. . . .   F. cancha

7. _____ Tienes el pelo en desorden; debes . . . un poco.   G. espada

8. _____ Tengo ganas de ver esa película. ¿Cuándo la van a . . .?   H. faena

9. _____ La . . . de tenis es más pequeña que la de fútbol.   I. hacerse el tonto

10. _____ No sé . . . sacas esa conclusión tan estúpida.   J. a menos que

11. _____ Uno va a una discoteca para charlar, beber y. . . .   K. hacer la vista gorda

12. _____ Si Ud. es . . . tiene que pagar el alquiler mensualmente.   L. peinarse

13. _____ Tu ayuda fue fantástica. Te la . . . muchísimo.   M. con tal que

14. _____ El torero mata el toro con. . . .   N. caspa

15. _____ Tú puedes hacerlo muy bien. No te. . . .   O. hacerse tarde

16. _____ Elena irá a la fiesta . . . que tú vayas también.   P. alfombra

17. _____ Eso no tiene importancia. Vamos a. . . .   Q. de dónde diablos

18. _____ Con mucho trabajo pudo terminarlo. Lo acabó. . . .   R. inquilino

B. Subraye la palabra o expresión más adecuada.

19. Tenemos un/una (techo, recámara, estante, escoba, sótano) para los libros de la casa.

20. Para encontrar los baños del edificio siga Ud. el/la (alfombra, polvo, tejado, alquiler, pasillo) hasta el final.

21. Si usted está (inquilino, pálido, resfriado, mojado, enojado) puede secarse con una toalla.

22. Es necesario completar y firmar el/la (solicitud, puesto, bufete, carrera, entrevista).

23. Es tradicional esperar el Año Nuevo en este país y (agradecer, brindar, entusiasmar, charlar, sorprender) con champán.

24. Antes de conseguir un empleo debes tener un/una (corredor, despacho, entrevista, solicitud, charla) con el gerente o encargado del personal.

25. Podemos usar una escoba para (sacudir, barrer, mullir, teñir, reñir) el piso.

26. Las siguientes expresiones significan lo mismo excepto una: (quizás, tal vez, puede ser, a duras penas, acaso).

C. Complete estas oraciones sobre la familia.

(Respuestas, página 000)

27. Si usted es padrino de una persona, esa persona es su _____.

28. Si usted está casado, la madre de su esposa (mujer) es su _____.

29. Si usted tiene una hija casada, el marido de su hija es su _____

_____.

30. Si usted está casado con una señora que tiene hijos de un matrimonio anterior, usted es el _____ de esos hijos.

31. Si usted está casada y muere su esposo, usted se queda _____.

32. Si usted tiene primos, sobrinos, abuelos, hermanos, etc., todos ellos son sus

_____.

D. Complete con una palabra adecuada.

33. El extremo contrario de la *niñez* es la _____.

34. Lo contrario de *trabajador* es _____.

35. Si usted es _____, construye edificios, carreteras, etc.

36. La parta más baja de la casa es el sótano; la parte más alta es _____

    _____.

37. Si usted es dueño de casas, fincas, etc., estas casas o fincas son sus bienes

    _____.

Parte II.   GRAMÁTICA (63 puntos)   (Respuestas, página 356)

A.   Selección múltiple: Antes de escoger la respuesta, trate de contestar mentalmente, y luego busque la letra correcta.

1. No iré contigo a menos que me . . . el billete de avión.
   A. pagarás   C. pagas
   B. pagarías   D. pagues

2. Tuvimos la suerte de hablar con el poeta antes que él. . . .
   A. se moriera   C. se muriera
   B. se murió   D. se morió

3. Mi amiga quería que yo . . . las entradas del teatro.
   A. trayera   C. trayiera
   B. trajera   D. trajiera

4. Jorge siempre toma una copa de coñac francés después que. . . .
   A. come   C. comer
   B. coma   D. comiendo

5. Si usted tuviera un millón de dólares, ¿qué . . . con el dinero?
   A. hace   C. hará
   B. haría   D. hiciera

6. Te vi ayer cuando . . . del consultorio de tu dentista.
   A. salieras   C. hayas salido
   B. salías   D. habías salido

7. Me gustaría visitar Roma si . . . un poco de italiano.
   A. supiera   C. sabría
   B. sabiera   D. sepa

8. En esta biblioteca hay un libro que . . . 600 años.
   A. tenga   C. tiene
   B. tenía   D. tuviera

9. Ya hace seis meses que mi amiga está . . . taquillera en este cine.
   A. como   C. de
   B. para   D. a

10. El actor afirmó que . . . en muy pocos meses del mundo del cine.
    A. se retiraría   C. se retire
    B. se retirara   D. se haya retirado

11. Karl habla muy bien el español . . . de Japón.
    A. por ser   C. para siendo
    B. por siendo   D. para ser

12. No iré al cine sin que ustedes . . . conmigo.
    A. irán   C. fueran
    B. vayan   D. irían

13. El gerente te pagará tan pronto como . . . a la oficina.
    A. llegue   C. llega
    b. llegará   D. llegara

14. ¡Qué bien respiraba yo antes de que . . .!
    A. fumaba   C. fumara
    B. fumará   D. fumaría

15. La farmacia no te dará esa medicina sin que el médico te la. . . .
    A. receta   C. recetaría
    B. recetará   D. recete

16. Mi padre me enseñó . . . montar bicicleta cuando yo era niño.
    A. cómo   C. a
    B. para   D. Ø

17. Fue muy obvio que Roberto no . . . la razón.
    A. tendría   C. tuviera
    B. tenía   D. tenga

18. No te acompaño a almorzar porque ya. . . .
    A. había almorzado   C. haya almorzado
    B. habré almorzado   D. he almorzado

19. Ayer fui al mercado y compré. . . .
    A. una docena huevos   C. docena huevos
    B. docena de huevos   D. una docena de huevos

20. En Mallorca conocí un médico que . . . cuatro idiomas.
    A. hablaba   C. hablaría
    B. hablara   D. hablará

21. Onasis tenía más de 20 . . . cuando murió.
    A. millón de dólares   C. millones dólares
    B. millones de dólares   D. millón dólares.

22. Fue necesario que el público . . . por cinco minutos.
    A. aplauda   C. aplaudiera
    B. aplaudiría   D. aplaude

23. Si el verano próximo tengo dinero, . . . a Sudamárica.
     A. viajaría   C. viajaba
     B. viajara   D. viajaré

24. Cuando vivía en La Florida, . . . muchos días a la playa.
     A. iba   C. fuera
     B. iría   D. he ido

25. Antes que tú me . . ., los muchachos ya habían regresado.
     A. llames   C. llamaras
     B. llamarás   D. llamarías

26. Fue necesario que yo . . . al médico antes de medianoche.
     a. iría   C. fui
     B. iba   D. fuera

27. Jorgito, no seas malo; . . . a mí solamente.
     A. dígamelo   C. me lo dices
     B. dímelo   D. me lo digas

28. Paco no irá a la fiesta si tú no lo . . . en tu carro.
     A. llevarás   C. llevaras
     B. lleves   D. llevas

29. No había nadie en el pueblo que . . . las *campanas* (bells).
     A. tañera   C. tañiera
     B. tañía   D. tañería

30. Yo nunca me imaginaba que esa estrella . . . tan buena.
     A. sería   C. era
     B. fuera   D. fue

31. Creo que . . . la ley eres completamente inocente.
     A. frente a   C. ante
     B. antes de   D. delante

32. Fuimos al cine para que mi hijo . . . la "Guerra de las Galaxias".
     A. vio   C. vería
     B. viera   D. verá

33. La taquillera no permitió que . . . sin pagar entrada.
     A. entraríamos   C. entráramos
     B. entraremos   D. entremos

34. Cuando . . . a México, llámame inmediatamente por teléfono.
     A. llegas   C. llegarás
     B. llegues   D. llegaras

35. Si hubieras llegado a tiempo, . . . toda la película.
     A. habías visto   C. vieras
     B. habrías visto   D. hayas visto

B.   Escriba los participios progresivos de estos verbos.

Modelo: escribir / *escribiendo*

36. poder _____   40. vestir _____

37. reír _____   41. morir _____

38. leer _____   42. impedir _____

39. ir _____   43. dormir _____

C.   Escriba los participios pasados de estos verbos.

Modelo: escribir / *escrito*

44. hacer _____   48. decir _____

45. leer _____   49. caer _____

46. volver _____   50. morir _____

47. romper _____   51. resolver _____

D.   Traduzca las siguientes oraciones.

52. Let's sit down. _____.

53. Let them say it. _____.

54. Let's do it. _____.

55. Let Mary bring it. _____.

56. We did it between you and me. _____

_____. (familiar form)

57. What an interesting movie! _____.

58. We heard two claps of thunder. _____.

59. I bought three pieces of furniture. _____.

60. The boy (whom) I saw was Charles. _____

_____.

61. The boy whose mother you met . . . _____

_____.

62. The father who works here . . . _____.

63. The house about which you spoke . . . _____

_____.

RESPUESTAS: LECCIONES 21–26

Lección 21

Vocabulario

A.

1. cine	5. chaperón	9. función
2. película	6. hace	10. faltar
3. vaqueros	7. discoteca	11. por (a por)
4. misterio	8. tal vez (quizás, acaso,	(a buscarte a)
	puede ser que)	

B

1. F	3. V	5. F	7 .F	9. V	11. F	13. V
2. F	4. V	6. V	8. F	10. V	12. V	14. F

C.

1. aplaudió	4. sonríe	7. butacas	10. el telón
2. ensayar	5. filmó	8. estrenan	11. estrellas
3. estrella	6. balcón	9. pantalla	12. bailar

Gramática

1. -ndo/"ing"	7. No	13. formas del Futuro
2. estar	8. hablo/estoy hablando	14. adverbio
3. siguiendo/i	9. estoy hablando	15. (el) viajar
4. frío/río/friendo/riendo	10. creyendo/oyendo/yendo	16. hablaba
5. sonriendo	11. No/Sí	
6. diciendo/bendiciendo	12. Sí/a	

Ejercicios

A.

1. está mintiendo	10. se está sentando	19. Practican tenis ahora
2. están muriendo	11. se está sintiendo	20. Están practican-
3. está leyendo	12. está pagando	do tenis ahora
4. están sonriendo	13. está lloviendo	21. (el) comer
5. están regateando	14. está bendiciendo	22. comer
6. está probando	15. se está poniendo	23. esperando
7. se está vistiendo	16. estoy repitiendo	24. Practicaban tenis
8. estás diciendo	17. Saldré (voy a salir)	cuando llegué
9. está haciendo	18. "I saw you eating"	25. Estaban practicando
		tenis cuando llegué

B.

1. ensayando	5. siendo	9. diciendo
2. sirviendo	6. mintiendo	10. muriendo
3. riendo	7. siguiendo	11. yendo
4. oyendo	8. pudiendo	12. leyendo

13. bailando
14. viendo
15. divirtiendo
16. impidiendo
17. durmiendo
18. incluyendo

C.
1. Salgamos
2. Sentémonos
3. Comprémoslos
4. Digámosela
5. Durmamos
6. Acostémonos
7. Bañémonos
8. Comprémoselo
9. Hagámosla
10. Veámosla
11. pidámoslo
12. Paseemos

D.
1. Que lo haga María
2. Que juegue él (toque él)
3. Que lo digan ellos
4. Que nos lo digan ellos
5. Que trabaje ella
6. Que entre él (pase él)
7. Que duerma ella
8. Que aproveche(n)
9. Que tenga(s) (n) buena suerte
10. Que tenga(s) (n) buen viaje.

Lección 22

Vocabulario

A.
1. un bufete
2. Un (una) mecanógrafo(a)
3. brindamos
4. profesorado
5. juez
6. charlar
7. computista
8. cantinero
9. una entrevista
10. la pena
11. la solicitud
12. enojarse

B.
1. cantinero
2. ingeniero
3. banquero (corredor)
4. mecanógrafo
5. abogado
6. camarero (mesero)
7. azafata (aeromoza, auxiliar de vuelo)
8. juez
9. corredor
10. computista
11. chofer
12. piloto (aviador)

C.
1. solicitud
2. tertulia
3. bienes inmuebles
4. chistes
5. profesorado
6. cantina
7. año/mes
8. brindar
9. a duras penas
10. bufete
11. pluriempleo
12. corredores
13. enojo
14. sorprendente

Gramática

1. Indicativo
2. Subjuntivo/vayas
3. Subjuntivo
4. esté
5. ayude
6. pueda
7. cocine
8. ponga
9. Indicativo/Subjuntivo
10. come
11. coma
12. tiene
13. cambie
14. hable.

Ejercicios

A. 1. canta   8. sepan   15. ponga   22. llegue
    2. dé   9. viva   16. llueve   23. presta
    3. tiene   10. haya   17. se rompa   24. esté
    4. beba   11. hablan   18. fume   25. ahorres
    5. gusta   12. sea   19. tiene
    6. dure   13. sonría   20. pague
    7. es   14. presten   21. cobre

B. 1. Me alegro mucho que usted tenga empleo
    2. Ella se enoja mucho de que Ud. maneje demasiado rápido
    3. Es muy obvio que ella busca un puesto
    4. Es sorprendente que Rosaura trabaje de banquera
    5. Es evidente que nosotros necesitamos una mecanógrafa

C. 1. Queremos un profesor que nunca llegue tarde
    2. No hay nadie aquí que sea computista
    3. Necesitamos una chica que escriba a máquina
    4. No hay ningún empleado que sepa de computadoras
    5. ¿Hay alguna muchacha aquí que sea bilingüe?

D. 1. llegue   5. se case   9. encuentre   13. le gusta
    2. tengo   6. duele   10. encontró   14. tenga
    3. tome   7. leo   11. llegaba   15. se vaya
    4. vuelvas   8. hagas   12. le guste

Lección 23

Vocabulario

A. 1. tenis   5. toreo   9. esquí
    2. ajedrez   6. damas   10. fútbol/balompié
    3. baloncesto   7. fútbol   11. béisbol
    4. balompié (fútbol) 8. béisbol   12. balompié

B. 1. un frontón   5. balompié   9. béisbol
    2. una canasta   6. tenis   10. fútbol
    3. la espada   7. madera
    4. medallas   8. una capa

C. 1. V   3. F   5. F   7. V   9. V
    2. F   4. V   6. F   8. V   10. V

D.
1. torear
2. golear
3. rayar (subrayar)
4. equipar
5. agradecer
6. enojar(se)
7. emplear
8. sorprender
9. entusiasmar
10. solicitar
11. temer
12. alegrar(se)
13. brindar
14. lastimar(se)
15. entrevistar
16. charlar

Gramática

1. do/to/cho
2. decir/hacer
3. transcrito
4. previsto
5. freír
6. tostar
7. haber/había (hubo)
8. No/Sí
9. (ya) he comido (ya)
10. (tú) Has ido (tú)
11. (ya) ha visto (ya)
12. presente (actual)/ Pretérito
13. pasado/Pretérito (past)
14. futuro (posterior)/ terminaremos
15. actual (presente)/ Imperfecto

Ejercicios

A.
1. han escrito
2. hemos ido
3. ha roto
4. se ha roto
5. han muerto
6. has freído/fritos
7. he vuelto (regresado)
8. han dicho
9. ha nevado
10. abierta
11. ha puesto
12. había dormido
13. ha tenido
14. escrito
15. habrá terminado
16. había hecho
17. había tenido
18. satisfecha
19. ha leído
20. hemos oído
21. compuesta
22. has puesto
23. habrá aprendido
24. bien hecho
25. detenido

B.
1. ya me las he lavado
2. ya lo he comprado
3. ya me he desayundo
4. ya la he dicho
5. ya la he escrito
6. ya lo he resuelto
7. ya la he leído
8. ya se la he dicho

C.
1. quién
2. que
3. con quien (con la que, con la cual)
4. quien (el que)
5. cuya
6. con el que (con el cual)
7. para quien (para el cual, para el que)
8. cuyo
9. quien (el cual, el que)
10. de quién
11. que
12. la cual (la que)
13. de quién
14. que

Lección 24

Vocabulario

A. 1. el corte de pelo   4. están de moda   7. champú
    2. a los costados   5. tijeras   8. caspa
    3. patillas   6. recortas   9. con tal que

B. 1. a menos que   7. Puede ser que   11. peinado
    2. tijeras   8. secador   12. peine
    3. seco   9. certeza   13. hacer la vista gorda
    4. trenzas   10. hagas el tonto   14. recorte
    5. está de moda   (la tonta)   15. apuesto
    6. se hace (se está
       haciendo) tarde

C. 1. V   3. F   5. V   7. V   9. V
    2. V   4. F   6. F   8. F

Gramática

1. Subjuntivo/tenga   6. los dos   11. entren
2. Indicativo/tiene   7. Indicativo   12. aprenda
3. es/sea   8. esté/quiere   13. Indicativo
4. duda/operen   9. Indicativo   14. Subjuntivo/puedan
5. tiene   10. Subjuntivo   15. mejore

Ejercicios

A. 1. están   7. podemos   13. fumas   19. vaya
    2. se casa   8. quieras   14. indica (indique)   20. obtenga
    3. tenga   9. pagues   15. abandone   21. tratan
    4. baje   10. es   16. llueva (llueve)   22. dé
    5. defiende   11. diga/quiere   17. necesita   23. dice
    6. tiene   12. tengas   18. tiene   24. sea

B. 1. trabaja muy bien   3. ponga furiosa   5. lleve una peluca
    2. deje (vaya a dejar)   4. haces un peinado   6. ricen el pelo
       el bigote   elegante

C. 1. Compramos dos   4. Carolina es peluquera   7. Tengo cuatro muebles
       lechugas   5. Dame (deme) un dulce   8. ¿Oíste (oyó) un trueno?
    2. ¡Qué día tan (más)   6. Ella tiene pluma   9. Ella es una gran
       bueno (lindo)!   maestra
    3. Te daré dos consejos

Lección 25

Vocabulario

A. 1. vender
    2. cambiarla
    3. hipoteca
    4. alcobas (recámaras/ dormitorios)
    5. alquilar
    6. inquilinos
    7. alfombra
    8. armarios
    9. decidan

B. 1. barrer
    2. estante
    3. alquiler
    4. tejado
    5. cómodas
    6. alcoba (recámara)
    7. sótano
    8. amueblar
    9. mojado
    10. mudar
    11. sacudir (limpiar)
    12. polvos

C. 1. alquilamos
    2. riñe
    3. barro
    4. zambulle
    5. tañe
    6. moja
    7. tiñes
    8. sacude
    9. se mudan
    10. bulle
    11. amuebla
    12. mulle

Gramática

1. dos/hablara/hablase
2. ra/se/se
3. diera/diese
4. Pretérito
5. fin
6. dij/era
7. yera/y
8. tañera
9. zambullera
10. pidió/pidiera
11. anduve/anduviera
12. hablarás
13. divirtiera
14. deshiciera
15. produjera/condujera
16. compusiera
17. mantuviera
18. Presente

Ejercicios

A. 1. llegaras
    2. sacara
    3. diera
    4. estuviera
    5. leyeras
    6. pusiera
    7. entrara
    8. muriera
    9. tañera
    10. riñera
    11. escribiera
    12. concluyera
    13. usáramos
    14. se vistiera
    15. supiera
    16. fuera
    17. zambullera
    18. fuera
    19. doliera
    20. fuera
    21. cupieran
    22. condujeras
    23. empastara
    24. molestara
    25. cepillara

B. 1. dijeron/dijeran
    2. produjeron/produjeran
    3. supieron/supieran
    4. creyeron/creyeran
    5. riñeron/riñeran
    6. murieron/murieran
    7. divirtieron/divirtieran
    8. zambulleron/zambulleran
    9. mantuvieron/mantuvieran
    10. supusieron/supusieran

11. previnieron/previnieran   14. estuvieron/estuvieran
12. tiñeron/tiñeran   15. fueron/fueran
13. maldijeron/maldijeran

C. 1. entre tú y yo   6. para ti y para mí   11. a mí
    2. contigo   7. yo   12. para él y para ella
    3. según él   8. para mí (según yo)   13. excepto ella y yo
    4. excepto tú   9. de él/de ella   14. la vi a ella
    5. consigo (con él)   10. por ti   15. para sí (para ellos).

Lección 26

Vocabulario

A. 1. padres   6. abuelos   11. nuera
    2. parientes   7. suegra/suegro   12. biznietos (bisnietos)
    3. prima/sobrina   8. padrastro   13. viuda
    4. suegros   9. padrino/ahijado
    5. nietos   10. yerno

B. 1. madurez   5. pereza   9. verdura   13. delgadez
    2. viudez   6. dulzura   10. bondad   14. escasez
    3. vejez   7. felicidad   11. maldad   15. palidez
    4. belleza   8. blancura   12. pesadez   16. negrura

C. 1. madurar   9. sorprender   17. reír
    2. envejecer   10. endulzar   18. sonreír
    3. divorciar   11. enrojecer   19. techar
    4. casar(se)   12. doler   20. aterrizar
    5. amueblar   13. adelgazar   21. secar
    6. alfombrar   14. escasear   22. trenzar
    7. alquilar   15. apadrinar   23. peinar(se)
    8. vender   16. palidecer   24. almorzar

Gramática

1. no soy/"contrary-to-fact"   7. Subjuntivo/ayudes   11. conocido
2. Imperfecto de Subjuntivo   8. Subjuntivo/hubiera   12. Subjuntivo/desconocido
3. Futuro o Presente   9. Indicativo/sabía (sabe) 13. Indicativo
4. Condicional Perfecto   10. Indicativo/Subjuntivo   14. Subjuntivo
5. Subjuntivo
6. Subjuntivo/Indicativo
   o Subjuntivo

Ejercicios

A.
1. tendría
2. cortara
3. bebía (bebió)
4. mantuviera
5. aplaudía
6. estuvo (estaba)
7. se fue (se va, se irá)
8. llegó
9. fumaban (fumarían)
10. fuera
11. habría comprado
12. aplaude (aplaudirá)
13. ayudara
14. va
15. bajen
16. llamara
17. hablara
18. hablaba (habla)
19. hubiera llegado
20. se llamaba
21. tomamos (tomaremos)
22. llamé
23. gusta
24. tiene
25. tendría

B.
1. pasaron
2. acompañara
3. llegaras
4. leímos
5. estudiara
6. quedaran
7. tuvo
8. muriera
9. te fuiste
10. saliera
11. fue
12. llevara
13. huyera
14. hablara
15. produjo

C.
1. tuviera tiempo y dinero
2. pudiera hacerlas
3. fuera presidente
4. otros me ayudaran
5. estuviera saludable
6. quisiera hacerlas

D.
1. íbamos
2. iríamos
3. habríamos ido
4. vamos (iremos, vamos a ir)
5. estuviera
6. hablara
7. sabe
8. practica
9. hubiera estudiado
10. supiera
11. pagan
12. ayudas

REPASO DE GRAMÁTICA

1. adjectivo
2. do/to/cho/hecho
3. Subjuntivo
4. mí/ti/mí
5. entre tú y yo
6. según yo
7. excepto yo
8. Subjuntivo/gane
9. termine
10. tenga
11. Subjuntivo/hagas
12. Indicativo/Subjuntivo
13. vamos
14. Indicativo/Subjuntivo
15. detrás/delante
16. nos/sentémonos
17. hablarán
18. hablase/comiese
19. pidiera/i
20. anduviera/estuviera
21. dijera
22. saber/caber
23. imponer
24. ir (ser)/satisfacer
25. Indicativo/Subjuntivo
26. Pluscuamperfecto
27. Subjuntivo
28. Indicativo
29. Subjuntivo/estuviera
30. Indicativo
31. Subjuntivo/supiera
32. antes(de) que
33. ndo/"ing"
34. muriendo/pidiendo
35. yendo/trayendo
36. inglés/No/Sí
37. "pieces of furniture"/contable
38. "two heads of lettuce"/ ¡Qué muchacho /"a"

EXAMEN #4

Vocabulario

A. 1. H   7. L (peinarte)   13. D (agradezco)
    2. J   8. B   14. G (la espada)
    3. N (la caspa)   9. F   15. I (hagas el tonto)
    4. P   10. Q   16. M
    5. A   11. C   17. K
    6. O (se hace/se está 12. R   18. E
       haciendo tarde

B. 19. un estante   22. la solicitud   25. barrer
    20. el pasillo   23. brindar   26. a duras penas
    21. mojado   24. una entrevista

C. 27. ahijado   29. yerno   31. viuda
    28. suegra   30. padrastro   32. parientes

D. 33. vejez   35. ingeniero   37. raíces (inmuebles)
    34. perezoso   36. el tejado

Gramática

A. 1. D   7. A   13. A   19. D   25. C   31. C
    2. C   8. C   14. C   20. A   26. D   32. B
    3. B   9. C   15. D   21. B   27. B   33. C
    4. A   10. A   16. C   22. C   28. D   34. B
    5. B   11. D   17. B   23. D   29. A   35. B
    6. B   12. B   18. D   24. A   30. B

B. 36. pudiendo   38. leyendo   40. vistiendo   42. impidiendo
    37. riendo   39. yendo   41. muriendo   43. durmiendo

C. 44. hecho   46. vuelto   48. dicho   50. muerto
    45. leído   47. roto   49. caído   51. resuelto

D. 52. Sentémonos   58. Oímos dos truenos
    53. Que lo digan ellos   59. Compré tres muebles
    54. Hagámoslo   60. el muchacho a quien (al que/al cual)
    55. Que lo traiga María   vi era Carlos
    56. Lo hicimos entre tú y yo   61. el muchacho cuya madre tú conociste
    57. ¡Qué película tan (más)   (Ud. conoció)
        interesante!   62. el padre que trabaja aquí
                                    63. la casa de la cual (de la que) Ud.
                                        habló (tú hablaste)

APÉNDICE I

NÚMEROS

1 *un, uno, una*		100	*cien, ciento*
2 *dos*		105	*ciento cinco*
3 *tres*		200	*doscientos, doscientas*
4 *cuatro*		300	*trescientos, trescientas*
5 *cinco*		400	*cuatrocientos, cuatrocientas*
6 *seis*		500	*quinientos, quinientas*
7 *siete*		600	*seiscientos, seiscientas*
8 *ocho*		700	*setecientos, setecientas*
9 *nueve*		800	*ochocientos, ochocientas*
10 *diez*		900	*novecientos, novecientas*
11 *once*		1.000	*mil*
12 *doce*		2.000	*dos mil*
13 *trece*		3.000	*tres mil*
14 *catorce*		1.000.000	*un millón de . . .*
15 *quince*		2.000.000	*dos millones de . . .*
16 *dieciséis*		1.000.000.000	*mil millones de . . .* (One billion)
17 *diecisiete*		1.000.000.000.000	*un billón de . . .* (One trillion)

18 *dieciocho*
19 *diecinueve*
20 *veinte*
21 *veintiún, veintiuno/a*
22 *veintidós*
23 *veintitrés*
24 *veinticuatro*
25 *veinticinco*
26 *veintiséis*
27 *veintisiete*
28 *veintiocho*
29 *veintinueve*
30 *treinta*
31 *treinta y un, treinta y uno/a*
40 *cuarenta*
50 *cincuenta*
60 *sesenta*
70 *setenta*
80 *ochenta*
90 *noventa*

APÉNDICE II

A. VERBOS REGULARES

Infinitivo:
hablar (to speak)   **comer** (to eat)   **vivir** (to live)

Participio progresivo:
hablando (speaking)   **comiendo** (eating)   **viviendo** (living)

Participio pasado:
hablado (spoken)   **comido** (eaten)   **vivido** (lived)

Modo Indicativo

Presente	hablo	como	vivo
(*hablo*: I speak, do	hablas	comes	vives
speak, am speak-	habla	come	vive
ing, will speak)	hablamos	comemos	vivimos
	habláis	coméis	vivís
	hablan	comen	viven
Imperfecto	hablaba	comía	vivía
(*hablaba*: I was	hablabas	comías	vivías
speaking, used to	hablaba	comía	vivía
speak, spoke)	hablábamos	comíamos	vivíamos
	hablabais	comíais	vivíais
	hablaban	comían	vivían
Pretérito	hablé	comí	viví
(*hablé*: (I spoke,	hablaste	comiste	viviste
did speak)	habló	comió	vivió
	hablamos	comimos	vivimos
	hablasteis	comisteis	vivisteis
	hablaron	comieron	vivieron
Futuro	hablaré	comeré	viviré
(*hablaré*: I will	hablarás	comerás	vivirás
speak, shall	hablará	comerá	vivirá
speak)	hablaremos	comeremos	viviremos
	hablaréis	comeréis	viviréis
	hablarán	comerán	vivirán

Condicional	hablaría	comería	viviría
(*hablaría*: I would	hablarías	comerías	vivirías
speak)	hablaría	comería	viviría
	hablaríamos	comeríamos	viviríamos
	hablaríais	comeríais	viviríais
	hablarían	comerían	vivirían

Presente Perfecto	he		Pluscuam- perfecto	había	
(*he hablado*:	has	hablado	(*había hablado*:	habías	hablado
I have spoken)	ha	comido	I had spoken)	había	comido
	hemos	vivido		habíamos	vivido
	habéis			habíais	
	han			habían	

Futuro Perfecto	habré		Condicional Perfecto	habría	
(*habré hablado*:	habrás	hablado	(*habría hablado*:	habrías	hablado
I will	habrá	comido	I would	habría	comido
have spoken)	habre- mos	vivido	have spoken)	habríamos	vivido
	habréis			habríais	
	habrán			habrían	

Modo Subjuntivo

Presente	hable	coma	viva
(*hable*: that	hables	comas	vivas
I speak)	hable	coma	viva
	hablemos	comamos	vivamos
	habléis	comáis	viváis
	hablen	coman	vivan

Imperfecto	hablara	comiera	viviera
(*hablara*: that	hablaras	comieras	vivieras
I spoke)	hablara	comiera	viviera
	habláramos	comiéramos	viviéramos
	hablarais	comierais	vivierais
	hablaran	comieran	vivieran

Presente Perfecto	haya		Pluscuam- perfecto	hubiera	
(*haya hablado*:	hayas	hablado	(*hubiera hablado*:	hubieras	hablado
that I	haya	comido	that I had	hubiera	comido
have spoken)	hayamos	vivido	spoken)	hubiéramos	vivido
	hayáis			hubierais	
	hayan			hubieran	

Imperativo

habla (tú)/	come (tú)/	vive (tú)/
no hables (tú)	no comas (tú)	no vivas (tú)
hable (Ud.)/	coma (Ud.)/	viva (Ud.)/
No hable (Ud.)	no coma (Ud.)	no viva (Ud.)
hablad (vosotros)/	comed (vosotros)/	vivid (vosotros)/
no habléis (vosotros)	no comáis (vosotros)	no viváis, (vosotros)
hablen (Uds.)/	coman (Uds.)/	vivan (Uds.)/
no hablen (Uds.)	no coman (Uds.)	no vivan (Uds.)

B.   VERBOS CON CAMBIOS EN LA RAÍZ.

1. Un solo cambio: (e → ie)   (o → ue)   (u → ue)   (e → i)

	(e → ie)	(o → ue)	(u → ue)	(e → i)
Infinitivo	**pensar**	**contar**	**jugar**	**pedir**
Participio progresivo	pensando	contando	jugando	*pidiendo*
Participio pasado	pensado	contado	jugado	pedido
Presente de	*pienso*	*cuento*	*juego*	*pido*
Indicativo	*piensas*	*cuentas*	*juegas*	*pides*
	piensa	*cuenta*	*juega*	*pide*
	pensamos	contamos	jugamos	pedimos
	pensáis	contáis	jugáis	pedís
	piensan	*cuentan*	*juegan*	*piden*
Presente de	*piense*	*cuente*	*juegue*	*pida*
Subjuntivo	*pienses*	*cuentes*	*juegues*	*pidas*
	piense	*cuente*	*juegue*	*pida*
	pensemos	contemos	juguemos	*pidamos*
	penséis	contéis	juguéis	*pidáis*
	piensen	*cuenten*	*jueguen*	*pidan*
Imperativo	*piensa* (tú)	*cuenta*	*juega*	*pide*
	no pienses (tú)	no *cuentes*	no *juegues*	no *pidas*
Pretérito	(regular)	(regular)	(regular)	pedí
				pediste
				pidió
				pedimos
				pedisteis
				pidieron

Imperfecto de subjuntivo	(regular)	(regular)	(regular)	*pidiera* *pidieras* *pidiera* *pidiéramos* *pidierais* *pidieran*

2. Dos cambios: e → ie, i   o → ue, u

Infinitivo	sentir	dormir
Participio progresivo	*sintiendo*	*durmiendo*
Participio pasado	sentido	dormido

Presente de Indicativo	*siento* *sientes* *siente* sentimos sentís *sienten*	*duermo* *duermes* *duerme* dormimos dormís *duermen*	**Presente de Subjuntivo**	*sienta* *sientas* *sienta* *sintamos* *sintáis* *sientan*	*duerma* *duermas* *duerma* *durmamos* *durmáis* *duerman*

Pretérito	*sentí* *sentiste* *sintió* *sentimos* *sentisteis* *sintieron*	*dormí* *dormiste* *durmió* *dormimos* *dormisteis* *durmieron*	**Imperfecto de Subjuntivo**	*sintiera* *sintieras* *sintiera* *sintiéramos* *sintierais* *sintieran*	*durmiera* *durmieras* *durmiera* *durmiéramos* *durmierais* *durmieran*

C.   VERBOS IRREGULARES

(Solamente se señalan los tiempos irregulares)

abrir   to open
 Participio pasado   abierto

andar   to walk
 Pretérito   anduve, anduviste, anduvo, anduvimos, anduvisteis, anduvieron
 Imperfecto de Subjuntivo   anduviera, anduvieras, anduviera, anduviéramos, etc.

caber   to fit, to be contained
 Presente de Indicativo   quepo, cabes, cabe, cabemos, cabéis, caben
 Presente de Subjuntivo   quepa, quepas, quepa, quepamos, quepáis, quepan
 Pretérito   cupe, cupiste, cupo, cupimos, cupisteis, cupieron
 Imperfecto de Subjuntivo   cupiera, cupieras, cupiera, cupiéramos, cupierais, cupieran
 Futuro   cabré, cabrás, cabremos, cabréis, cabrán
 Condicional   cabría, cabrías, cabría, cabríamos, cabríais, cabrían
caer   to fall
 Presente de Indicativo   *caigo,* caes, cae, caemos, caéis, caen
 Presente de Subjuntivo   *caiga, caigas, caiga,* caigamos, caigáis, caigan
conducir   to drive, to conduct
 Presente de Indicativo   *conduzco,* conduces, conduce, conducimos, conducís, conducen
 Presente de Subjuntivo   conduzca, conduzcas, conduzca, conduzcamos, conduzcáis, etc.
 Pretérito   conduje, condujiste, condujo, condujimos, condujisteis, condujeron
 Imperfecto de Subjuntivo   condujera, condujeras, condujera, condujéramos, etc.
conocer   to know, to be acquainted
 Presente de Indicativo   *conozco,* conoces, conoce, conocemos, conocéis, conocen
 Presente de Subjuntivo   conozca, conozcas, conozca, conozcamos, conozcáis, conozcan
dar   to give
 Presente de Indicativo   *doy,* das, da, damos, dais, dan
 Pretérito   di, diste, dio, dimos, disteis, dieron
 Imperfecto de Subjuntivo   diera, dieras, diera, diéramos, dierais, dieran
decir   to say, to tell
 Participio progresivo   diciendo
 Participio pasado   dicho
 Presente de Indicativo   *digo, dices, dice,* decimos decís, *dicen*
 Presente de Subjuntivo   diga, digas, diga, digamos, digáis, digan
 Pretérito   dije, dijiste, dijo, dijimos, dijisteis, dijeron
 Imperfecto de Subjuntivo   dijera, dijeras, dijera, dijéramos, dijerais, dijeran
 Futuro   diré, dirás, dirá, diremos, diréis, dirán
 Condicional   diría, dirías, diría, diríamos, diríais, dirían
 Imperativo   di (tú), no digas
escribir   to write
 Participio pasado   escrito
estar   to be
 Presente de Indicativo   estoy, estás, está, estamos, estáis, están
 Presente de Subjuntivo   esté, estés, esté, estemos, estéis, estén
 Pretérito   estuve, estuviste, estuvo, estuvimos, estuvisteis, estuvieron
 Imperfecto de Subjuntivo   estuviera, estuvieras, estuviera, etc.

haber to have there is/are
Presente de Indicativo he, has, ha (hay), hemos habéis, han
Presente de Subjuntivo haya, hayas, haya, hayamos, hayáis, hayan
Pretérito hube, hubiste, hubo, hubimos, hubisteis, hubieron
Imperfecto de Subjuntivo hubiera, hubieras, hubiera, hubiéramos, hubierais, hubieran
Futuro habré, habrás, habrá, habremos, habréis, habrán
Condicional habría, habrías, habría, habríamos, habríais, habrían

hacer to do, to make
Participio pasado hecho
Presente de Indicativo *hago,* haces, hace, hacemos, hacéis, hacen
Presente de Subjuntivo haga, hagas, haga, hagamos, hagáis, hagan
Pretérito hice, hiciste, hizo, hicimos, hicisteis, hicieron
Imperfecto de Subjuntivo hiciera, hicieras, hiciera, hiciéramos, hicierais, hicieran
Futuro haré, harás, hará, haremos, haréis, harán
Condicional haría, harías, haría, haríamos, haríais, harían
Imperativo haz (tú), no hagas (tú)

ir to go
Presente de Indicativo voy, vas, va, vamos, vais, van
Presente de Subjuntivo vaya, vayas, vaya, vayamos, vayáis, vayan
Imperfecto de Indicativo iba, ibas, iba, íbamos, ibais, iban
Pretérito fui, fuiste, fue, fuimos, fuisteis, fueron
Imperfecto de Subjuntivo fuera, fueras, fuera, fuéramos, fuerais, fueran
Imperativo ve (tú, no vayas (tú)

morir *(ue, u)* to die
Participio pasado muerto

oír to hear, to listen
Presente de Indicativo oigo, oyes, oye, oímos, oís, oyen
Presente de Subjuntivo oiga, oigas, oiga, oigamos, oigáis, oigan

poder *(ue)* to be able, can
Participio progresivo pudiendo
Pretérito pude, pudiste, pudo, pudimos, pudisteis, pudieron
Imperfecto de Subjuntivo pudiera, pudieras, pudiera, pudiéramos, pudierais, pudieran
Futuro podré, podrás, podrá, podremos, podréis, podrán
Condicional podría, podrías, podría, podríamos, podríais, podrían

poner to put, to set
Participio pasado puesto
Presente de Indicativo pongo, pones, pone, ponemos ponéis, ponen
Presente de Subjuntivo ponga, pongas, ponga, pongamos, pongáis, pongan
Pretérito puse, pusiste, puso, pusimos, pusisteis, pusieron
Imperfecto de Subjuntivo pusiera, pusieras, pusiera, pusiéramos, etc.
Futuro pondré, pondrás, pondrá, pondremos, pondréis, pondrán
Condicional pondría, pondrías, pondría, pondríamos, pondríais, pondrían
Imperativo pon (tú), no pongas, (tú)

prever   to foresee
  Participio pasado   previsto
  Presente de Indicativo   preveo, prevés, prevé, prevemos, prevéis, prevén
  Presente de Subjuntivo   prevea, preveas, prevea, preveamos, preveáis, prevean

querer   *(ie)* to want, to love
  Pretérito   quise, quisiste, quiso, quisimos, quisisteis, quisieron
  Imperfecto de Subjuntivo   quisiera, quisieras, quisiera, quisiéramos, etc.
  Futuro   querré, querrás, querrá, querremos, querréis, querrán
  Condicional   querría, querrías, querría, querríamos, querríais, querrían

romper   to break
  Participio pasado   roto

saber   to know
  Presente de Indicativo   sé, sabes, sabe, sabemos, sabéis, saben
  Presente de Subjuntivo   sepa, sepas, sepa, sepamos, sepáis, sepan
  Pretérito   supe, supiste, supo, supimos, supisteis, supieron
  Imperfecto de Subjuntivo   supiera, supieras, supiera, supiéramos, supierais, supieran
  Futuro   sabré, sabrás, sabrá, sabremos, sabréis, sabrán
  Condicional   sabría, sabrías, sabría, sabríamos, sabrías, sabrían

salir   to go out
  Presente de Indicativo   salgo, sales, sale, salimos, salís, salen
  Presente de Subjuntivo   salga, salgas, salga, salgamos, salgáis, salgan
  Futuro   saldré, saldrás, saldrá, saldremos, saldréis, saldrán
  Condicional   saldría, saldrías, saldría, saldríamos, saldríais, saldrían
  Imperativo   sal (tú, no salgas, (tú)

ser   to be
  Presente de Indicativo   soy, eres, es, somos, sois, son
  Presente de Subjuntivo   sea, seas, sea, seamos, seáis, sean
  Imperfecto de Indicativo   era, eras, era, éramos, erais, eran
  Pretérito   fui, fuiste, fue, fuimos, fuisteis, fueron
  Imperfecto de Subjuntivo   fuera, fueras, fuera, fuéramos, fuerais, fueran
  Imperativo   sé (tú), no seas (tú)

tener   to have
  Presente de Indicativo   tengo, tienes, tiene, tenemos, tenéis, tienen
  Presente de Subjuntivo   tenga, tengas, tenga, tengamos, tengáis, tengan
  Pretérito   tuve, tuviste, tuvo, tuvimos, tuvisteis, tuvieron
  Imperfecto de Subjuntivo   tuviera, tuvieras, tuviera, tuviéramos, tuvierais, tuvieran
  Futuro   tendré, tendrás, tendrá, tendremos, tendréis, tendrán
  Condicional   tendría, tendrías, tendría, tendríamos, tendríais, tendrían
  Imperativo   ten (tú), no tengas (tú)

traducir   to translate
  Presente de Indicativo   traduzco, traduces, traduce, traducimos, etc.
  Presente de Subjuntivo   traduzca, traduzcas, traduzca, traduzcamos, traduzcáis, traduzcan
  Pretérito   traduje, tradujiste, tradujo, tradujimos, tradujisteis, tradujeron
  Imperfecto de Subjuntivo   tradujera, tradujeras, tradujera, etc.

traer to bring
Presente de Indicativo traigo, traes, trae, traemos, traéis, traen
Presente de Subjuntivo traiga, traigas, traiga, traigamos, traigáis, traigan
Pretérito traje, trajiste, trajo, trajimos, trajisteis, trajeron
Imperfecto de Subjuntivo trajera, trajeras, trajera, trajéramos, trajerais, trajeran

valer to be worth
Present de Indicativo valgo, vales, vale, valemos, valéis, valen
Presente de Subjuntivo valga, valgas, valga, valgamos, valgáis, valgan
Futuro valdré, valdrás, valdrá, valdremosm valdréis, valdrán
Condicional valdría, valdrías, valdría, valdríamos, valdríais, valdrían
Imperativo val (tú), no valgas (tú)

venir to come, to go
Participio Progresivo viniendo
Presente de Indicativo vengo, vienes, viene, venimos venís, vienen
Presente de Subjuntivo venga, vengas, venga, vengamos, vengáis, vengan
Pretérito vine, viniste, vino, vinimos, vinisteis, vinieron
Imperfecto de Subjuntivo viniera, vinieras, viniera, viniéramos, vinierais, vinieran
Futuro vendré, vendrás, vendrá, vendremos, vendréis, vendrán
Condicional vendría, vendrías, vendría, vendríamos, vendrías, vendrían
Imperativo ven (tú), no vengas (tú)

ver to see, to watch
Participio pasado visto
Presente de Indicativo veo, ves, ve, vemos, veis, ven
Presente de Subjuntivo vea, veas, vea, veamos, veáis, vean

volver *(ue)* to return
Participio pasado vuelto

Vocabulario

A

a to, for, at
  a caballo on horseback
  a cargo de in charge of
  a causa de because of
  a duras penas barely
  a falta de for lack of
  a fin de in order to
  a fuerza de by means of
  a la plancha on the grill
  a lo loco foolishly
  a los costados on the sides
  a mediados de in the middle of
  a medias half done
  a menos que unless
  a medias half done
  a menos que unless
  a pie on foot
  a plazos by installments
  a propósito de concerning
  a solas alone
  a través across
abogado lawyer
abonar to pay
abordar to board
abrazar to embrace
abrigo overcoat, shelter
abrocharse to fasten
abstenerse to abstain
acaso perhaps
acción action; stock (market)
aceite oil
aceituna olive
acera sidewalk

acero steel
aconsejable advisable
aconsejar to advise
acordarse (ue) to remember
acostarse (ue) to go to bed
actriz actress
actuar to act
acumulador battery
acusado defendant
adelantado advanced
  por adelantado in advance
adelante ahead, forward
  de ahora en adelante from
    now on
adelgazar to lose weight
además besides
aduana customs office
aducir to adduce
aerolínea airline
aeromoza stewardess
afeitar to shave
agarrar to grasp
agencia de bienes raíces real
  estate agency
  agencia de viajes travel
  agency
agradar to please, to like
agradecer to thank
agrandar to enlarge
agrio sour
águila eagle
ahijado godchild
ahorrar to save

ahorro saving
  cuenta de ahorros savings
    account
ajedrez chess
ají green pepper
ajo garlic
al ajillo with garlic sauce
al contado cash
al lado de next to
alcoba bedroom
alegrarse to be glad
alfombra carpet, rug
alimentar to feed
alimento food
aliviar to relief
alivio relief
alma soul
almeja clam
almohada pillow
almorzar (ue) to eat lunch
almuerzo lunch
alquilar to rent
alquiler rent
alrededor around
alto high; stop (Mexico)
ama housewife, owner
amarillo yellow
americana jacket
amo master, owner
amueblar to furnish
anaranjado orange (color)
ancho wide
andén platform (in a station)
angosto narrow
ansia desire
  tener ansia de to feel like
antemano beforehand
  de antemano beforehand
antebrazo forearm
anticongelante anti-freeze
antojito hors d'oeuvre (Mexico)
añadir to add
año year
aparecer to appear
apio celery
aplaudir to applaud
aplauso applause
apretado tight
apretar (ie) to tighten, to be tight
apostar (ue) to bet; to assure
árbol tree

archivo file, archive
armario closet
arpa harp
arrancar el motor to start the engine
arrepentirse to repent
arroz rice
asar to roast
ascensor elevator
asegurar to insure, to assure
asiento seat
atender (ie) to take care of; to pay
  attention to
aterrizaje landing
atterizar to land
atraer to attract
atreverse to dare
aula classroom
autobús bus
autopista highway, freeway
auxiliar de vuelo steward, stewardess
avería breakdown, damage
avión airplane
azafata stewardess
azotea terrace
azúcar (el/ha) sugar

B

bailar to dance
baile dance
balancear to balance
balanza scale
balcón balcony
balompié soccer
balón ball (in basketball and football)
baloncesto basketball
bandeja tray
bandera flag
banderilla colorful dart in bullfights
banquero banker
bañera bathtub
bañarse to take a bath or a shower
baño bathroom, bath
barato cheap
barbería barbershop
barrer to sweep
bata gown
batear to bat (baseball)
baúl trunk
bautismo baptism
bautizar to baptize
beber to drink

bebida drink
béisbol baseball
belleza beauty
  salón de belleza beauty parlor
bendecir to bless
beneficio benefit
besar to kiss
beso kiss
bicicleta bicycle
bien well; goods
  bienes raíces real estate
  bienes inmuebles real estate
bienvenido welcome
bigote moustache
billete bill; ticket
  billete de ida one-way ticket
  billete de ida y vuelta round-trip
    ticket
billón one thousand million
bisabuelo great-grandfather
bisnieto/biznieto great-grandchild
bistec/biftec/bisté beefsteak
blando soft
blusa blouse
boca mouth
bocacalle crossing
bocadillo snack; sandwich
bocina horn (car)
boda wedding
bodega cellar, den; foodstore
boletín board
boleto ticket
bolsa bag, purse
bolsillo pocket
borracho drunk
bota boot
botón button
botones bellboy
brazo arm
brillar to shine
brindar por to toast to
broma practical joke
bufete office (law)
bullir to boil; to bustle
burlarse to make fun of
butaca armchair; seat (theater)
buzón mailbox

C

cabello hair (of a person)
cabeza head

caber to fit in, to have room for
café con leche hot milk with
  coffee
caja box; cash register
  caja fuerte safe
cajero cashier
calcetín sock
caldo broth, soup
calmante tranquilizer
caluroso hot
calle street
camarera waitress
camarón shrimp (Latin America)
cambiar to change, exchange
cambio change, exchange
camión truck; bus (Mexico)
camioneta pickup truck
camisa shirt
camiseta undershirt
campeón champion
campeonato championship
canasta basket
cancha court, field (sport)
cangrejo crab
cantinero bartender
capa/capote cape
caracol snail
carie cavity
carne meat
caro expensive; dear
carrera career; run (baseball)
carretera road
carril lane
carta letter
cartera purse, wallet
cartero mailman
casarse con to marry
caspa dandruff
catarro cold
cebolla onion
cena dinner, supper
centavo cent
cepillarse to brush
cepillo brush
cerdo pig, pork
certeza sureness, certainty
certificar to register (mail)
cerveza beer
champán champagne
champiñón mushroom
champú shampoo

chapa plate, plaque
chaqueta jacket
charlar to chat
cheque de viajeros traverlers check
chequera checkbook
chiste joke
chocar to crash
chofer driver, chauffeur
chuleta chop (meat)
cine movie, theater
cinto belt
cintura waist
cinturón belt
circulación traffic
cirugía surgery
cirujano surgeon
cita appointment; quote
cobrar to charge; to get paid
cocer (ue) to cook, to boil
  bien cocinado well-done
  poco cocinado rare
cocina kitchen
cocinar to cook
cocinero cook
coche car, wagon
coche-cama sleeping car
coche-comedor dining car
coctel cocktail
codo elbow
col cabbage
cola tail; line
  hacer cola to stand in line
coleta pigtail
colibrí hummingbird
coliflor cauliflower
collar necklace
comediante comedian
cómico comic, comedian
cómoda chest (furniture)
cómodo comfortable
componer to compose; to fix
computista computer programmer
con motivo de because of
con retraso late
con tal que provided that
concluir to conclude
conducir to drive; to conduct
conferencia lecture
conforme agreed; according to
conjunto outfit; band, group
conseguir (i) to get

consentir (ie, i) to consent; to spoil
conserje desk clerk, concierge
construir to build
consulta/consultorio office (doctor)
contar (ue) to count; to tell
  al contado cash
contener to contain
contradecir to contradict
contraer matrimonio to marry
convenir to be convenient; to suit
convertir (ie, i) to convert
coñac cognac, brandy
copa wine glass; drink
corazón heart
corbata tie
cordero lamb
corona crown
corredor broker; hall; runner
corregir (i) to correct
correo mail; post office
  correo aéreo air mail
  correo certificado registered mail
correr to run
correspondencia mail, correspondence
corrida (de toros) bullfight
cortar to cut, to trim
corte (la) court (justice)
corte (el) cut; haircut
costado side
costumbre habit, custom
cotización rate of exchange
cruce crossing
cruzar to cross
cuadra block (city)
cuarto bedroom, room
  cuarto sencillo single room
  cuarto doble double room
cuchara spoon
cucharada tablespoon
cucharadita teaspoon
cuchillo knife
cuello neck, collar
cuenta bill; account
  cuenta de ahorros savings account
  cuenta corriente checking account
  darse cuenta to realize
cuidado care
culpa fault, mistake
culpable guilty
cuna cradle
cubiertos silverware

D

damas checkers
dar to give
dar a to face
darse cuenta to realize
de mala gana reluctantly
de pared a pared wall-to-wall
de veras (verdad) truly
debido a due to
débil weak
decaer to decay
dedo finger, toe
deducir to deduct
defender (ie) to defend
delgado thin
delincuente delinquent
delinquir to break the law
demorar to delay, to take time
demostrar (ue) to show
dentadura set of teeth, dentures
dentro de within
deportes sports
derecho right
  a derecho straight ahead
derecho law
desaparecer to disappear
desayunar (se) to eat breakfast
desayuno breakfast
descomponer to break down
desconocer to ignore, not know
descontar (ue) to discount
deshacer to undo; to melt
desnudar to undress
despacho office
despegar to take off; to unglue
despertar (ie) to wake up
destruir to destroy
desviación detour
detener to detain, to stop
devolver (ue) to return, to give back
diabetes diabetes
diablo devil
  de dónde diablos where in the world
diente tooth
  diente de leche baby tooth
  echar el diente to try hard
  tener buen diente to be a hearty eater
dios god
dirección address
  dirección obligatoria one-way street
disponer to avail, to dispose

disponible available
distraer to distract
divertirse (ie, i) to have fun, to enjoy
divisa foreign money
doblar to turn
doler (ue) to hurt, to ache
dolor pain, ache
droga drug
droguería drugstore
ducha shower
ducharse to take a shower
durante during
durar to last
duro hard

E

echar to throw
  echar de menos to miss
embarazada pregnant
emborracharse to get drunk
empastar to fill (a tooth)
empaste filling
empeñar to pawn
empeñarse en to insist on
empeorar to get worse
empezar (ie) to start
empleado employee
emplear to employ
empleo employment, job
empujar to push
en cuanto a as to
en efectivo cash
en frente de in front of
en lugar de instead of
en punto sharp
en serio seriously
en vez de instead of
enamorarse to fall in love
encantar to like
encima de on top of
encinta pregnant
enderezar to straighten
endosar to endorse
enfermedad sickness, illness
enfermera nurse
enfermo sick; patient
engordar to get fat
enlatar to can
enojarse to get mad
enojo anger
ensayar to rehearse

ensayo rehearsal
entrada ticket, entrance
entrega especial special delivery
entregar to deliver
entretener to entertain
entrevista interview
entusiasmar to become
   enthusiastic
enviar to send
envío remittance
envolver (ue) to wrap
equipaje luggage
equipo team; equipment
equivaler to be equal to
escala stop; scale
escalera staircase
escalofrío chills
escape escape
   tubo de escape exhaust pipe
escenario stage
escoba broom
escoger to pick out, to select
esconder to hide
escote neckline
esmalte enamel
espada sword
espalda back (of a person)
especia spice
espejo mirror
esquema sketch
esquiar to ski
esquí ski
esquina corner
establecer to establish
estacionamiento parking
estacionar to park
estampilla stamp
estante bookcase
estar para to be about to
estar por yet to be done
estrecho narrow
estrella star
   estrella de cine movie star
estrenar to show for the first
   time
estreno the première
etiqueta label
evento event
exponer to expose
extender (ie) to extend
extranjero foreign, foreigner

F

factura bill
faena work, task
falda skirt
faltar to miss, to lack
fascinar to fascinate
ferrocarril railroad
fiebre fever
filete steak
filtro filter
   filtro de aceite oil filter
fin end
flan custard
fracturarse to break
freír (i) to fry
frenar to brake
freno brake
frente a in front of, across from
fresa strawberry
fresco fresh
frijol bean
frito fried
fuera de outside of
fuerte strong
fumar to smoke
función show
funcionar to work
fútbol soccer, football

G

gafas eyeglasses
gamba shrimp (Spain)
ganado cattle
ganancia earning
gana desire
   tener ganas de to feel like
ganga bargain
garaje garage
garganta throat
gaseosa carbonated water
gato cat; jack
gerente manager
ginebra gin
giro postal money order
gloriarse to be proud of
gol point (in soccer and hockey)
golear to make points
golpear to hit
goma rubber; tire; glue
gordo fat
gota drop

gotear to drip
gratis (gratuito) free (no money)
gripe, gripa flu
gritar to yell
grueso thick, fat
gruñir to grunt
guardia traffic police, guard
guerra war

H

habichuela green bean
habla speech
hablador talkative
hablante speaker
hacer caso to pay attention
hacer cola to stand in line
hacer escala to stop
hacer falta to need
hacha ax
hache (the letter [h])
hada fairy
hambre hunger
   tener hambre to be hungry
hamburguesa hamburger
hasta until, up to
hecho fact
helado ice cream
hembra female
herida wound
herir (ie, i) to wound
hervir (ie, i) to boil
hielo ice
hierro iron
hipoteca mortgage
hoja leaf, page
   hoja de afeitar razor blade
hombro shoulder
horario schedule
hormiga ant
hoz sickle
huelo I smell (from *oler*)
hueso bone
huésped guest
huevo egg
   huevos duros hard-boiled eggs
   huevos pasados por agua soft-
     boiled eggs
   huevos revueltos scrambled
     eggs
huir to flee
humo smoke

I

identificar to identify
idioma language
imaginarse to imagine
impedir (i) to stop, to prevent
impermeable raincoat
imponer to impose
importar to import; to matter
impuesto tax
incómodo uncomfortable
influir to influence
ingeniero engineer
inoxidable rustproof
inquilino tenant
insistir en to insist on
instruir to instruct, to teach
interesar to be interested
intervenir to intervene
inútil useless
inyección shot

J

jabón soap
jactarse to boast
jamás never
jamón ham
jarabe syrup
jerez sherry
jonrón homerun
joven young; youngster
juego game
juez judge
jugar (ue) to play (sports)
jugo juice
juguete toy
juicio trial, judgement
   muela del juicio wisdom tooth
junto a next to
jurado jury
justicia justice
justo just, fair
juventud youth

L

lago lake
langosta lobster
lástima pity, sorrow
lastimarse to hurt oneself
lata can
   dar la lata to bother, annoy
leche milk

lechuga lettuce
leer to read
legumbre vegetable
lengua tongue; language
letra letter
letrero sign
ley law
libreta bankbook
licencia license
ligero light, nimble; fast
limón lemon
limpio clean
listo smart; ready
litera berth
lujoso luxurious
luna moon
   luna de miel honeymoon

LL

llanta tire
   llanta de repuesto spare tire
llave key
llegada arrival
llegar to arrive
llenar to fill
lleno full
llevar to carry
   llevar tiempo to spend time
llorar to cry
llover (ue) to rain
lluvia rain

M

macho male (animal)
madrastra stepmother
madrina godmother
madurez adulthood
maduro ripe; adult
maldecir to curse
maleta suitcase
maletero trunk; porter
maletín briefcase
mandar to order, to command
mandato command
manejar to drive, to handle
mano hand
mantener to maintain
mantequilla butter
manzana apple
maquillaje make-up
mar sea

marca trademark
marearse to get dizzy, to get sick
mareo dizziness
margarina margarine
marido husband
marisco seafood
mecanógrafo typist
mecedora rocking chair
mecer to rock
media stocking
medianoche midnight
medio half
mediodía noon
medir (i) to measure
mejorar to improve
membrete letterhead
mensaje message
mentir (ie, i) to lie
mentira lie
merendar (ie) to have a snack
merienda snack
   ir de merienda to go on a
     picnic
mes month
mesera waitress
meta goal
miel honey
mientras while
minifalda miniskirt
minuta (menú) menu
moda fashion
   estar de moda to be in style
mojado wet
mojar to wet, to get wet
molestar to bother
moneda coin, currency
moño bun, topknot
morado purple
morder to bite
mostrar (ue) to show
moto/motocicleta motorcycle
mover (ue) to move
mozo boy; waiter; bellboy,
   porter
mudanza moving
mudarse to move
muela molar
   muela del juicio wisdom tooth
   dolor de muelas toothache
muleta crutch
muñeca wrist; doll

mullir to soften
multa fine (money)
muslo thigh

N

nacer to be born
nadar to swim
naranja orange
nariz nose
necesitar to need
nervioso nervous
nevar (ie) to snow
nieto grandson
nieve snow
niñez childhood
norma norm
novia fiancée, bride
novio fiancé, groom
nube cloud
nublado cloudy
nuera daughter-in-law

O

obedecer to obey
obeso obese, fat
obra work
  obra de teatro play
obtener to obtain
ocurrir to happen, to occur
oeste west
ofrecer to offer
oído hearing
ojo eye
  ¡*ojo!* watch out!
oler (ue) to smell
olfato smell
oliva olive
  aceite de oliva olive oil
olor smell, odor
olvidar to forget
ómnibus bus
operar to operate
oponer to oppose
oreja ear
oveja sheep
oyente listener

P

pabellón pavilion; ward
padecer to suffer
padrastro stepfather

padrino godfather
pagar to pay
país country
pájaro bird
pálido pale
pan bread, loaf of bread
pantalón trouser
pantalla screen
papa potato (America)
paquete package
para con toward, with
para mí in my opinion
para ser for being
para siempre forever
parabrisas windshield
parachoques bumper
parada stop
paraguas umbrella
pardo brown
parecer to seem
parecerse a to take after, to resemble
pared wall
pariente relative
parquear to park
partida (partido) game, set
pasaje ticket
pastel cake, pastry
pastilla pill
pata paw, foot
  estirar la pata to die
  meter la pata to stick the foot on it
  tener mala pala to have bad luck
patata potato (Spain)
patear to kick
patilla sideburn
pavo turkey
peatón pedestrian
pecho chest
pedir (i) to ask for
peinado hairdo
peinar to comb the hair
peine comb
pelear to fight
película film, movie
peligro danger
peligroso dangerous
pelo hair
  tomar el pelo to play jokes on
pelota ball
peluca wig
peluquería beauty shop

peluquero hairdresser
pena penalty, sorrow
  valer la pena to be worthwhile
pensión boarding house
pepino cucumber
pera pear
perder to lose
pérdida loss
pereza laziness
perezoso lazy
periódico newspaper
permiso de manejar driver's permit
perseguir (i) to pursue
pertenecer to belong
pescado fish
pescar to fish
pesado heavy
pesar to weigh
pestaña eyelash
pie foot
pierna leg
píldora pill
pimienta pepper
pimiento bell pepper
pinchar to get a flat tire
piso floor
piscina swimming pool
placa plaque, plate
planear to plan
plátano banana, plantain
plato dish
plaza square, bullring
pleito problem, case
polvo dust
polvos powder
polvoriento dusty
pluriempleo moonlighting
pollo chicken
poncharse to get a flat tire
poner peros to find fault
ponerse triste to get sad
por for, by, along, down, over
  por avión by air mail
  por casualidad by chance
  por causa de because of
  por ciento percent
  por eso because of that
  por fin finally
  por mucho que no matter how much
  por si acaso just in case
  por tonto for being foolish

porcentaje percentage
portarse to behave
portero goalkeeper, doorman
postre dessert
  de postre for dessert
postrero last
preciso precise, necessary
preferir (ie, i) to prefer
preocuparse to worry
presentir (ie, i) to foresee
presupuesto budget
prevenir to prevent
préstamo loan
prestar to loan
prever to foresee
primo cousin
principio beginning
probador fitting room
probar (ue) to try on; to taste; to prove
producir to produce
profesorado faculty
prohibir to forbid
propina tip
proponer to propose
proseguir (i) to follow
proveer to provide
provenir to come from, to originate
puede ser que maybe
puente bridge
puerta door, gate
puesto job; stand
pulmón lung
pulmonía pneumonia
puntaje score
pupitre desk

Q

quebrarse (ie) to break; to go
  bankrupt
quedar to stay; to be located
quejarse to complain
querer (ie) to want, to wish
querer a (personas) to love
queso cheese
quitarse to take off
quizá, quizás perhaps

R

radiografía, rayo X X-ray
raíz root, stem
raqueta racket

raya line
  subrayar to underline
recaer to fall again; to get worse
recámara bedroom
receta prescription; recipe
recetar to prescribe
reciente recent
recoger to pick up
recomendar (ie) to recommend
reconocer to recognize
recordar (ue) to remember, to remind
recortar to cut, to trim
red net
referir (ie, i) to refer to; to tell
refresco soda
regatear to bargain
regresar to return
regreso return
  de regreso back
rehacer to redo, to do it again
reír (i) to laugh
remitente sender
renovar (ue) to renew
reñir (i) to scold
res head of cattle, beef
resfriado cold
respirar to breathe
restar to subtract
retraso delay
  con retraso late
reunión meeting
reunirse to meet
rey king
risa laugh
rizador roller, curler
rizar to curl
rodilla knee
  de rodillas kneeling
rogar (ue) to beg, to ask for
romper to break
ron rum
ropa clothes
  ropa interior underwear
rosado pink
  vino rosado rosé wine
roto broken
rueda wheel

S

sabor taste
sacamuelas bad dentist, charlatan

sacar to take out; to serve (sports)
saco jacket
sacudir to shake
  sacudir el polvo to dust
sal salt
sala de espera waiting room
salario salary
salida exit, departure
salir to leave, to go out
salón de belleza beauty parlor
salud health
saludable healthy
sangrar to bleed
sangre (la) blood
sangría wine cooler with fruit
satisfacer to satisfy
secador dryer
secar to dry
seco dry
seducir to seduce
según according to
seguridad safety, security
seguro sure; insurance
  seguro social social security
  seguro médico medical insurance
sello stamp
semáforo traffic light
semanal weekly
seno breast; lap
sentir (ie, i) to feel; to be sorry
señal sign
señas (las) address
servicio al cuarto room service
servilleta napkin
servir (i) to serve
sin duda surely, for sure
sin falta without fail
sobre envelope
sobresalir to stand out; to excel
sobrevivir to survive
sobrina niece
sobrino nephew
soleado sunny
soler (ue) used to
solicitud application
soltero single
solterona old maid
sonreír (i) to smile
sonrisa smile
sorprender to surprise
sorpresa surprise

sostén, ajustador brassiere
sostener to sustain, to hold
sótano basement
suave soft
sucio dirty
suegra mother-in-law
suegro father-in-law
sueldo salary
sueño dream; sleep
   tener sueño to be sleepy
suéter sweater
sugerir (ie, i) to suggest
sumar to add
súplica petition, prayer
suplicar to beg, to request
suponer to suppose
   por supuesto of course

T

tal vez perhaps
taladro drill
talón ticket, stub
talla size
tanque tank
tañer to play (music)
tapa hors d'oeuvre (Spain)
taquilla ticket window
taquillero ticket seller
tarde afternoon; late
   hacerse tarde to get late
tarjeta card
   tarjeta postal postcard
   tarjeta de crédito credit card
   tarjeta de embarque boarding
    pass
taxista taxi driver
taza cup
techo roof, ceiling
tejado roof
tejer to knit
televisor TV set
telón curtain (in the theater)
temer to be afraid of
tenedor fork
tensión pressure, tension
teñir (i) to dye
tertulia social gathering
testigo witness
tierno tender; soft
tijera, tijeras scissors
timbre stamp

timón steering wheel
tina bathtub
tinto red wine
toalla towel
tobillo ankle
tocadiscos record player
tocante a with respect to
tocar to touch; to play music
   tocarle a uno to be one's turn
tonto silly
   hacerse el tonto to play dumb
torcer (ue) to twist
torcido twisted, crooked
torear to fight bulls
toreo bullfighting
torero bullfighter
tos cough
toser to cough
trabajar to work
   trabajar de to work as
traer to bring
tragar to swallow
trago gulp; drink
traje suit
   traje de baño bathing suit
travesura mischief
trenza braid
trenzar to braid
tripulación crew
tubo de escape exhaust pipe

U

último last
uña fingernail, toenail
útil useful

V

vaca cow
vacío empty
vacuna vaccine, shot
vagón wagon, car (train)
valer to be worth
   valer la pena to be worthwhile
valioso valuable
vaquero cowboy
varón male (for persons only)
vaso drinking glass
vehículo vehicle
vejez old age
velocidad speed
vencer to defeat, to conquer

ventanilla small window
verde green; unripe
verdura vegetables
vermú vermouth
vestido dress
vestir (i) to dress
viajar to travel
viaje trip
viajero traveler
viento wind
  hace (hay) viento it's windy
vinagre vinegar
vino wine
vista sight
  hacer la vista gorda to overlook,
    to ignore
viuda widow
viudo widower
viudez widowhood
volante steering wheel; flier
volar (ue) to fly

vuelo flight
vuelta turn; change; return
  ida y vuelta round trip

Y

yedra (hiedra) ivy
yerba (hierba) grass
yerbabuena (hierbabuena) mint
yerno son-in-law

Z

zambullir to dive, to plunge
zanahoria carrot
zapato shoe
zapatería shoe (repair) store
zona zone
  zona escolar school zone
  zona postal postal code
  zona peligrosa dangerous zone
zumo juice
zurdo left-handed